American
Hospital
Cost
Accounting
Time-Driven Costing System conductive
to Value-Based Management

アメリカ病院原価計算
価値重視の病院経営に資する時間主導型コスティング・システム

足立俊輔
Adachi Shunsuke

同文舘出版

序　文

　本書は，オバマ政権下での医療保険制度改革（オバマケア）を運用面で支える「価値」概念の内実を明らかにすると同時に，ハーバード・ビジネス・スクール教授陣が着手した病院原価計算プロジェクトの実態を分析したものである。そして本書の目的は，「医師の働き方改革」の解決策として取り上げられているタスク・シフティング（業務移管）をはじめ，院内の様々な業務プロセスをコスト面から「見える化」する意義を提示することにある。

　以上を取り扱っている本書は，自身の修士課程からの研究成果の一部である。自身の研究は，修士課程のアメリカ病院原価計算の著書の輪読からスタートして，ABC（活動基準原価計算）やRVU法（相対価値尺度法），TDABC（時間主導型ABC）といった原価計算の研究を，病院BSC（バランスト・スコアカード）の研究と並行して行ってきた。そこで，修士課程から本書の出版に至るまでの経緯を簡単に振り返ってみたい。

　まず，修士時代の研究テーマは，「価値」概念に基づいた病院経営（価値重視の病院経営）と病院原価計算の関係性についてであった。これは，アメリカの病院経営では原価計算のデータだけでは立ち行かず，そのなかで「価値」概念が注目されはじめていたからであった。しかしながら，価値重視の病院経営と病院原価計算の関係性は，修士論文を提出した2007年の時点では，どの研究論文も理論上の指摘にとどまっていた。そのため，修士論文では当該関係性のフレームワークを提示して，単にそれを説明するだけであった。ゆえに，「価値重視の病院経営」の実態がわからず，また，価値重視の病院経営と病院原価計算の関係性を指摘して良いのかが不安なまま，修士論文の提出に至ったのを今でも記憶している。その後，博士課程に進学して，2010年頃にRVU法に関する書籍をアメリカの医療コンサルティング会社が公刊したことを受け，RVU法とフランス管理会計における原価の同質性の研究に着手するようになった。ただ，RVU法の研究過程では「価値重視の病院経営」の指摘が皆無であり，博士論文の研究テーマである「価値重視の病院経営」と病院原価計算の関係性を紐解くことはできなかった。

それが2011年12月の学会報告時に，指導教員の大下丈平先生から，TDABCの考案者であるキャプランがポーターと共著でハーバード・ビジネス・レビューに論文を投稿しているとの情報を教えてもらい，学会から帰宅して早速ダウンロードしてみた。論文内では，ポーターの価値連鎖とキャプランのTDABCの関連性が指摘されており，当該指摘を博士論文の主軸に位置づけることで，「価値重視の病院経営」と病院原価計算の関係性を明らかにする意義を見出し，翌年に博士論文を提出することができた。

　筆者は，この段階で著書の出版を構想していた。例えば，日本の病院からDPCデータや損益計算書の勘定データなどを入手して分析を行い，その結果を踏まえて公表するといったものである。しかし，アメリカの病院原価計算の現状は理解できたものの，医療保険制度や病院実務の知識が不足している感覚を拭いきれず，出版は構想段階で止まってしまった。こうして2012年に博士論文を提出した後，病院で原価データを入手することの難しさを感じ，また，原価データを用いてTDABCやRVU法を検証する意義について自問自答しながら，徐々に病院原価計算と距離を置くようになっていった。一方で，副指導教員の丸田起大先生からのお誘いがあり，共同研究者と病院BSCを対象にした実態調査を進めていった。

　病院BSCの研究が一区切りついたところで，2017年頃に何気なく病院原価計算として研究対象にしていたTDABCをGoogle scholarで検索してみたところ，大量の論文が検索でヒットして目を疑った。博士論文を提出した2012年以降，キャプランやポーターといったハーバード大学の教授陣は，医療におけるTDABCプロジェクトを進行させていたのである。研究対象病院（リサーチサイト）へのアプローチ，分析データの入手，学術雑誌への投稿・査読・掲載といった，一般的な海外の論文掲載には2年ほどの期間を要するため，2014年以降に病院TDABCの論文が急増していたのである。当該プロジェクトを予想していなかった自身は，これをまとめて公表する意義があると感じて，その作業に早速取りかかった。当該成果は本書の第7章および8章でまとめている。さらに，オバマ政権で成立したヘルスケア改革法（ACA）には，「価値」概念に基づいた診療報酬支払方式が含まれており，これまで自身が指摘してきた「価値」概念に基づいた病院経営と病院原価計算の関係性にも言及されて

いた。それゆえ，博士論文を提出してから5年以上も経っているが，本書の公刊を意識するようになったのである。

このように本書は，アメリカでの病院原価計算の利用実態や導入効果を体系的にまとめたものである。それゆえ，病院原価計算システムを構築しようとしている現場の方々やコンサルティング会社の一助となれば幸いである。また，キャプランやポーターが着手した病院TDABCをはじめとした病院原価計算の研究論文をこれから読まれる方も想定している。本書は，アメリカ医療保険制度の概説から始まり，アメリカでの伝統的な病院原価計算の計算方法を説明した上で，価値重視の病院経営や病院TDABCの実態を紹介している。それゆえ，近年のアメリカ病院原価計算の実態を知りたいのであれば，第7章および第8章を先に読んでいただければ概要は理解できるはずである。また，日本の病院に対する示唆については，第9章で取り扱っている。本書の議論がどのような結論に到達するのかについて最初に理解しておきたい方は，先に第9章を読んでいただければ幸いである。

次に，本書で詳細に取り扱うことができなかった事項について，2点ほど説明させていただきたい。1つ目は，病院TDABCの文献レビューが2018年4月12日時点のものとなっていて，2018年のデータが年度途中となっている点である。しかしながら，年度途中であっても，1,000本近くの研究論文が検索でヒットしており，レビュー対象論文は62本である。その後も，何度か検索をかけたことがあったが，確認した研究論文の特徴は，本書で指摘している内容と大差なかったため，レビュー対象期間をあえて延長することはしなかった。なお，2019年8月8日時点での検索結果は，"hospital"と"Time-driven activity-based costing"の組み合わせでは1,240本，"healthcare"と"Time-driven activity-based costing"の組み合わせでは1,110本である。本書でレビュー対象とならなかった論文については，今後の研究課題とさせていただきたい。

2つ目は，オバマ政権のACAを受けて，アメリカの病院ネットワークで進行している「価値」概念の議論を詳細に取り扱えていない点である。例えば，医療財務管理協会（HFMA）で進められている「価値プロジェクト・レポート」の報告書のなかには250頁を超えたものも存在しており，本書では紙幅の都合

上，その内実を十分に伝えきれていない。それゆえ，ACA下での「価値」概念の実態調査についても，今後の研究論文に譲ることにしたい。

　そして最後に，これまでお世話になった方々に，この場を借りて謝辞を述べさせていただきたい。まず，筆者の研究者になるきっかけとなった指導教員である大下丈平先生（九州大学）にお礼を申し上げたい。病院原価計算をはじめ，フランス管理会計の著書や論文を先生と議論した時間は，自身の研究者人生のなかでかけがえのないものとなっている。次に，副指導教員である丸田起大先生（九州大学）には，ゼミ生である実務家との共同研究を介して，どのような切り口から実務を管理会計または原価計算の研究として集約させるのかについて多大な示唆を得ることができた。博士論文の指導時には，同じく副指導教員である大石桂一先生（九州大学）から価値重視の病院経営の捉え方について有益な示唆をいただいた。加えて，九州大学では会計リサーチワークショップをはじめとする諸処の研究会を通じて，岩崎勇先生，小津稚加子先生，潮﨑智美先生にも御指導をいただいた。諸先生方には，改めてお礼を申し上げたい。

　また，大学院時代のゼミでは，サービス業の原価計算に取り組むといった漠然としたテーマしかもちあわせていなかった自身に，BakerやFinkler and Wardのアメリカ病院原価計算の著書を介して，アメリカ病院経営の実情を紹介していただいた浅川哲郎先生（九州産業大学）にもお礼を申し上げたい。ゼミでは，田尻敬昌先生（九州国際大学）や黒岩美翔先生（長崎県立大学）と意見交換を通じて，有益な時間を過ごすことができた。両先生とは今後も研究交流を続けて頂ければ幸いである。また，研究分野は違えど，学部・大学院時代を共に過ごし，公私にわたって交流が続いている猿渡剛先生（福岡大学）にも，この場を借りて感謝を述べておきたい。

　会計関連学会（日本管理会計学会・日本原価計算研究学会・日本会計研究学会・会計理論学会）では，西村明先生（九州大学名誉教授・別府大学前学長），和田伸介先生（大阪商業大学），水島多美也先生（中村学園大学），角田幸太郎先生（熊本学園大学）のほか，諸先生方から貴重なご意見をいただいた。とりわけ，西村先生が取り組まれている管理会計と不確実性，コントロール論との関連性は，病院経営を考察する際の切り口になると捉えている。今後も先生からご指導をいただければ幸いである。

序　文

　そして，臨床現場や医療事務の実務をわかりやすく教えていただいた丸田ゼミの末盛泰彦さん（麻酔指導医）および水野真実さん（九州大学大学院博士課程）にも改めてお礼を申し上げておきたい。同じく丸田ゼミの黒瀬浩希さん（日本コカ・コーラ株式会社）にも，CSRを巡る企業実務を中心に御教授いただいた。本書が諸氏の研究の一助となれば幸いである。

　加えて，本書の出版にあたって快適な研究環境を与えてくれた下関市立大学の教職員の方々にもお礼を申し上げたい。とりわけ会計学スタッフの先生方（高橋和幸先生，島田美智子先生）には，いつも廊下で励ましの声をかけていただき，自身の精神的な支えとなっていた。本書が今後，下関市立大学または設置団体である下関市に何らかの形で貢献することができれば幸甚である。

　さらに出版が困難な情勢下で，「アメリカ」「病院」「原価計算」という，書店のどこに陳列されるのかもわからないような本書の出版を後押ししていただいた，同文舘出版の青柳裕之氏にもお礼を申し上げたい。そして，本書の校正に最後まで丁寧な作業を心がけてくださった同文舘出版の関係者の方にも厚く御礼を申し上げたい。

　最後に私事ではあるが，今日まで経済的にも精神的にも支え続けてくれた父・奏二郎と母・裕子に感謝の意を表して締めくくることにしたい。

　　2019年8月

下関で維新の風を感じながら

※本書は，日本学術振興会の科学研究費補助金（基盤（C）17K04064）の成果である。

目　次

序章　保険者機能強化と病院原価計算 …………… 1

1 問題の所在 ……………………………… 2
（1）本書の研究背景　2
（2）本書の目的　5

2 本書の構成と分析方法 ……………………… 14
（1）本書の構成　14
（2）採用する分析方法　17

第Ⅰ部
保険者機能強化による病院原価計算の計算原理の精緻化

第 **1** 章　アメリカ病院経営の展開
　　　　　―保険者機能強化の背景―

1 はじめに ………………………………… 22

2 1983年までの病院経営（品質管理重視の病院経営）…… 22
（1）民間医療保険　23
（2）公的医療保険　24

3 1983年以降の病院経営（原価管理重視の病院経営）…… 25
（1）診断群分類別包括支払い制度（DRG/PPS）の導入　26
　① DRGの起源　26
　② DRG/PPSの導入　27

vii

(2) マネジドケアの規模拡大　28
　　　　① 雇用主と患者の支持を得たマネジドケア　29
　　　　② データ蓄積・分析を背景とするマネジドケアの規模拡大　30
　　　　③ 非営利目的のマネジドケアの倒産　31
　　(3) JCAHOの「医療の質」評価指導方針の変革　32
　　　　① 医療機関機能評価認定組織（JCAHO）が誕生するまでの背景　32
　　　　② JCAHOの普及　33

4 保険者機能強化を背景とする利害対立の表面化 …………… 34

　　(1) 医療の質と臨床倫理から捉えたジレンマ　35
　　(2) 保険者機能の強化が意味すること　37
　　(3) ヘルスケア改革法（ACA）と保険者機能　38
　　　　① オバマ政権の医療保険制度改革　38
　　　　② 責任医療組織（ACO）　39
　　　　③ バンドリングおよびP4P　40

5 終わりに ……………………………………………………………… 41

第2章　米国病院原価計算の展開

1 はじめに ……………………………………………………………… 44

2 診療科別原価計算 …………………………………………………… 44

　　(1) 診療科別原価計算の部門とは何か　45
　　(2) 診療科別原価計算の配賦計算プロセス　47
　　(3) 診療科別（部門別）原価計算の展開　49
　　　　① メディケア原価報告書と階梯式配賦法　49
　　　　② 相互配賦法と情報システム　51
　　　　③ 総合原価計算としての診療科別原価計算　53

3 診療行為別原価計算 ………………………………………………… 56

　　(1) 診断群分類別包括支払い制度と病院原価計算　56
　　(2) 疾病別原価計算　57

4 終わりに 60

第 **3** 章 　診療行為別原価計算
　　　　　　―診療報酬基準原価率法（RCC法）と活動基準原価計算（ABC）―

1 はじめに 64

2 診療報酬基準原価率法（RCC法） 65

（1）RCC法の特徴　67
　① RCC法の問題点　67
　② RCC法の利用状況　68
（2）RCC法の2つの論理　73
　① 負担力主義　73
　② 簡便性　73

3 活動基準原価計算（ABC） 75

（1）ABCの定義と測定方法　75
（2）医療におけるABCの特徴　76
（3）病院ABCの活動ドライバー　79
（4）ABCの有用性と課題　84
　① ABCのメリット　84
　② ABCのデメリット　88

4 終わりに 90

第 **4** 章 　病院原価計算における原価の同質性の一考察
　　　　　　―相対価値尺度法（RVU法）の分析を中心に―

1 はじめに 94

2 相対価値尺度法（RVU法） 95

（1）相対価値尺度（RVU）の登場背景　95

① 資源準拠相対価値尺度（RBRVS）　95
　　　　② RBRVSにおけるRVUの構成要素　97
　　（2）RVU法の原価測定方法　98

3 RVU法の実態 …………………………………………………… 102

　　（1）独自見積に基づくRVU法　103
　　　　① 部門費を対象としたRVU法　105
　　　　② 間接費を対象としたRVU法　106
　　（2）資源準拠相対価値尺度（RBRVS）に基づくRVU法　106

4 RVU法の特徴 …………………………………………………… 111

　　（1）RVU法の利点　111
　　　　① 診療報酬の支払方式に対応した原価計算　111
　　　　② 原価データ集計の簡略化および設定コストの削減　113
　　　　③ 提供された業務内容を反映した原価計算　113
　　（2）RVU法が抱える課題　113
　　　　① 資源消費の同質性　114
　　　　② RVU設定に対する信頼性　115
　　　　③ 設定・運用コストと原価情報のトレードオフ　116
　　　　④ RVU法の見積配賦　116
　　（3）マネジドケアとの契約交渉とRVU法　116

5 終わりに ………………………………………………………… 119

　補論　**RVU法を等級別原価計算とした場合の考察**　122

第Ⅱ部
価値重視の病院経営と時間主導型原価計算の関係性

第5章　価値重視の病院経営の台頭とその意味

1 はじめに ………………………………………………………… 128

2 価値重視の病院経営の登場背景 ……………………………… 129
　(1) ポーター&テイスバーグのゼロ・サム競争　130
　　① コスト移転形態　131
　　② 価格交渉　131
　　③ 情報公開　133
　(2) アメリカ医療改革の阻害要因　133
　　① 顧客志向改革の阻害要因　134
　　② 技術改革の阻害要因　135
　　③ ビジネスモデル改革の阻害要因　136
　(3) 病院の組織変化に対する影響力の変遷　138

3 価値重視の病院経営の例示 …………………………………… 142
　(1) Ross and Fenster(1995)の価値改善モデル　142
　(2) Michelman et al.(1999)の水平情報システム　144
　(3) Young et al.(2001)の価値ベースのパートナーシップ　144
　(4) Benson et al.(2003)の価値の三者関係　146
　(5) Porter and Teisberg(2004)のポジティブ・サム競争　149

4 終わりに ………………………………………………………… 151

第6章　価値重視の病院経営を支援する病院原価計算

1 はじめに ………………………………………………………… 154

2 1990年代までの病院経営と病院原価計算 …………………… 156

（1）品質管理重視の病院経営で用いられる病院原価計算　156
　　　（2）原価管理重視の病院経営で用いられる病院原価計算　156

　3 価値重視の病院経営で用いられる病院原価計算 …… 157
　　　（1）価値重視の病院経営と病院原価計算（個別病院対象）　158
　　　　① 個別病院を対象とした価値重視の病院経営の特徴　158
　　　　② 資源消費型損益計算書の活用　160
　　　　③ 水平情報システムの活用　163
　　　（2）価値重視の病院経営と病院原価計算（医療システム対象）　164
　　　　① 製造業の価値連鎖　165
　　　　② 医療提供の価値連鎖（CDVC）　166
　　　　③ 価値重視の病院経営に対するTDABCの貢献　168
　　　　④ CDVCとTDABCの関係　172

　4 医療保険制度改革下の「価値ベースの支払い方式」と病院原価計算 … 173
　　　（1）ヘルスケア改革法（ACA）における
　　　　　「価値ベースの支払い方式」の特徴　173
　　　　① ケア・サイクル払い方式および包括ケア払い方式　173
　　　　② 価値ベースの報酬支払い方式（value-based physician
　　　　　compensation）　176
　　　（2）医療財務管理協会（HFMA）の「価値プロジェクト・レポート」と
　　　　　病院原価計算　177
　　　（3）医療保険制度改革下での「価値重視の病院経営」の実際　181
　　　　① バナー医療ネットワーク　181
　　　　② ブロンクス・レバノン病院　183
　　　　③ イェール・ニューヘヴン医療システム　185

　5 終わりに ………………………………………………………… 187

第7章　Kaplan and Porter（2011）以降の病院TDABC研究

　1 はじめに ………………………………………………………… 192

2 病院TDABCとクリニカルパス …… 192

(1) ABCからTDABCへ　193
　① キャパシティ費用率　194
　② 時間方程式　195
(2) Kaplan and Porter(2011)の発表　196
(3) クリニカルパスの果たす役割　197
　① クリニカルパスの概要　198
　② クリニカルパスとABC　199

3 病院TDABCの文献レビュー …… 200

(1) データサンプル　201
(2) レビュー結果　201
　① 掲載年度　206
　② 設立主体　206
　③ 導入対象　207
　④ 対象国　208
　⑤ クリニカルパス　209
　⑥ ハーバード・ビジネス・スクール(HBS)の支援　211
　⑦ 対象原価　212
　⑧ 利用目的　214
　⑨ 感度分析　218

4 終わりに …… 218

第8章　病院経営におけるTDABCの実態

1 はじめに …… 222

2 病院TDABC導入時の傾向 …… 222

(1) クリニカルパスがTDABC導入時に果たす役割　222
　① 医師の協力(システム開発時)　224
　② 医師の協力(プロセスマップ構築時)　224

③ 医師の協力（スポンサーおよびリーダーシップ）　226
　（2）ハーバード・ビジネス・スクール（HBS）の支援　229
　　　① 病院TDABCプロジェクト　229
　　　② 発展途上国に対する病院TDABCの試験導入　231
　（3）病院TDABC導入部門の変遷　234
　　　① 内視鏡の再利用プロセスへの適用　234
　　　② オンライン診療への適用　238

3 病院TDABCの対象原価と利用目的 …………………… 240

　（1）キャパシティ費用率の対象原価　241
　　　① 給与費　241
　　　② 給与費および設備費・フロア関連コスト　242
　　　③ 全コスト　243
　（2）キャパシティ費用率以外の対象原価　245
　（3）タスク・シフティング（業務移管）への活用　248
　　　① 研修医・医療補助者　249
　　　② 患者搬送専門者　250
　　　③ 遺伝診断士　253
　　　④ 専門栄養看護師　258
　　　⑤ 診療報酬制度とタスク・シフティング　258
　　　⑥ 医療情報システムとタスク・シフティング　260
　（4）未利用キャパシティの測定　261

4 病院TDABCの診療報酬制度およびアウトカム指標との関連性 … 267

　（1）医療資源投入量の診療報酬制度への反映　267
　（2）アウトカム指標　270

5 終わりに ……………………………………………………… 274

第9章　病院原価計算の観点から医療システムを考察する意義
　　　　　―日本への示唆―

1 はじめに …………………………………………………………… 278

2 「価値改善モデル」に貢献する病院原価計算 …………… 281

(1) 病院原価計算データの活用方法　283
　① 病院原価計算の利用目的　283
　② 病院原価計算が病院経営に与える影響　285

(2) 病院原価計算と「価値改善モデル」をつなぐマネジメント手法　288
　① 病院BSC　288
　② マグネット・ホスピタル　289
　③ 臨床スタッフの協力　289

(3) 「価値改善モデル」の概要　290
　① 臨床スタッフの確保および適正配置　290
　② 地域包括ケアを実現する医療機関の役割分担と連携　291
　③ 在庫の適正保有・管理　292
　④ 診療報酬適正化　293
　⑤ 患者の意識改革とアウトカム指標・クリニカルパスの併用　293

3 終わりに ……………………………………………………… 294

終章　「価値」概念および時間主導型原価計算が病院経営に与える影響

1 本書の論点 …………………………………………………… 298

2 本書の課題と展望 …………………………………………… 302

(1) 病院TDABCおよびRVU法の実際データを用いた検証の必要性　303
(2) 「価値重視の償還システム」に貢献する病院原価計算の展望　303

参考文献　305
索　引　321

主要略語一覧

略語	英語	日本語
ABC	Activity-Based Costing	活動基準原価計算
ABM	Activity-Based Management	活動基準管理
ACA	The Patient Protection and Affordable Care Act of 2010	ヘルスケア改革法（オバマケア）
ACO	Accountable Care Organization	責任医療組織
AHA	American Hospital Association	アメリカ病院協会
BSC	Balanced Scorecard	バランスト・スコアカード
CDVC	Care Delivery Value Chain	医療提供の価値連鎖
CF	Conversion Factor	換算係数
CMS	Center for Medicare & Medicaid Services	メディケア・メディケイド・サービスセンター
CPT	Current Procedural Terminology	疾病分類
CQI	Continuous Quality Improvement	継続的品質改善
DPC	Diagnosis Procedure Combination	診断群分類（日本）
DRG/PPS	Diagnosis Related Group/Prospective Payment System	診断群分類別包括支払い制度（米国）
FFS	Fee-For-Service	出来高払い制度
GPCIs	Geographic Practice Cost Indices	地域別診療費係数
HFMA	Healthcare Financial Management Association	医療財務管理協会
HMO	Health Maintenance Organization	健康維持組織
IHN	Integrated Healthcare Network	統合ヘルスケアネットワーク
IPU	Integrated Patient Unit	統合患者ユニット
JCAH	Joint Commission on Accreditation of Hospitals	病院機能評価認定組織
JCAHO	Joint Commission on Accreditation of Healthcare Organizations	医療機関機能評価認定組織
MSSP	Medicare Shared Savings Program	メディケア・シェアド・セービング・プログラム
P4P	Pay for Performance	パフォーマンスに応じた支払い方式
PPO	Preferred Provider Organization	特約医療機構
PRO	Peer Review Organization	同僚審査機関
RBRVS	Resource-Based Relative Value Scale	資源準拠相対価値尺度
RCC法	Ratio of Cost to Charges method	診療報酬基準原価率法
RVU法	Relative Value Unit method	相対価値尺度法
SPD	Supply Processing Distribution	院内物流管理システム
SS	Shared Savings	シェアド・セービング
TDABC	Time-Driven Activity-Based Costing	時間主導型活動基準原価計算
TQM	Total Quality Management	総合的品質管理
UVA法	La méthode des Unités de Valeur Ajoutée	付加価値単位法
VBM	Value-Based Management	価値重視の病院経営

アメリカ病院原価計算
―価値重視の病院経営に資する時間主導型コスティング・システム―

序章

保険者機能強化と病院原価計算

1 問題の所在

(1) 本書の研究背景

　少子高齢化の進行，医療技術の進歩，財政負担の増大などを背景に，近年ではほとんどの先進諸国において医療の質の確保と並行させながら，医療費の適正化を目的とした制度改革が行われるようになってきた。当然日本も例外ではなく，2003年に特定機能病院等を対象にした入院医療費に対する診断群分類（Diagnosis Procedure Combination：DPC）別の包括支払い制度[1]が導入され，公立病院改革ガイドラインの導入など医療費の適正化を目的とした制度改革が段階的に進められている。それは，新自由主義的な経済政策のもとで社会保障費の削減が進められるなか，少子高齢化や医療技術の進歩など様々な要因が社会保障費の中核をなす医療費を押し上げることに伴って，私たちの地域や社会の基盤が大きく揺らいできていることを示唆しているのではなかろうか。

　ただ医療産業が他の製造業やサービス業と異なるのは，医療サービスの対価である診療報酬が，税金を財源とした制度の基で成立している点にある。そのため，将来的な保険財政の安定を実現するためには，医療における無駄を極力排除して医療資源の効率的な活用を図るとともに（支出の抑制），収入面では給付に見合った保険料の算定・徴収等により安定的な財源を確保することで（財源の確保），保険運営における財政の画策が緊要となっているのである（山崎 2003, 8）。こうした保険運営における財政の画策が緊要となっている状況を，本書では「保険者機能の強化」と総称することにしたい。

　保険者機能の強化に伴い，個々の病院についても原価管理の必要性が生じるようになっている。これは，市場原理のもとで医療が供給されている米国で特に強調されてきた。この背景には，連邦政府および企業（雇用主）の医療費負担が増大した結果，1983年にメディケア（高齢者医療保険）[2]の入院患者に対す

---

[1] 入院医療費には，入院基本料・検査・画像診断・投薬・注射・1,000点未満の処置などの施設報酬が含まれる。DPCについては，松田（2011）に詳しい。
[2] メディケアの対象者には65歳未満の身体障害者も含まれるが，本書では高齢者医療保険で表記することにしたい。

る診療報酬の支払い方式が，出来高払いから診断群分類別包括支払い制度（Diagnosis Related Group/Prospective Payment System：DRG/PPS）[3]に移行したことをあげることができる。つまり，米国は日本よりも20年前から「保険者機能」が強化されてきたことになる。加えて，1980年代からHMO（Health Maintenance Organization）に代表される民間医療保険会社のマネジドケア（Managed care）[4]が病院経営に強く影響力をもつようになったことも，保険者機能が強化された要因の1つとしてあげることができる。例えばマネジドケアは，「診療行為別の契約交渉」を病院に要求していたことから，病院はマネジドケアとの契約交渉にあたり綿密な採算管理を行わなければ，診療行為によっては採算割れを引き起こすようになっている（Toso 1989, 5-6）。

　米国では，こうした病院を取り巻く経営環境の変遷が，「費用対効果」に基づく経営方針を病院に採用せざるを得ない状況を作り出してきた。したがって，米国では他の先進諸国よりも比較的早い時期から原価管理の必要性が生じており，1980年代から今日に至るまでに多くの病院原価計算に関する著書および研究論文が発表されている（Finkler 1987；Baker 1998；Young 2003；Finkler et al. 2007）。

　一方，日本における保険者機能をめぐる議論についても，米国におけるHMOに代表されるマネジドケアに対する関心がその背景にある（山崎 2003, 3-4）。なぜなら，医療の質とコストのバランスを客観的に評価するための第三者機関として保険者を考えた場合，保険者機能は医療の質を低下させずにコスト削減を行う役割を有しているからである。こうして保険者機能を捉えると，保険者機能と病院原価計算との関連性が浮かび上がってくる。つまり，保険者機能の役割は，医療を経済的に取り扱うという効率性の側面と，医療の質を確保するという効果性の側面の2つの側面を有しているため，そのバランスの取り方が困難なものとなっている。言い換えれば，「医療の質を確保する一方で，適切妥当な給付を実現するため，保険者は権限と責任を一体のものとして保持

---

[3] DRG/PPSを採用する病院では，入院患者の診療行為をDRG（診断群）に割り振り，該当するDRGに対する治療費がメディケアから定額で支払われることになる（河野 2003, 28）。
[4] マネジドケアとは，保険会社と病院をセットにした民間医療保険会社と考えられる。そして，患者（被保険者）と医療機関が治療行為を授受する際，それぞれが医療保険上，マネジドケアから何らかの制限を受けることになる（河野 2003, 23）。

する必要がある」(加藤 2003, 148) のである。

　保険者機能の重要性が議論されるようになり，日本の病院においても徐々にコスト意識が芽生え始め，病院原価計算の必要性が指摘されるようになってきた（中村・渡辺 2000；渡辺編 2014）。保険者機能が強化されるなかで必要とされる病院原価計算は，診療科別（部門別）原価計算のほか，資源消費量を原価計算プロセスに反映できる活動基準原価計算（Activity-Based Costing：ABC）を中心とした診療行為別（疾病別）原価計算であった（計算原理の精緻化）。

　しかしながら，ABC の考案者であるキャプラン（Kaplan, R. S.）が主体となって 2011 年以降に発表している病院原価計算の事例研究の大半は，ABC ではなく時間主導型 ABC（Time-Driven Activity-Based Costing：TDABC）である。キャプランが TDABC に着目しているのは，ABC の導入・運用プロセスで必要となる毎期継続的な活動消費量の実測など，原価計算の「実行上の問題（計算合理性の側面）」を鑑みてのことである。

　この TDABC に関する日米の先行研究を網羅的にレビューした論文としては庵谷（2015）があげられるが，当該論文では TDABC 研究を国内と海外に区分した上で，それぞれの特徴がまとめられている。また，挽（2015）では，マイケル・ポーター（Porter, M. E.）の医療提供の価値連鎖（Care Delivery Value Chain：CDVC）と京セラ・アメーバ経営との関連性について，組織形態の観点から比較を行っており，時間を重視する点で TDABC がアメーバ経営と共通していることを言及している。本書は，キャプランやポーターが関与している病院 TDABC の事例研究を中心に文献レビューを行い，その特徴を明らかにしようとしている点に特徴がある。

　また，米国では 1990 年代後半から保険者機能が再考されるようになり，品質管理とコスト低減のバランスを考慮する「価値」概念に従った病院経営，いわゆる「価値重視の病院経営（Value-Based Management：VBM）」の議論が進められている。とりわけ，2010 年にオバマ政権下で成立したヘルスケア改革法（The Patient Protection and Affordable Care Act of 2010：ACA）では，「価値」概念を念頭に置いた医療保険の支払い方式（value-based payment）が導入され，「価値」を構成する一要素としてコストが存在していることから，病院原価計算の重要性が指摘されるようになっている。

序章
保険者機能強化と病院原価計算

　本書は，この「価値」概念と病院原価計算の関係性について，アメリカの事例報告をまとめることで，その内実を明らかにしようとしている。なお，本書の「価値」概念の意味は，「医療の質とコストのバランスを考慮するための概念」を意味しているため，企業価値（株主価値）とは異なることに留意されたい。

(2) 本書の目的

　以上の研究背景を踏まえ，本書は，保険者機能の強化を背景とした米国の病院原価計算の発展を，計算原理の精緻化の側面と計算合理性の側面から整理して，品質管理とコスト低減のバランスを考慮する価値重視の病院経営を支援する時間主導型の病院原価計算の有用性を明らかにすることを目的としている。本書が上記の目的を置いた事情と意義について，2点ほど述べておきたい。

　第一に，本書は米国病院原価計算の歴史を紐解くことによって，保険者機能と病院原価計算の関係性を明らかにしている。伝統的にアメリカの病院では，診療報酬基準原価率法（Ratio of Cost to Charges method：RCC法）と呼ばれる診療報酬を配賦基準とした病院原価計算が用いられてきた。しかし，保険者機能が強化されるにつれ，個々の診療行為に係る採算性を管理する必要性が生じ，病院原価計算の計算原理の精緻化が進められるようになった。そこで，相対価値尺度法（Relative Value Unit method：RVU法）や活動基準原価計算（ABC）など，診療行為の違い（患者重症度や手術時間）を反映した原価情報が提示可能な病院原価計算が提唱されるようになった（Baker 1998；Finkler and Ward ed. 1999）。特にABCは，診療行為に係る主要な活動の設定や，配賦計算を行う際に用いるコスト・ドライバー（原価作用因）を独自に選定することができるため，診療行為別の原価を算定するにあたり最適な原価計算手法とみなされていた（West et al. 1996）。また，Lawson (1994) やBaker (1996) では，病院原価計算の実施状況に関するアンケート調査を行ってABCを紹介しているが，彼らの主張は，ABCはアンケート調査では利用状況が低いものの病院経営に有用なツールであるとの結論で共通している。

　日本における病院原価計算研究の第一人者である荒井耕教授（一橋大学大学院）は，Lawsonのアンケート調査を基に米国病院原価計算の体系化を試みて

いる（荒井 1998；1999；2001；2007）。そして，荒井教授の米国病院原価計算の分析整理に基づいて，日本においても 2000 年頃から，ABC の利用を想定した病院原価計算の研究が行われるようになった（中村・渡辺 2000；今中 2003；大崎 2004；浅川 2006；2008a；2008b）。例えば，中村・渡辺（2000, 172-173）では，クリニカルパス（標準診療計画）別の原価を集計するにあたり，診療記録の作成や検査室への移動，光熱水費や清掃費などの間接費を配賦する際にABC が有用になることに言及している。また，山浦（1999）や中田（2000），吉田（2003；2004），浅川（2006），谷光（2006）は，アメリカでの病院 ABCの導入状況などをまとめた研究論文を紹介している。病院原価計算の導入状況を調査した論文としては，Rezaee（1993）や Lawson（1994），Hill and John（1994）が紹介されている。例えば，Hill and John（1994, 531）では，調査協力に応じた 94 病院のうち，診療行為別原価を毎期継続的に測定している病院は 24 病院（26％）にとどまっていることを問題視している。また，浅川（2006, 16）によれば，米国の大手非営利病院の損益計算書を検討した結果，総費用の 40％前後を人件費で占めていることから，ABC 導入にあたっては人件費から着手すること，そして時間主導型 ABC（TDABC）を取り入れることを提言している。こうした指摘は，本書の病院 TDABC の文献レビュー結果と関連したものとなっている（第 7 章）。

　日本の病院 ABC の導入事例としては，例えば，小林（1997）や松尾（2004）があげられる。小林（1997）は，社会福祉法人 K 病院（神奈川県横須賀市）において，特殊原価調査として ABC を導入している。K 病院では，ABC を用いて外来診療科別または入院病棟別にコストを算定した上で，患者 1 人当たりコストを計算している。松尾（2004）は，高の原中央病院（奈良市）において，体外衝撃波結石破砕術（ESWL）と正常分娩に関する看護サービスを対象に ABCを試行導入しており，クリニカルパス別にコスト構造を把握することの有用性に触れている。

　しかしながら，ABC を導入するにあたりコスト面と人材面で問題があることは，日米を問わず，また，病院に限らず製造業においても指摘されてきたことである。そこで，クーパー（Cooper, R.）とともに 1988 年に ABC を提唱者したキャプランは，コンサルタント会社（エイコーン社）を経営するアンダーソン

(Anderson, S. R.)の協力のもとABCの実行上の問題を克服するために改善を重ねることになる。そして，彼らは2004年に時間主導型活動基準原価計算（TDABC）を発表している（Kaplan and Anderson 2004）。TDABCの特徴は，活動を「時間」情報に集約させることで，計算コストを節約しつつ原価測定方法を改善する可能性を見出している点にある。

こうしたTDABCが提唱されることになった背景は，フランス管理会計の視点からみた場合，付加価値単位法（La méthode des Unités de Valeur Ajoutée：UVA法）が再認識されるようになった背景と共通している[5]。つまり，フランスにおいてもABCや同質セクション法にみられる企業の経済的モデル化，その核心である原価のモデル化を行う管理会計手法よりも，UVA法にみられるような「取引」の次元で収益性を分析する管理会計手法に焦点が当てられるようになっている（大下2009, 94）。「取引」の次元を対象にする場合，提供されたサービスに係る「原価の同質性」をどこまで設定するのかが焦点となる。この点，TDABCは原価の同質性を時間概念に集約させているところに特徴があり，RVU法の基本単位となるRVUも時間的要素を重視している（第4章）。つまり，原価の同質性を「取引」ごとの時間枠で捉えている点で，フランスのUVA法は，TDABCやRVU法と共通しているのである。RVU法には触れていないものの，フランスでは，こうした原価の同質性の議論を，換算係数（Équivalence）を用いて体系化の試みがなされていることは興味深い（Gervais ed. 2010；de La Villarmois and Levant 2007；大下2011）。

ABCにみられるような，従来から原価計算に突きつけられてきた導入・運用時点の労力やコスト面での課題は，診療報酬抑制下で経営を続けていかなければならない病院にとっても避けて通れない重要な問題である。つまり，製造業と同じく病院においても，計算原理の精緻化を進める側面と，TDABC登場の背景にみられる計算合理性を加味する側面が存在しているのである。

そこで本書は，病院原価計算の配賦基準として時間概念に着目し，病院原価計算の計算合理性の側面を明らかにする。つまり，保険者機能が強化され，医療保険制度の仕組みが変化するなかで，病院原価計算の配賦基準としての時間

5）UVA法は，Fievez et al.（1999）；Bouquin（2008, 155-161）；Gervais et al.（2012）を参照。

概念の有用性に着目している。

　第二に，本書では価値重視の病院経営と病院原価計算の新たな体系化を試みている。アメリカの病院では，戦後，特にメディケア（高齢者医療保険）とメディケイド（低所得者医療保険）が創設された1965年以降，医療の質を満たす患者のアメニティを確保することを目的として，コストを意識せずに経営を行うことができた（品質管理重視の病院経営）。しかしながら，1983年の診断群分類別包括支払い制度（DRG/PPS）の導入を皮切りに，診療行為にかかるコストの適正化を目的として，保険者機能が強化されるようになった。こうした病院を取り巻く経営環境の変遷が，「費用対効果」に基づく経営方針を病院に採用せざるを得ない状況（原価管理重視の病院経営）を作り出し，結果として，病院原価計算が発展することになったのは前述の通りである。

　しかしながら，人間の生命や安全を取り扱う医療分野では，他の産業以上に公共性や社会性を有することが求められる。病院原価計算は，そうした公共性や社会性など医療の質的側面から常に課題を突きつけられているといわざるを得ない。例えば米国では，マネジドケアにみられる保険者機能の強化を背景に，1990年代から保険者機能が再考されるようになった。保険者機能を再考するにあたって，米国では「価値」概念に従った経営方針（価値重視の病院経営）について議論がされるようになっている。この背景には，医療における利害関係者が，患者に焦点を当てずに市場原理に基づいて，限りある医療財源の支配権を巡って医療システムを構築してきた歴史が存在している。そこで，品質管理とコスト低減をバランスさせるための第三の要素を組み合わせる医療経営のあり方を模索しようとするのが，価値重視の病院経営が示唆するところである。その後，2010年にオバマ政権下で成立したヘルスケア改革法（ACA）では，「価値」概念を念頭に置いた医療保険の支払い方式（value-based payment）が導入されていることから，マネジドケアや個別病院など民間だけではなく，メディケアなど公的な医療保険おいても「価値重視の病院経営」へのシフトを加速させている。本書では，この価値重視の病院経営に関する先行研究を整理することで，その内実を明らかにしている。

　かつてマイケル・ポーターは，米国での医療における競争原理がコストを「移転」することに向けられている現状（ゼロ・サム競争）を批判して，「価値」定

義を行っていたものの（Porter 2009），2010年頃まではコスト低減をどうやって実現するかという課題には直接的に取り組んでこなかった。しかし，ポーターはハーバード大学の同僚のキャプランらが発表したTDABCが医療分野で徐々に試行導入されるようになったことに着目して，キャプランと共同で医療におけるコスト問題に取り組むようになっている（Porter 2010, 10；Kaplan and Porter 2011）。すなわち，ポーターは，競争優位の創造を目的として，医療提供の価値連鎖（CDVC）を診断することにより価値改善を図る一方で，キャプランは価値連鎖のプロセスマップとTDABCの時間方程式を関連づけて，未利用のキャパシティの弾力的運用を行うことで価値改善を図ろうとしているのである（第6章）。

　そこで，本書で取り扱う病院原価計算の先行研究の体系図を，キャプランとポーターが2011年に共同で論文を発表するまでの期間を対象にして作成した場合，次頁（図表0-1）のように示すことができる。なお，日本の病院原価計算の先行研究については，紙幅の都合上，著書として刊行されているものに集約させている。欧米の先行研究は各章で取り扱っているため，日本の病院原価計算の先行研究を簡単に紹介することにしたい。

　まず，日本の病院原価計算の先行研究は，監査法人または公認会計士が執筆したものと，研究者や病院関係者が執筆したものに大別することができる。監査法人では，あずさ監査法人（旧朝日監査法人）と新日本監査法人による病院原価計算の著書が多く（あずさ監査法人・KPMGヘルスケアジャパン・KPMGビジネスアシュアランス編2004；あずさ監査法人・KPMGヘルスケアジャパン2011；新日本監査法人2005；2007)[6]，両者ともDPC導入以前から病院原価計算の著書を公刊しているため，DPC導入以前にはアメリカのDRG別の原価計算を紹介している（朝日監査法人・アーサーアンダーセン2000；新日本監査法人医療福祉部編2001）。公認会計士が執筆した著書では，医事統計に関連した周辺システムを利用した病院原価計算の導入プロセスが紹介されている（産労総合研究所編2002；五十嵐2003）。病院関係者が執筆した著書は，聖路加国際病院（中村・渡辺2000）や社会保険病院（秦ほか編2007）のほか，池上直已教授の監修のも

---

[6] 監査法人としてはトーマツも公刊している（監査法人トーマツ・ヘルスケアグループ編2008）。

図表 0-1 Kaplan and Porter (2011) の発表以前の先行研究体系

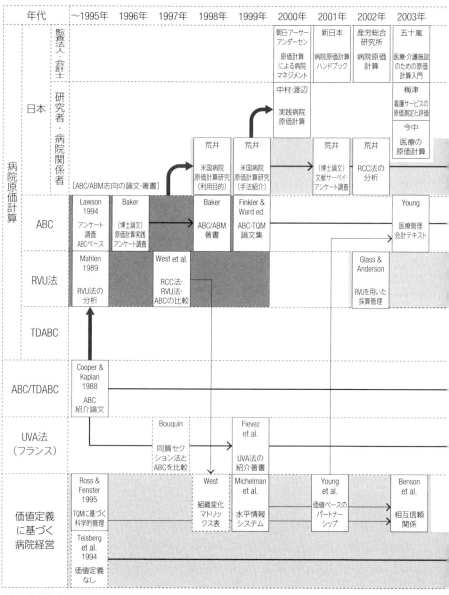

出所：筆者作成。

序章
保険者機能強化と病院原価計算

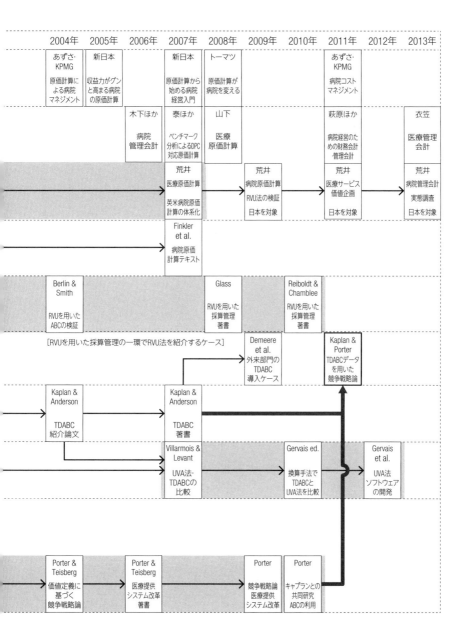

と日本能率協会コンサルティングが執筆した著書がある（萩原ほか編 2011）。研究者が執筆した著書は，一橋大学大学院の荒井教授の著書をはじめ（荒井 2007；2009；2011；2013），看護部門を対象に ABC を試行導入した著書（梅津 2003），患者別原価計算のマニュアルを提示した著書（今中 2003），文科会計学会が執筆した病院管理会計に関する著書（木下ほか 2006），旧国立 A 大学医学部附属病院の実態調査に基づく著書（山下 2008），病院の予算管理システムや株式会社立の病院の診療科別原価計算のケースを紹介した著書（衣笠 2013）などがあげられる。

　次に，本書の構図を示すと，図表 0−2 のように示すことができる。まず，保険者機能が強化され病院原価計算が精緻化される側面と，病院原価計算の計算合理性の側面をそれぞれ整理する。つまり，病院原価計算は，診療科別（部門別）原価計算から診療行為別（疾病別）原価計算に移行することで原価の集計単位を細分化させ，診療行為別原価計算においても，配賦基準をより実態に即したものにすることで精緻化させてきた。

　原価計算の配賦基準が実態に即したものになれば，原価の集計にかかる労力とコストが増加するようになり，長期継続的に原価データを集計することが困難になってくる。そこで，原価計算の合理的な配賦基準に着目した場合，「時間」を配賦基準とする原価計算（時間主導型原価計算）の有用性を見出すことができる。

　続いて，マネジドケアが引き起こした医療問題が表面化されるなかで保険者機能が再考され，価値重視の病院経営が議論されるようになった背景と特徴を整理する。価値重視の病院経営では，品質管理と原価管理のバランスを考慮するために，戦略的に原価情報を用いることが求められている。とりわけ，2010 年のヘルスケア改革法（ACA）以降，「価値」概念に基づく診療報酬支払い制度が整備されるようになり，病院では「価値重視の病院経営」と病院原価計算の関係を意識するようになっている。原価情報を長期継続的に集計するためには，原価計算の計算合理性を加味した計算方法として，TDABC や RVU 法のような時間主導型原価計算が積極的に活用されるようになる。

序章 保険者機能強化と病院原価計算

図表0-2 本書の構図

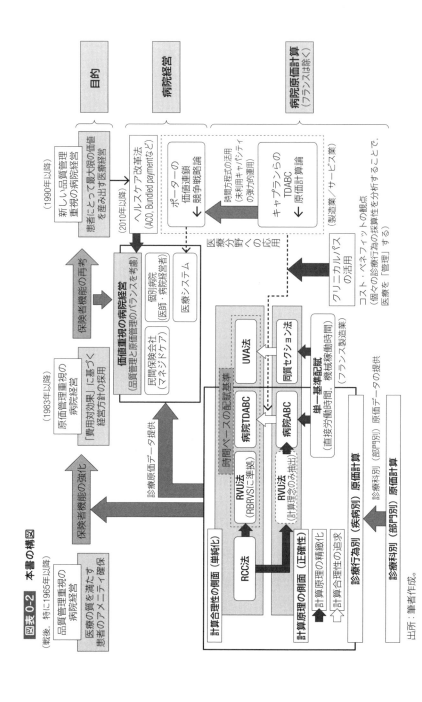

出所：筆者作成。

2 本書の構成と分析方法

(1) 本書の構成

　本書では，図表0-3に示す構成をとっている。まず，第Ⅰ部「保険者機能強化による病院原価計算の計算原理の精緻化」では，アメリカで保険者機能が強化されるなかで，病院原価計算の計算原理が精緻化されてきたプロセスを示す。

　第1章では，米国病院経営が1983年を境にして品質管理を重視した病院経営から，原価管理を重視した病院経営に変遷した経緯について説明する。米国の医療保険制度がどのように成立してきたのかを，民間医療保険と公的医療保険に区分して説明した後，原価管理重視の病院経営が浸透するようになった背景を整理する。米国の病院経営の歴史を概観することで，保険者機能がなぜ強化されてきたのか，その経緯について振り返ることにしたい。

　第2章では，保険者機能の強化が進められるなかで米国の病院でコスト意識が高まるにつれ，病院原価計算がどのように利用されてきたのかを整理する。具体的には，診療科別原価計算の配賦計算プロセスの精緻化を示し，疾病別原価計算の特徴を診療報酬の支払い制度と関連させて整理する。

　第3章では，診療報酬を基準に間接費の配賦計算を行うRCC法（診療報酬基準原価率法）と，間接費を活動種類別に集計し，当該活動の処理回数や作業時間などを基準にして製品サービスに配賦を行うABC（活動基準原価計算）の2つを取り上げ，病院原価計算における計算原理の精緻化の意図を明らかにしている。

　第4章では，病院原価計算のうち相対価値尺度法（RVU法）に焦点を当てて整理する。RVUは医師の技術料を測定する単位であるが，その導入背景をまとめ，次いでRVUを用いた原価計算であるRVU法の計算プロセスを紹介する。そして，RVU法について書かれた著書や研究論文をレビューした結果を示すことでRVU法の特徴を明らかにし，RVU法を医療における「原価の同質性」の枠組みで位置づける。

　第Ⅱ部では，保険者機能の強化により原価管理が強調され，それが医療問題

序 章
保険者機能強化と病院原価計算

図表 0-3　本書の構成

第Ⅰ部	保険者機能強化による病院原価計算の計算原理の精緻化
第1章	アメリカ病院経営の展開 ―保険者機能強化の背景―
第2章	米国病院原価計算の展開
第3章	診療行為別原価計算 ―診療報酬基準率法（RCC法）と活動基準原価計算（ABC）―
第4章	病院原価計算における原価の同質性の一考察 ―相対価値尺度法（RVU法）の分析を中心に―
第Ⅱ部	価値重視の病院経営と時間主導型原価計算の関係性
第5章	価値重視の病院経営の台頭とその意味
第6章	価値重視の病院経営を支援する病院原価計算
第7章	Kaplan and Porter（2011）以降の病院TDABC研究
第8章	病院経営におけるTDABCの実態
第9章	病院原価計算の観点から医療システムを考察する意義 ―日本への示唆―
終章	「価値」概念および時間主導型原価計算が病院経営に与える影響

にまで発展している米国の病院経営において，「価値」概念に基づいた経営（価値重視の病院経営）を行うことで，品質管理と原価管理のバランスの取り方を模索している背景を明らかにし，価値重視の病院経営と時間主導型の病院原価計算の関係性について考察を加える。

　第5章では，保険者機能が強化されるなかで，医療システムにどのような弊害が生じてきたのかを，ポーター＆テイスバーグ（Porter, M. E. and E. O. Teisberg）とヘルツリンガー（Herzlinger, R. E.）の分析を用いながら説明し，彼らの分析結果を踏まえ，病院「価値」を議論している先行研究を紹介することで，その内実を明らかにする。

　第6章では，価値重視の病院経営を支援する病院原価計算について考察を加

えている。本書の整理に基づけば，価値重視の病院経営は2つに大別することができる。1つは，個々の病院（ネットワーク）を対象とした価値重視の病院経営であり，その問題意識には医療費上昇を背景にして，品質改善と原価削減の両面から圧力を受けていることが根底にある。もう1つは，医療システムそのものを対象とした価値重視の病院経営であり，その問題意識には医療費の高騰も原因と考えているものの，それ自体は根本原因ではなく，医療ビジネスのあり方そのものが間違っているとの見解が存在している。第6章は，これら価値重視の病院経営において，TDABCやRVU法といった時間主導型の病院原価計算を用いることの意味を明らかにしている。加えて，2010年にオバマ政権下で成立したヘルスケア改革法（ACA）では，「価値」概念を念頭に置いた医療保険の支払い方式（value-based payment）が組み込まれている。そこで，オバマ政権の医療保険制度改革における「価値ベースの支払い方式」の特徴と，当該支払い方式に貢献する病院原価計算の位置づけを明らかにしている。

　第7章では，Kaplan and Porter（2011）以降に発表された病院TDABCの研究論文を対象に文献レビューを行い，病院TDABCの導入状況をクリニカルパス（治療や検査に必要な処置内容や順序などを記載したスケジュール表）やキャパシティ（業務遂行に用いられる資源量）との関連で集計している。文献レビューにあたってクリニカルパスに着目した理由は，TDABCのプロセスマップとの関連性に由来する。つまり，TDABCを病院に導入する場合，患者が入院してから退院するまでのプロセスマップを疾病別に描く必要がある。そこで既存のクリニカルパスを利用することで，各診療行為にかかる時間を計測するだけでTDABCを実施できることになる。

　第8章では，第7章の病院TDABCの文献レビュー結果を踏まえて，事例論文を中心に計算プロセスを適時紹介しながら考察を加えている。具体的には，病院TDABCの導入時におけるクリニカルパスおよび医師が果たす役割，キャプランなどハーバード大学の支援状況，対象原価，タスク・シフティング（業務移管）への活用，未利用キャパシティの測定，診療報酬制度やアウトカム指標との関連性をまとめている。

　第9章では，アメリカ病院原価計算の観点から病院経営を考察する意義を日本に示唆するために，医療・社会保障改革との関連性を示した「価値改善モデ

ル」を提案している。本書の目的は，アメリカ病院原価計算を計算原理の精緻化と計算合理性の側面から分析し，また価値重視の病院経営との関連性を提示することにあるが，最終的にその研究成果を，日本に還元することも当然視野に入れている。そこで，アメリカ病院原価計算の展開を日本でどう解釈すればよいかについて，「価値改善モデル」を提示することで，これまでの議論を総括している。

具体的には，アメリカでの病院原価計算の活用方法を費目別に整理して，病院経営に与える影響をまとめ，医療資源投入量に基づく評価を軸に置いた「価値改善モデル」のフレームワークを構築している。すなわち，日本の医療・社会保障改革との関連で「価値改善モデル」を説明し，「価値改善モデル」との関連で病院原価計算の役割を示すといった構造になっている。

終章では，本書の議論を総括し，さらにそこに残された課題とそれを解決するための展望を明らかにすることによって結びとしている。

(2) 採用する分析方法

本書が採用する分析方法は，米国を中心とした病院原価計算と病院経営に関する体系的な文献調査を中心としたものである。本書以外の米国に関する病院原価計算・病院経営に関する先行研究と同様（荒井 1998；2001；2007；浅川 2008a；2008b など），本書も 1983 年以降に重点を置いた研究となっている。これは，1983 年に DRG/PPS（診断群分類別包括支払い制度）を定めたメディケア改革法が制定された結果，病院原価計算・病院経営に関する研究が急増していることが背景にある。

具体的な調査方法について説明すると，雑誌論文は社会科学系の雑誌論文を包括的に収集しているデータベースである EBSCO や Proquest を用いて，「病院原価計算」や「病院経営」に関連するキーワードの組み合わせを用いて検索した。特に病院経営については，病院「価値（Value）」に関連させて検索を行った。病院原価計算は，ABC が発表された 1988 年以降，そのうち病院 TDABC については Kaplan and Porter（2011）が発表された 2011 年以降を重点的に調査し，病院経営については，病院「価値」が議論され始めた 1990 年代後半以降を中心に検索を行っている。

書籍については，九州大学附属図書館蔵書検索や下関市立大学附属図書館蔵書検索（OPAC），全国蔵書検索（Webcat）の他，アマゾン（Amazon.comなど）を利用して検索・入手した。日本の病院原価計算ならびに病院経営に関する研究についても，同様の方法で文献入手を試みた。本書の内容は，こうした病院原価計算および病院経営の文献調査の上に成り立っている。

第 I 部

保険者機能強化による病院原価計算の計算原理の精緻化

第Ⅰ部では，保険者機能が強化されるなかで，病院原価計算の計算原理が精緻化されてきたプロセスを示す。従来の病院原価計算に関する研究は，病院経営環境の変化に適合させた場合，原価計算の計算原理を精緻化させる必要性を実証する傾向がある。第Ⅰ部は，こうした病院原価計算の先行研究が立証してきた背景を整理したものとなっている。

　第1章では，米国病院経営が1983年を境にして品質管理を重視した病院経営から，原価管理を重視した病院経営に変遷した経緯について説明するために，米国の医療保険制度の成立過程や，原価管理重視の病院経営が促進されるようになった背景，そして医療の質と保険者機能との関連性を整理する。

　第2章では，米国の病院でコスト意識が高まるにつれ，病院原価計算がどのように利用されてきたという側面に着目して，診療科別原価計算の配賦計算の精緻化の過程を示し，疾病別原価計算の特徴を診療報酬の支払い制度と関連させて整理する。

　第3章では，個々の診療サービスに係る原価を算定する診療行為別原価計算のうち，RCC法（診療報酬基準原価率法）とABC（活動基準原価計算）の2つを取り上げ，病院原価計算の計算原理が精緻化される意味を明らかにする。

　第4章では，相対価値尺度法（RVU法）に焦点を当てて整理する。RVUは医師の技術料を測定する単位であるが，その登場の背景やRVUの原価計算プロセスを検討する。次いでRVU法が記載された著書や研究論文をレビューすることでRVU法の特徴を明らかにし，RVU法を医療における「原価の同質性」の枠組みで位置づける。

第1章

アメリカ病院経営の展開
―保険者機能強化の背景―

第Ⅰ部
保険者機能強化による病院原価計算の計算原理の精緻化

1 はじめに

　伝統的にアメリカの病院経営は，品質管理を重視した経営を行ってきた。しかし，1983年，公的医療保険であるメディケア（Medicare）が診療報酬支払い制度（償還制度）を改革してから，アメリカの病院は徐々に原価管理を迫られるようになった。メディケアの運営と財政について説明すると，メディケアは連邦政府の医療政策を担当する保健福祉省（Department of Health and Human Services）の組織のうち，メディケア・メディケイド・サービスセンター（Center for Medicare & Medicaid Services：CMS）が運営しており，また，財源的には連邦政府の予算と被保険者（雇用主・従業員）の自己負担金によって運営されている（河野2006, 241）。なお医療において「償還（reimbursement）」を用いる場合には，保険会社から病院へ支払われる診療報酬の支払いのことを意味するため，社債などの償還と区別されたい。

　本章では1983年を境にして，米国の病院経営が品質管理を重視していた立場から，原価管理を重視した立場へと移行した経緯を概観することで，保険者機能が強化されてきた背景を整理することにしたい。まず第2節では，米国の医療保険制度がどのように成立してきたのかを，民間医療保険と公的医療保険に区分して説明する。第3節では，保険者機能の強化により，病院経営が品質管理重視から原価管理重視に移行した背景を明らかにする。第4節では，保険者機能強化の背景を分析すべく，医療の質と臨床倫理の研究を紹介して「医療が抱えるジレンマ」の対象を明らかにした上で，「医師－患者－保険者」の利害対立関係の複雑性を示し，第5節で章を総括する。

2 1983年までの病院経営
（品質管理重視の病院経営）

　1983年以前のアメリカの医療保険は，基本的に出来高払い制度（Fee-For-Service：FFS）が主流であった[1]。出来高払い制度は，①医師の裁量権の尊重と②フリーアクセスの観点から説明することができる（伊原2004, 66）。

当時は，医療の標準化が進んでいないこともあって，医療に関する情報は，医師や病院といった医療提供側が独占的に保持しており，医師の診療行為に保険会社が圧力をかける状況はあまりみられなかった（医師の裁量権の尊重）。そして保険会社は，保険料を被保険者（多くの場合は雇用主）から徴収し，医師や病院の請求通りに診療報酬を支払う単なる保険料徴収・給付の事務処理機関として機能していた。これが出来高払い制度の意味するところである。さらに，保険会社は患者に対し，医師や病院に対するアクセス制限を設けなかった。別の言い方をすれば，被保険者である患者は原則として，自己が選択した医療機関を自由に受診することが可能であったのである（フリーアクセス）。

　アメリカでは日本と異なり，民間医療保険と公的医療保険の2つの医療保険が混在していることから，当時の医療保険制度の仕組みの背景を説明するためには，医療保険別に整理する必要がある。本節では，まず民間医療保険から概観することにしたい。

(1) 民間医療保険

　1980年代以前の民間医療保険のシェアの大部分は，病院サービスに対するブルークロス（Blue Cross）と医師の診断治療に対するブルーシールド（Blue Shield）の非営利目的の医療保険会社で構成されていた（河野 2003, 10）。ブルークロスとブルーシールドは，患者を確保する目的で，それぞれ病院団体と医師会によって設立された経緯もあって，基本的には医師や病院から請求された医療費をそのまま払っていた。ゆえに1980年代までは，一般に医師や病院は民間医療保険に対し有利な立場で交渉を進めることができた[2]。

　一方で，政府は軍人，退役軍人，および公務員に対する医療以外には関与してこなかった。しかし，1964年のジョンソン大統領の誕生により状況が変わってきた。大統領就任後，ジョンソン政権は「偉大な社会」建設の一環として，1965年に高齢者のための医療保険である連邦政府所管のメディケア（Medicare），生活困窮者を対象とする州政府所管のメディケイド（Medicaid）をそれぞれ設立した。つまり，アメリカでは民間医療保険が制度として先に成

---

1) 品質管理重視の病院経営については，伊原（2004, 66-67）を参照。
2) 民間医療保険登場の背景については，池上（2002, 81）を参照。

第Ⅰ部
保険者機能強化による病院原価計算の計算原理の精緻化

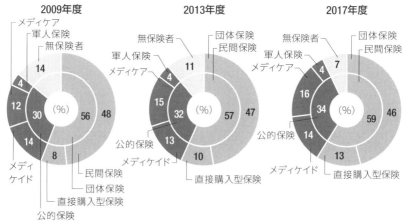

図表1-1 米国の医療保険加入状況

注：メディケイド・メディケアと民間保険，メディケア・メディケイドといった重複保険と，自営業者加入の保険は除いている。
出所：U.S. Census Bureau HPを基に筆者作成。

立した経緯があり，高齢者と低所得者のみが公的医療保険の対象とされていた。実際，米国医療保険の運営は，現在でも民間団体が約半数を占めていることから，民間団体に依存した状況に置かれていることがわかる。

なお，図表1-1にも示しているように，米国では無保険者が一定割合存在している。この背景には，①資力がありながら医療保険加入を拒否している人々の存在と，②従業員に医療保険を給付していない中小事業者に雇われている人々の存在が考えられており（松山2010, 98-99），当然のことながら②に該当する人々の存在が問題視されている。こうした無保険者問題の解消に向けて，オバマ政権ではヘルスケア改革法（ACA）を施行した結果，無保険者数は5,067万人（2009年）から2,805万人（2017年）にまで減少している。

（2）公的医療保険

続いて，公的医療保険であるメディケアとメディケイドについて説明する。これら医療保険は設立当初，連邦政府がアメリカ病院協会（American Hospital Association：AHA）との約束で医療サービスの料金を規制しなかったため，民間医療保険のブルークロスやブルーシールドと同様，医師や病院から請求され

た医療費をそのまま支払っていた。こうした出来高払い制度が保証されていた背景から，病院はコスト概念を特段考慮する必要がなかったため，患者アメニティを追求する品質管理を重視した病院経営を行うことができたのである[3]。ただし，出来高払い制度のもとでは，必要性のない検査や投薬を行うことで診療報酬を増加させる「償還最大化戦略（revenue optimization strategies）」が経営管理上，存在していたのも事実である。

その後，医療技術の進歩や高齢化の進行などを契機に，医療費は高騰を続け，1970年代後半から高齢者を対象にした医療保険であるメディケアの財政は急速に悪化する。そこで連邦政府は，病院の医療費を抑制するため，1983年よりメディケアの入院医療に対する診療報酬支払い方式を，出来高払い制度から，DRG/PPS（診断群分類別包括支払い制度）に変更した。DRG/PPS導入を皮切りに，アメリカでは，診療サービスの品質とコストの関係を考慮する保険者機能が強化されるようになった。

3 1983年以降の病院経営
（原価管理重視の病院経営）

1980年代に入ると，品質管理重視の病院経営を続けることが困難な経営環境の変化が見られるようになった。荒井（1998, 752）の分析によれば，その経営環境の変化を引き起こした主要な原因は，次の3点が提示されている。まず①1983年に導入されたメディケア入院患者に対する診断群分類別包括支払い制度（DRG/PPS）の採用があり，次いで②マネジドケアの規模拡大，そして③医療機関機能評価認定組織（Joint Commission on Accreditation of Healthcare Organizations：JCAHO）の「医療の質」評価指導方針の変革があげられる（図表1-2）。これら経営環境の変化に伴い，病院は原価管理を意識するようになっている。特にマネジドケアによる医療管理の強化は，病院の収入（診療報酬）を減少させたことから，病院にコストを強く意識させることになった要因の1つとされている（伊原 2004, 78-79）。そこで，病院に原価管理を積極的に

---
[3] 公的医療保険誕生の背景については，池上（2002, 81-83）を参照。

図表1-2　アメリカ病院経営環境の変化

年代	出来事
1965年	公的医療保険制度としてメディケアが誕生
1983年	DRG/PPSがメディケア患者の入院医療費を対象に導入
1980年代後半	マネジドケアによる医療管理の強化
	医療機関機能評価認定組織（JCAHO）の「医療の質」評価指導方針の変革

出所：荒井（2007, 2-19）を基に筆者作成。

取り組ませることになった経営環境の変化を個別に概説して，保険者機能が強化された背景を明らかにしていくことにしよう。

（1）診断群分類別包括支払い制度（DRG/PPS）の導入

　まず，病院経営環境を変化させた原因の1つ目として，メディケアが採用した診断群分類別包括支払い制度（DRG/PPS）があげられる。1983年から導入されたこの支払方式は，開発当初は医療費抑制を目的にしていなかった。アメリカのエール大学で開発された診断群分類の基本的な考え方によれば，DRGは元々，患者を病名（Diagnosis）と提供されたサービスの種類（Procedure）の組み合わせによって「分類」するツールであった（松田2004, 638）。そこでDRGと医療費抑制の関係を紹介する前に，DRG開発当初の目的を説明することにしたい。

① DRGの起源

　1965年のメディケアの発足以降，病院は診療報酬の支払を受ける条件として，医療資源の稼動状況調査（Utilization Review）や品質保証（Quality Assurance）に関するデータの提出が必須条件とされた。そこで，これらデータの収集方法に，産業界で用いられているマネジメント手法をそのまま病院に適応するという考えが出されたものの，その考えは病院関係者の支持を得ることができなかった。そこで，1969年にエール大学の研究グループは，病院での活動を測定・評価するための基礎となる患者分類から手掛けた。この分類方法には，基本的に患者を何らかの形で分類した上で，治療方法を比較・評価する手法が採用された。その後，コンピュータ技術の進歩の恩恵を受けて，大量の

患者データを統計的・臨床的に分析できるようになり，比較的均質な治療プロセスの識別や医療の標準化が可能となった。つまり DRG は，患者に投入された①マンパワー，②薬剤，③医療材料，④入院日数，⑤原価などのデータをできるだけ多くの病院から集め，一定の疾患ごとに分類することで各病院の改善点を明確にすることが主目的とされていた。DRG の目的は当初，あくまでも病院を対象としたマネジメント・ツールの開発だったのである[4]。

また，DRG の開発段階での診療報酬は出来高払い制度を基本としていたため，医療の提供者（病院）も消費者（患者）も医療サービスの消費量を最小限に抑えようとする意識はなかった。つまり，エール大学の研究班が DRG の研究を行っていた当初，関係者には医療の質とコストのトレードオフに関するデータを集めるインセンティブはほとんど生じていなかったのである。

② DRG/PPS の導入

これに対し，1970 年代からの医療費高騰に危機感を覚えていた連邦政府は，医療費抑制を目指した包括支払い方式に強い関心を抱いていた。そこで，メディケアにおける新しい支払方式を検討するために，医療財務庁がエール大学の DRG 研究を奨励するようになった。その後，エール大学の DRG 研究を受け，1982 年の TEFRA 法（Tax Equity and Fiscal Responsibility Act of 1982：税制均衡財政責任法）に基づいて，入院医療費を対象に DRG/PPS（診断群分類別包括支払い制度）が導入されることになった。出来高払い制度のもとでは，過剰診療や過剰投薬を起こしやすい傾向があるが，DRG/PPS では診療報酬が疾病分類別の定額払いとなるため，医療に対するコスト意識が高まり，診療報酬抑制と医療費削減の 2 つの効果が期待されていた[5]。

実際，DRG/PPS 導入により，医療費の伸び率が減ったことや，平均在院日数が短縮されたこと，そして病床数が減少したといった医療費抑制効果が報告されている。また，医療費抑制効果のほかにも，退院後 6 週間以内の死亡率は変わらず，再入院率は微増にとどまったことなど，診療アウトカムへの影響も併せて報告されている。加えて，病院ごとの治療水準の差が明確になった

---

[4] DRG の起源についての詳細は，川渕（2001, 27）を参照。
[5] DRG/PPS の導入前の背景については，川渕（2001, 27-28）を参照。

ので，診療プロトコル（実施計画書）が普及し，医療の質が向上するきっかけとなったことや，診療行為の標準化が医療の質の向上に貢献したことが報告されている[6]。

しかし，DRG/PPS を導入すれば診療報酬の支払限度額が予め決められてしまうため，粗診粗療が懸念事項としてあげられていた。そこで，上述の 1982 年の TEFRA 法は，同僚審査機関（Peer Review Organization：PRO）を全国的に整備することで対応した。PRO は，基本的に必要な医療サービスが供給されているかを審査する機関である。TEFRA 法が DRG/PPS 導入の基礎を作った法案であることから，PRO 導入の意図は，DRG/PPS のもとで早期退院がないよう医療サービスを審査することにあると説明されている[7]。PRO による医療サービスの審査を担保に DRG/PPS が導入され，保険者機能が強化された結果，病院に原価管理の必要性が意識されるようになったのである。つまり，米国の病院マネジメントの主流が，マーケティング発想中心（いかに収入を増やすか，請求漏れを減らすか）から，コスト管理中心（いかに一定のコストで患者の満足度を高めるか）に移行したといえる（川渕 2004, 7）。

その後 DRG/PPS は，1980 年代後半から普及した民間医療保険であるマネジドケアでも幅広く使用されたため，病院経営に与えた影響は大きかったといえる（Teisberg et al. 1994, 134）。次項では，マネジドケアにみられる保険者機能の強化の背景について整理してみよう。

(2) マネジドケアの規模拡大

1980 年代後半からマネジドケアが急速に普及した理由として，次の 2 つが考えられている。それは，①雇用主である企業と患者の支持を得たこと，②医療の標準化が進み医療サービスのデータの蓄積・分析が可能になったこと，この 2 つである（伊原 2004, 66-67）。そこで本項では，マネジドケアが急速に普及した背景について焦点を当てることにしたい。なお，マネジドケアが提供する医療保険には，HMO（Health Maintenance Organization）型保険と POS（Point-of-Service）型保険，それに PPO（Preferred Provider Organization）

---

[6] DRG/PPS の導入による変化については，川渕（1997, 7）を参照。
[7] DRG/PPS と PRO の関係については，皆川（1989, 242-243）を参照。

第1章 アメリカ病院経営の展開

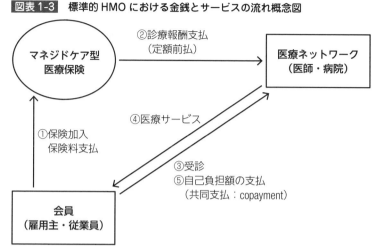

図表1-3 標準的HMOにおける金銭とサービスの流れ概念図

注：この概念図は標準的と思われるHMOの提供するマネジドケア・プランを基に作成したものであり，すべてのHMOの提供するマネジドケア・プランに適合するものではない。
出所：広井(1999, 39)に加筆修正。

型保険の3種類が存在する。医療サービスへのアクセス制限が高い順に並べた場合，HMO，POS，PPOとなるため，保険料は逆にPPOが高額になり，HMOが安価になる。一番安価なHMO型保険が一般的なものであるが，HMO型保険に加入している患者は，予め決められた「かかりつけ医の診断」を受けていないと専門医の治療や高度検査を受けることができないのが原則となっている（河野2003, 19）。

標準的なHMOにおける金銭とサービスの流れは図表1-3のように示すことができる。図表1-3に示しているように，マネジドケアは診療報酬支払い方式を定額前払にすることで，マネジドケアと医療ネットワーク（医師や病院）が経済的リスクを分担する仕組みになっている場合が多く，病院側も医療費抑制に取り組まざるを得ない状況を作り出している（広井1999, 9-10）。

① 雇用主と患者の支持を得たマネジドケア

マネジドケアは当初，過剰診療をなくし医療を効率化するとともに，予防医療に重点を置いた良質な医療サービスを提供することを保証していた。そのた

め，増大を続ける医療保険の負担に不満を抱いていた雇用主（企業）の支持を得ることができた。これは，従業員向けの医療保険は，企業の福利厚生の一環として位置づけられており，雇用主の拠出割合が非常に高かったことが背景にある。そのため，従来の出来高払い型の医療保険に比べ，マネジドケアの保険料水準は1割から2割も低廉であったため，雇用主から高く評価されたのである（伊原 2004, 57-67）。

患者側も，出来高払い型の医療保険制度のもとでは，医師や病院が利益を上げるために不要な医療サービスまで提供しているのではないかという不信を抱くようになっていた。ゆえに，マネジドケアが登場した際，過剰診療をなくすことを標榜するマネジドケアの保証内容が患者に受け入れられ，マネジドケアへの支持を高めたのである。このように雇用主である企業と患者の双方から支持を得て，マネジドケアは急速に全米に普及することとなった[8]。

② データ蓄積・分析を背景とするマネジドケアの規模拡大

加えて，情報処理技術の進歩などを背景に，医師・病院の診療実績などに関するデータの蓄積・分析が容易になり，急速に医療の標準化が進むようになった。急速に医療の標準化が進むなかで，政府機関，学会，保険会社など様々な主体によって診療ガイドラインなどが作成され，保険会社はその診療ガイドラインなどを手にすることができるようになった。保険会社は診療ガイドラインなどを用いることで，これまでできなかった診療行為への「介入」が可能となり，また医師や病院の実績を比較評価した上で保険契約を決定できるようになったのである。つまり，医療提供側による医療情報の独占が崩れ，医療内容のコントロールの権能が保険会社にも移転し始めた結果，マネジドケアの規模が拡大することになったのである[9]。

1980年代から急速に拡大を続けたマネジドケアは，独自の医療ネットワークを構築し，患者を囲い込むことで，医療の質の向上と医療費抑制の両立を図ろうとした。こうしてマネジドケアは，1990年代に入りアメリカ医療保険の主流になる。

---

[8] マネジドケアが企業および患者の両者から支持を得た背景については，李（2000, 116）を参照。
[9] 医療の標準化と保険者へのコントロール機能移転については，伊原（2004, 67）を参照。

③ 非営利目的のマネジドケアの倒産

　マネジドケアは当初，貧者に良質の医療を提供することを掲げて登場している。例として，マサチューセッツ州最大手かつ最古参のHMO（健康維持組織）のハーバード・ピルグリム・ヘルス・ケア（HPHC）社があげられる。HPHC社は，1969年の創設時の被保険者数は僅か88人であったが，米国のHMOとして初めてメディケイド（低所得者医療保険）患者に門戸を開き，貧者に良質の医療を提供する非営利目的のHMOとして規模を拡大していった。しかし，HPHC社は2000年1月に倒産してしまう。

　HPHC社の倒産の原因は市場原理に基づく方策にあり，二段階の倒産過程があった[10]。まず，政策により市場原理が導入されたことが，倒産過程の第一段階である。つまり，1992年に州知事が，州規制を大幅に緩和し市場原理を導入することで，医療費を抑制する政策を実施し，病院と保険会社との間で医療サービス価格を自由に交渉することができるようにしたのである。この政策は結果として，保険会社間のシェア獲得競争を加熱させることになった。

　次に，HPHC社が採った経営戦略が，倒産過程の第二段階である。上述の政策を受けて，HPHC社は保険会社間のシェア獲得競争のために隣接州にも進出していき，1994年には開業医提携型HMO大手のピルグリム社と合併することでマサチューセッツ州最大の保険会社となった。HPHC社はシェアを拡大することで，患者ネットワークを武器にして，医師や病院に対して価格交渉を優位に進めることができた。そして医師や病院に優位な価格交渉を進めた結果，HPHC社は医療保険の価格を低価格に設定することができた。HPHC社は保険価格を低く設定することで，企業などの大口顧客との契約獲得競争に勝ち残ることができると考えたのである。

　その後，こういった過当競争のなかで，HPHC社はコストを過少に見積もった「つけ」が拡大し，結果的に1億8000万ドルという巨額の負債を抱えて倒産に至る。貧者に良質の医療の提供を掲げて登場したHPHC社は，市場原理が席巻する米国医療のもとで生き残るためには，営利企業と変わらぬ経営戦略を取らざるを得なかったのである。

---

[10] HPHCの倒産過程については，李（2000, 122-125）を参照。

当該状況下では，病院原価計算を用いた疾病別・患者別の採算管理の必要性が高かったことは推測しやすい。つまり，病院原価計算に対する需要は，病院側だけでなくマネジドケア側にも存在していたということになる。

このような保険者機能が強化された状況下でマネジドケアと契約した病院は，市場原理に基づく原価管理を迫られるようになった。この点，病院がマネジドケアと契約するために利用されてきたのが，第三者病院評価機関であるJCAHO（医療機関機能評価認定組織）である。では，マネジドケアと契約するために利用されてきたJCAHOがどのように普及していき，原価管理に関連するようになったのであろうか。項を改めて跡付けてみたい。

(3) JCAHOの「医療の質」評価指導方針の変革

これまでメディケアの入院患者に対する診断群分類別包括支払い制度（DRG/PPS）と，マネジドケアによる医療管理の強化の，2つの保険者機能強化の背景について言及してきた。本項では最後に，JCAHOの「医療の質」評価指導方針が大きく変革され，保険者機能が強化された背景を取り上げる。そこで，アメリカ医療システムに詳しい河野圭子氏の整理を用いながら，JCAHOの導入・普及の背景を整理することにしたい。

① 医療機関機能評価認定組織（JCAHO）が誕生するまでの背景

上述のように，市場原理に基づいて医療が提供されているアメリカでは，医療の質の第三者評価に古くから組織的に取り組んできた経緯がある（郡司1998, 12）。その歴史は，1900年代の初頭まで遡る。1905年，外科医のマーチン医師は，医療の効率化を進め医療ミスを減らすには，医師同士で情報交換ができる場所を設けることが必要と考え，学会誌の創刊や外科医を対象とした臨床学会を開催した。そして，1912年の臨床学会では，医療の効率化と患者の安全を確保するために，最低限の基準を病院に定めることが必要だと結論付け，翌1913年にアメリカ外科学会を創設する。任意ではあるが病院機能評価認定制度の確立を目的として，アメリカ外科学会は，病床規模別に病院の調査を進め，1926年に病院標準化マニュアルの公表に至っている。その後，1946年

に制定されたヒル・バートン法（Hill-Burton Act：建設・修復に関する連邦法）は，新たに病院を建設したり，修復したりする際には，アメリカ外科学会の病院機能評価認定基準を病院が満たしていれば，連邦政府は財政援助を行うと規定していた。このヒル・バートン法の制定により，アメリカ外科学会の病院認定制度は全米に広がり，医療業界の主要な団体も病院の認定制度に興味を示すようになった。実際アメリカ外科学会は，1951年に他の専門学会の協力を得て協同で新組織を設立し，それまでの評価活動を受け継ぐことになる。その設立された新組織が，医療機関機能評価認定組織（JCAHO）の前身にあたる病院機能評価認定組織（Joint Commission on Accreditation of Hospitals：JCAH）である[11]。

② JCAHOの普及

1951年に設立されたJCAHは，1965年のメディケア創設によりその特性が変更されることになる。なぜなら病院は，メディケアの適応を受けるためにはJCAHの認定を受けることが義務付けられたからである。つまり，JCAHは連邦政府の準公的な制度として確立したのである。そして，州政府のなかにも，病院に対してJCAHの病院認定を条件に，病院運営の許可やメディケイド（低所得者医療保険）患者の医療費支払を認め始めるようになり，マネジドケアなどの大手民間医療保険会社も，病院との契約にJCAHの認定を条件に入れるようになった（河野2006, 107）。こうしてJCAHの評価基準が次第に医療システムに浸透していったのである。

その後，1980年代から増加している医療機関の吸収合併に伴い，複数の病院を経営する医療機関に対応する形で，JCAHは1987年にJCAHO（医療機関機能評価認定組織）と改称された（河野2006, 107-108）。JCAHは，名称をJCAHOと改めると同時に，「医療の質」評価指導方針を変革するため"Agenda for Change"という改革に取り組んだ。この"Agenda for Change"は，①アウトカム指標の重視，②費用対効果の重視，③総合的品質管理（Total Quality Management）の推進という方向で改革が進められた（荒井1998,

---

11) 戦前の医療の質の評価からJCAHの設立までは，河野（2006, 104-106）を参照。

769)。つまり，アメリカで医療を提供するには，公的医療保険でカバーされるメディケア患者を診察する場合であっても，マネジドケアの民間医療保険に加入する患者を診察する場合であっても，JCAHO の認証を得ることが不可欠になったのである。このように第三者機関による認証を条件とした病院間競争において，病院は医療を効率的・効果的に提供し，原価管理を行っていることを公表しなければならなくなったのである[12]。では，保険者機能が強化されるなかで，どのように米国では利害対立が表面化していったのか。次節では，その背景を医療の質の側面から整理することにしたい。

4 保険者機能強化を背景とする利害対立の表面化

　従来，医療で対象とされるジレンマとは，医師の立場から，どのような医療を提供すべきかについて議論されてきた。すなわち，医師が直面するジレンマとは，相反する 2 つの倫理的根拠があって，その根拠に優劣をつけがたい場合，どちらを選択すべきか悩んでしまう「倫理ジレンマ」(Low 2000, 3；邦訳 2) を指すことが多い。その倫理ジレンマがなぜ発生するかは，「医療の質」の定義において著名なドナベディアン (Donabedian, A.) によれば，次のように述べられている。「なぜなら医師は，良いと思われる全ての医療を提供して欲しいという患者の要求に対する責任と義務が存在する一方で，社会に対する責任上，または，提供する医療行為が社会や病院施設の承認に依存している以上，金銭的理由を背景として，達成し得る最大の健康利益に至らない程度に医療行為をとどめておかなければならないからである」[13]。つまり，医療提供者は，患者に際限なく医療を提供したいという要求と，できる限り医療費を抑えておきたい要求が常にせめぎ合っている状況に置かれているのである。保険者機能が強化されると，このジレンマが強く現れる可能性が高い。

　このような医療提供者が抱えるジレンマの問題について積極的に答えようとしているのが，米国で古くから議論されてきた医療の質や臨床倫理に関する研

---

12) JCAHO の認証と病院原価管理の必要性の関係については，荒井 (1998, 752-755) を参照。
13) Donabedian (1980, 15). 訳出にあたり邦訳 (2007, 16) を参考にした。

究である。そこで本節では，現在の医療問題の背景を分析するための手がかりとして，医療が抱えるジレンマを明らかにし，医療を巡る利害対立の複雑性を示していく。

(1) 医療の質と臨床倫理から捉えたジレンマ

　従来，医療の質の議論は，提供された医療行為が適切であるかを評価するために用いられてきた。この医療の質の評価方法について，現在でも広く用いられているのがドナベディアンの医療の質の定義である。ドナベディアンは，医療の質を評価する基本的な方法として，「構造・過程・アウトカム」をあげている。

　まず「構造」とは，医療の提供者，または提供者が用いる道具や資源，その働く組織的な場所の特徴を意味し，医療を生み出す環境としての機能をもったものである。次に「過程」とは，「医療提供者―患者」間および彼らの内部またはお互いの間で起こっている活動を意味している。最後に「アウトカム」は，医療行為が患者に与える健康変化を意味している。これら要素の関係は，

構造→過程→アウトカム

という形で示されている。ドナベディアンは，医療の質を評価する要素を上記のように定義した上で，各要素間の関係を明示することで，医療の質の様々な個別的な指標を作成・分類することが容易になると指摘している。

　しかしながら，伝統的な医療の質の定義や評価における関心の標的は，時代が進むにつれ徐々に拡大することになる。次頁の図表1-4で説明すると，従来，医療の質の定義や評価が対象としていたのは，「個々の医療従事者」によって「身体・生理的な機能」を改善もしくは保持するといった観点で「患者個人」に提供される医療であった。それが現在では，医療提供者の集合と組織レベル，健康の定義，そして医療を受ける側のレベルの3側面から対象範囲を拡大させている。

　仮に「健康の定義」が心理的機能や社会的機能の側面まで含む場合，医療システムは，単に病気を治すだけでは医療の質の定義を満たさないため，医療範

第Ⅰ部
保険者機能強化による病院原価計算の計算原理の精緻化

図表1-4 医療の質を定義する要素の対象レベルと範囲に関する枠組み

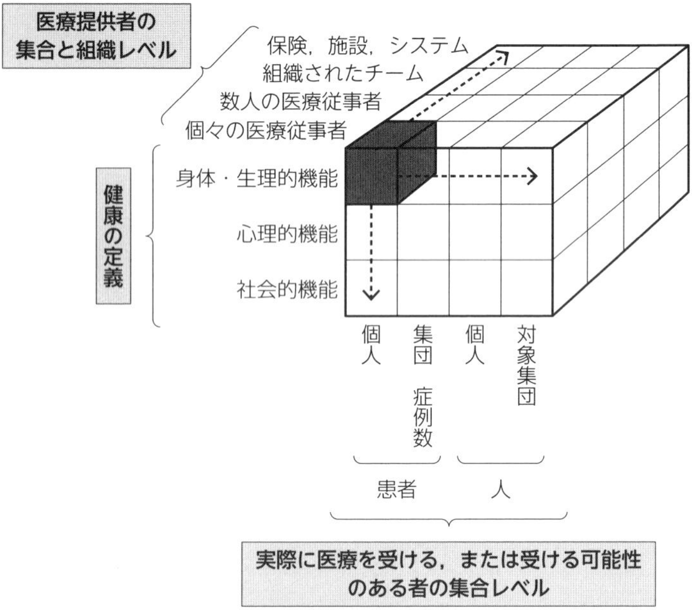

（医療提供者の集合と組織レベル）
- 保険，施設，システム
- 組織されたチーム
- 数人の医療従事者
- 個々の医療従事者

（健康の定義）
- 身体・生理的機能
- 心理的機能
- 社会的機能

個人／集団（症例数）／個人／対象集団
患者／人

実際に医療を受ける，または受ける可能性のある者の集合レベル

出所：Donabedian（1980, 17；邦訳 18）に加筆修正。

囲外の「健康」の側面まで考慮しなければならないということになる。

また，「医療提供者」の側面からみると，様々な医療従事者を含んだ医療チームや施設で治療を行う際には，各医療職の役割，価値観，目的，技術を質の定義に反映しなければならず，診療行為に継続性や整合性が求められるようになる（Donabedian 1980, 18；邦訳 19）。こうした状況から，医療の質の定義や評価方法が拡大した場合，それらを統一することの困難性は容易に想像できる。

次に，医療が抱えるジレンマについて，臨床倫理の側面から議論しているロウ（Low, B.）の分析を紹介しておきたい[14]。彼は，なぜ利害の対立が医師にとって倫理的に問題なのかについて述べており，その理由として，①医師が臨床診断を下す際に，自己や第三者の利益を優先すれば，患者の身体的危害が加えら

---
[14] この臨床倫理とは，ある一連の医療行為を正当化する根拠を分析するものであり，これは相反する2つの倫理的根拠があって，その根拠に優劣をつけがたい場合に生じる「倫理ジレンマ」に対するアプローチとされている（Low 2000, 3-6；邦訳 2-6）。

れる可能性があること，②たとえ患者が危害を被らなかったとしても，医学的判断における医師の高潔さが脅かされることになること，③利害の対立は，患者の信頼を傷付けること，の3点をあげている（Low 2000, 232；邦訳 263）。そしてロウは，当該利害対立の対処について，次の4つをあげている。

(i)　患者の利益が最優先であることを再確認する
(ii)　利害対立の存在を開示する
(iii)　患者保護のための予防策を講じる
(iv)　特定の行動や状況を禁じる

4つのうち特に重視されているのが「患者の利益」を最優先させることである。また，「特定の行動や状況を禁じる」とは，例えば製薬会社が主催する卒後教育プログラムは，テーマが偏っていたり，テーマの一側面しか扱われない可能性があるため，当該状況を受け入れない環境を整備すべきであると指摘している（p.235；邦訳 p.267）。

(2) 保険者機能の強化が意味すること

　上述の医療の質の評価方法や臨床倫理の議論は，主に医師の立場から検証されたものである。ここで議論されている論点は，「医師―患者」の臨床のあり方が問われており，医療費を巡る財源問題が含まれていない。つまり，あくまで医師個人として，どう患者と向き合うかについて分析されているだけである。
　しかし，医療問題を実際に議論するにあたっては，質の高い医療を効果的かつ効率的に提供することが目標とされていることが多い。これは何を意味するのか。結論からいえば，医療の質を中心とした臨床上のジレンマの議論が進められても，その医療費を支払う「保険者（payer）」の存在を含めて議論しなければ，医療行為の制約条件は蔑ろにされたままなのである。言い換えれば，医療の質や倫理ジレンマの議論には，「保険者」が果たすべき役割についての議論が含まれていないのである。ゆえに，医療問題を取り扱うためには，「医師―患者」間の臨床問題ではなく，「医師―患者―保険者」の関係で考察しなければならないのである（足立 2009b, 5）。加えて，アメリカではメディケア（高齢者対

象）とメディケイド（低所得者対象）といった公的医療保険とマネジドケアの民間医療保険が混在している構造になっているため，さらに問題を複雑化させている。

　このように医療を巡る問題を取り扱うには，保険者を含めた経済的側面も考慮する必要性が生じることから，利害関係は複雑化するのが明白である。この点，医療産業が経済学者から注意が払われてこなかった理由について分析しているヒュックス（Fuchs, V. R.）の意見が参考になる。ヒュックスは，医療産業が経済学者から大きな注意を払われてこなかった理由に，概念上と統計上の難しさを指摘している（Fuchs 1968, 116；邦訳 141）。そして彼は，医療産業の実質産出高の変化を測定する問題は，①さまざまな産出の型が定義されなければならないこと，②それぞれの型の変化が数量化されなくてはならないこと，③さまざまな型を共通化して，その変化がドルと等価なものに換算されなければならないこと，これら3点から生じていると指摘している（p.117；邦訳 pp.142-143）。つまり，医療産業では「治療」という投入の側面は測定可能であっても，「治癒」という産出高を定義または測定する上で困難性を伴うのである。

（3）ヘルスケア改革法（ACA）と保険者機能

　保険者機能の強化を背景に医療保険制度改革が求められるなか，2009年に発足したオバマ政権では，無保険者問題に取り組むと同時に，医療費抑制措置として医療提供体制の変革を掲げている。そして，オバマ政権の医療保険制度改革として施行されたのが，2010年に成立したACA，通称オバマケアである。ACA施行の背景には，診療報酬が量（volume）ではなく価値（value）に基づいて支払われるようになれば，医療提供者（主に医師）に対して不必要なケア（診療サービス）を制限するインセンティブが働き，患者は適正な医療を受けることができると評価していることがある（天野 2013, 282）。

① オバマ政権の医療保険制度改革

　ACAには，イノベーションと呼ぶべき取り組みとして，①エクスチェンジ（Exchange）と，②責任医療組織（Accountable Care Organization：ACO）が

存在する（小林2015, 22）。エクスチェンジは，政府が開設運営する保険加入インターネットサイトを通じて個人が健康保険に加入する仕組みである。一方，ACOは，医療提供者や保険者が連携・協力して，高品質な医療サービスを提供し，かつ医療資源の効率的・効果的な利用を図り，ひいては医療費増加の抑制を目的とする組織である[15]。とりわけ，保険者機能との関係が強いのはACOである。

② 責任医療組織（ACO）

ACOは医師を中心にした医療関係者のネットワークであり，当該ネットワークの形成にあたっては，連邦政府所管のメディケア・メディケイド・サービスセンター（CMS）が公募の手段を用いて，医療関係者の組織化を進めていく（小林2015, 30）。公募で組織化を進めることから，医療関係者がACOに参画することは義務ではなく，あくまで任意であることに留意しておきたい。

ヘルスケア改革法（ACA）の規定に基づいて実施されるACOの実施計画は，メディケア・シェアド・セービング・プログラム（Medicare Shared Savings Program：MSSP）と命名されている。ACOの実施計画としての位置づけであるため，MSSPは，「出来高払い制度を採用するメディケア受給者に対する診療サービスの品質を向上させるとともに不必要なコストを削減させるために，医療関係者の協調・協力の推進を奨励する自発的プログラム」と定義されている。自発的なプログラムとはいえ，MSSPは2018年時点で，全米で561のACOが登録されており，1,050万人のメディケア受給対象者を抱えている。

仮に医師がACOに参画した場合，患者が適時適切なケアを受けられるように，協調・協力しながら高品質の医療を提供するとともに，不必要な治療行為を避け，医療過誤を防止することを目指すようになる。なぜなら，ACOがメディケアと契約した当初の目標通りに高品質のケアの提供とコスト削減が実現できたと認定された場合，その実現したコスト削減額に応じて「分配」報償額を受け取ることができるためである。ここで注意しておきたいのは，ACOでメディケア患者を診療した場合の医療費は，あくまで「出来高払い制度（FFS）」

---

[15] CMS HP "Accountable Care Organizations（ACO）"

を採用している点である。すなわち，「分配」報償額はMSSP期間終了後に支払われるため，個々の患者の診療サービスには直接影響しないように工夫されている。この点は，マネジドケア型医療保険（特にHMO型）と大きく異なる。

このようにACOは，患者の診療サービスに係る医療費は出来高払い制度であるものの，目標の達成度合いに応じた報償インセンティブが付与されている点に特徴がある。

また，ACOが受け取る報償額の決定方法には，One-sideモデルとTwo-sideモデルがある。One-sideモデルは，コスト削減目標が未達で損失が生じた場合の損失リスク（shared losses）を負担しないモデルである。Two-sideモデルは，損失リスクを負う見返りとして，高額の報償額（savings）が支払われるモデルである。なお，Two-sideモデルは，ハイリスク・ハイリターンのtrack3と，ローリスク・ローリターンのtrack2に区分されている[16]。

③ バンドリングおよびP4P

2010年にACAが施行され，責任医療組織（ACO）以外にも「医療の質」確保とコスト削減をもたらす政策として，バンドリング（bundling）やパフォーマンスに応じた支払い方式（Pay for Performance：P4P）などが，これまで以上に推奨されるようになっている。

バンドリングとは，1人の患者の「トータルケア」に対して支払いを行う診療報酬支払い制度である。1病院だけに診療報酬が支払われるのではなく，患者のケア・プロセスに関与する医療機関すべてを対象にしている点でDRG/PPSと異なる。他方，パフォーマンスに応じた支払い方式（P4P）は，医療ケアの質の高い施設に高い診療報酬のボーナスを与える支払方式である（P4P研究会 2007, 8-10）。ヘルスケア改革法（ACA）では，入院医療に限定されていたP4Pを，外来医療・医師・在宅医療・熟練看護施設にまで拡張させようとしている。しかしながら，P4P導入によるコスト削減効果に関する十分な調査結果は存在していない。これは，P4Pが一般的には，「医療の質」向上のためにデザインされたものであり，医療費に与える影響に関心が向けられなかったためである

---

16) CMS HP "Shared Savings Program"

(天野 2013, 290-291)。

　すなわち，バンドリングは，医療における競争を「患者治療」に焦点を当てさせることで，病院の診療計画（プロトコル）に影響を与える制度であり，P4Pは，患者に最善のアウトカムを実現するような財政上のインセンティブを医師や病院に与える制度となる。いずれの制度も，保険者機能の強化を背景に，患者中心の医療を実現しつつ，コスト削減に対するインセンティブが生じるように設計されている。

5　終わりに

　以上，保険者機能が強化されるようになったアメリカの病院経営環境を概観してきたが，本章は次のようにまとめられよう。

　まず，アメリカの病院は1983年まで品質管理を重視した経営を行ってきた。これは医師や病院といった医療提供者の裁量権が守られていたからであった。つまり，医療に関する情報が保険会社に流出せず，診療行為に関しては出来高払い制度（FFS）が採用されていたのである。

　しかし，高騰する医療費を抑えるため，1983年に導入されたメディケアの入院医療費に対する診断群分類別包括支払い制度（DRG/PPS）の導入以降，病院は原価管理を迫られるようになった。そして，1980年代後半から急速に普及したマネジドケアによる医療管理の強化や，JCAHOの認定条件のなかで医療の質の向上や費用対効果を重視するようになったことも保険者機能の強化の背景として捉えることができる。

　その上で，医療の質や臨床倫理で議論の対象となっている「医師－患者」の関係を概観した上で，保険者機能の強化がもたらす意味と課題を提示してきた。そこでは，まず，医療の質の領域では，従来に比べその対象範囲を拡大させていることが判明した。そして，医療の質や臨床倫理の議論に保険者を加えると，医療財源を巡る利害対立関係がいっそう複雑化することになる。そして，2010年に成立したヘルスケア改革法（ACA）により導入されることになった責任医療組織（ACO）やバンドリングなどの一連の医療制度改革は，「医療の

質」確保とコスト削減の両方を達成するための「インセンティブ」を医療関係者に与える制度設計となっている。これらも保険者機能の強化として捉えることができる。

　このような保険者機能の強化が進められる状況下では，病院経営にコスト削減が意識されるようになり，院長や理事長などトップマネジメントは原価計算に関心を示すようになる。それゆえ，保険者機能が意識されるようになった1983年以降，病院原価計算に関する著書や論文が多く発表されている。第2章では，保険者機能が強化されるなかで，病院経営に原価計算がどのように組み込まれるのかについて，病院原価計算の種類別にまとめていくことにしたい。

第 **2** 章

米国病院原価計算の展開

第Ⅰ部
保険者機能強化による病院原価計算の計算原理の精緻化

1 はじめに

　前章でみてきたように，1983年のメディケアによるDRG/PPS（診断群分類別包括支払い制度）の導入では，診療報酬の支払対象が部門サービスからDRGという疾病別の患者群に変更され，この改革が原価管理上，重要な意味をもつようになった（荒井2001, 7）。加えて，1980年代後半から市場規模を拡大したマネジドケアによる医療管理の強化は，DRG/PPS導入の影響と相まって，疾病別原価管理の普及を促進し，医師を管理対象とする医師別原価管理の本格化をもたらした（荒井2001, 9）。

　本章では，病院でコスト意識が高まるにつれ，どのように病院原価計算の洗練化が進められてきたのかを，保険者機能の強化をもたらした病院経営環境の変化と絡めながら検討することにしたい。まず第2節では，病院での部門別原価計算に相当する診療科別原価計算の特徴を整理する。第3節では，診療行為別原価計算として疾病別原価計算を取り上げる。なお，本章で取り扱う病院原価計算の種類は，図表2-1のようになっている。

図表2-1　病院原価計算の種類

病院原価計算		特徴
診療科別原価計算		通常の原価計算でいう部門別原価計算に相当（適切な部門設定と配賦基準が必要）
診療行為別原価計算	疾病別原価計算	疾病別に原価を集計する原価計算（患者の重症度や医師の勤務時間の測定が必要）
	患者別原価計算	患者の1人ひとりの特性を加味した原価計算

2 診療科別原価計算

　保険者機能が強化された場合，診療報酬任せの伝統的な病院運営では経営が成り立たないため，病院は不採算な診療科・診療行為を認識する必要性が生じてくる。そのため，原価集計単位の設定は勿論のこと，部門設定や配賦基準の

設定も適切に行う必要がある。本節では，診療科別原価計算の部門や配賦計算プロセスを説明していく。

(1) 診療科別原価計算の部門とは何か

　診療科別原価計算とは，入院部門は病棟別に，外来部門は診療科別に部門を設定し原価を集計する原価計算である。仮に，救急センターや予防医療センターなどの損益を別途把握する必要があれば，特設部門を設けて原価計算を行うことになる。

　次に，手術室や麻酔科をはじめ，放射線科・検体検査室・生理検査室・薬剤部など，主としてコメディカル部門を中心とした部門は，中央診療部門として設定される。病棟部門や外来部門，中央診療部門は，病院の収益を司る部門であることから，総称して「主部門」と呼ばれる。

　一方で，病院内には収益と直接関連しない部門も存在する。例えば，経営企画室や経理課のような事務各課は管理部門に区分され，リネン洗濯や中央滅菌室，放射線フィルム管理室のような部門は補助部門に区分される。また，研究所がある病院の場合は研究部門を配置することもあり，大学附属病院は教育部門を設置することもある[1]。以上をまとめると，図表2-2のように図示することができる。

　なお，本書で「診療科別原価計算」を用いる場合は，外来の診療科以外に，病棟や中央診療部門，補助管理部門などの部門も含んでいる。本来であれば「部門別原価計算」で統一すべきであるが，診療科別原価計算の方が病院原価計算としての意味合いが伝わりやすくなると思われるため，診療科別原価計算を主に用いることにしたい。

　このように部門設定を行うと，次は部門別に原価を集計することになる。原価が集計されるコスト・センターは，①医師や看護師，コメディカル・スタッフ[2]，事務職員に係る給与，賞与および賞与引当金繰入額，退職給付費用（退職給与引当金繰入額）などの給与費，②医薬品費（drug）や診療材料費（supply）

---

1) 教育部門を含めた区分については，Nackel et al. (1987, 92-94) を参照。
2) コメディカル・スタッフ（co-medical staff）とは，医師や看護師以外の医療従事者のことを指し，薬剤師，理学療法士，作業療法士，歯科衛生技師などが該当する。

第Ⅰ部
保険者機能強化による病院原価計算の計算原理の精緻化

図表2-2　部門設定の考え方

主部門	直接部門	病棟部門					
		内科系病棟	外科系病棟	産科病棟	小児病棟	集中治療室	
		救急病棟	緩和ケア病棟				
		外来部門					
		内科	小児科	外科	整形外科	皮膚科	救急
		耳鼻科	産婦人科	泌尿器科	眼科	精神科	
		特設部門					
		救急センター	腎センター	予防医療センター	その他特設		
	間接部門	**中央診療部門**					
		麻酔科	手術室	放射線診断	放射線治療	検体検査	生理検査
		病理診断科	内視鏡室	栄養科	薬剤部		
		補助部門					
		医療ソーシャルワーカー	リネン洗濯	医事課入院	医事課外来	中央滅菌室	フィルム管理
		管理部門					
		経営企画室	総務課	経理課	情報システム	中央監視室	医学図書室
		用度課	一般管理	看護管理室	本部事務局	人事課	理事長/院長室
		研究部門					
		院内研究	院外研究	各種研究所			

出所：中村・渡辺（2000, 69）に加筆修正。

などの医療材料費，③福利厚生費や光熱水道費などの経費，④清掃や患者給食といった委託費，⑤研究研修費，⑥病棟などの減価償却費に分類される[3]。なお，「病院会計準則」（厚生労働省医政局発令）に従うと，病院における材料費は，医薬品費，診療材料費，医療消耗器具備品費，給食用材料費に区分される。本書では，これら材料費をまとめて「医療材料費」と定義することにしたい。

---

3) 原価の測定方法や集計方法については，今中（2003）を参照。

(2) 診療科別原価計算の配賦計算プロセス

次に, 診療科別原価計算を行うにあたり, まず集計された原価の流れから確認しておきたい。診療科別原価計算の原価配賦の流れは一般的に図表2-3のようになるが, 以下に示す設例を用いて配賦計算プロセスを確認していくことにしよう。

図表2-3 診療科別原価計算の原価配賦の流れ

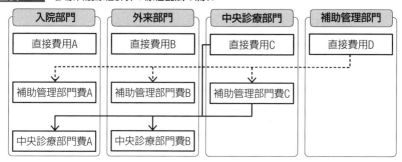

設例

入院部門(病棟A, 病棟B)と外来部門(内科, 外科)の他, 中央診療部門(放射線診断部門)と補助管理部門(看護管理室)が存在する病院を想定する。給与費に関する診療科別原価を算定するにあたり用いるデータは, 次のようになっている。なお, 階梯式配賦法を用いて配賦計算を行い(優先順位は補助管理部門の方が高い), 補助管理部門の原価配賦は看護師数に基づき, 中央診療部門の原価配賦はX線撮影回数に基づいて配賦する。

	入院部門		外来部門		中央診療部門	補助管理部門	合計
	病棟A	病棟B	内科	外科	放射線診断部門	看護管理室	
給与費	15,000円	15,000円	10,000円	20,000円	5,000円	5,000円	70,000円
看護師数	20人	20人	25人	30人	5人	—	100人
X線撮影回数	30枚	40枚	30枚	50枚	—	—	150枚

まず, 看護管理室(補助管理部門)の原価を, 看護師数に基づいて入院部門, 外来部門, および中央診療部門にそれぞれ配賦する。

第Ⅰ部
保険者機能強化による病院原価計算の計算原理の精緻化

	入院部門		外来部門		中央診療部門	補助管理部門
	病棟A	病棟B	内科	外科	放射線診断部門	看護管理室
給与費	15,000円	15,000円	10,000円	20,000円	5,000円	5,000円
看護管理室	1,000円	1,000円	1,250円	1,500円	250円	
小計	16,000円	16,000円	11,250円	21,500円	5,250円	

次に，放射線診断部門（中央診療部門）に集計された原価を，X線撮影回数に基づいて，入院部門と外来部門に配賦する。

	入院部門		外来部門		中央診療部門
	病棟A	病棟B	内科	外科	放射線診断部門
小計	16,000円	16,000円	11,250円	21,500円	5,250円
放射線診断部門	1,050円	1,400円	1,050円	1,750円	

よって，診療科別原価は，以下のように集計される。

	入院部門		外来部門	
	病棟A	病棟B	内科	外科
給与費	15,000円	15,000円	10,000円	20,000円
看護管理室	1,000円	1,000円	1,250円	1,500円
放射線診断部門	1,050円	1,400円	1,050円	1,750円
合計	17,050円	17,400円	12,300円	23,250円

上記の設例は，給与費に限定されたものであるが，医療材料費や経費，委託費なども同様の手順を踏み，合計することで診療科全体の原価が算定されることになる。

また，設例で指示しているように，病院原価計算では，診療科への配賦計算方法に階梯式配賦法がよく用いられる。これは，補助管理部門は，入院や外来の部門だけでなく中央診療部門にもサービスを提供している一方で，中央診療部門は，一般的に補助管理部門にサービスを提供することがないためである。設例で説明すれば，放射線診断部門には看護師が配置されていることから看護管理室の原価は配賦することができるが，放射線診断部門はX線撮影回数を基準に配賦計算を行うため，X線撮影を行わない看護管理室に原価を配賦することはできない。このような中央診療部門と補助管理部門の関係から，診療科別原価計算には階梯式配賦法が適合すると考えられている。ただし，補助管理部

門を補助部門と管理部門に区分した場合には，補助部門と管理部門の配賦方法に相互配賦法を用いることを考えることができる。

この点，聖路加国際病院の渡辺明良氏によれば，原価集計単位に病棟部門を設定している場合には，病棟部門の原価を各診療科に配賦することで，病棟部門費を負担させた診療科別の収益性を認識することができると指摘している（渡辺 2012, 157-158）。つまり設例では，入院部門（病棟）と外来部門（診療科）の両方を最終原価単位に設定しているが，入院部門に集計された原価を各診療科に配賦する考え方も存在しているということである。ただし，病棟部門の原価を各診療科に配賦するためには，原価計算プロセスをさらに細分化させる必要がある。例えば，医療材料費は，患者ごとの使用量が入力された電子カルテ情報などを用いなければ配賦計算を行うことができない。また，複数の診療科を担当している看護師の給与費は，簡易的であるが病棟における診療科別患者数比率や，看護必要度負荷後の診療科別患者数比率を用いるなど適切な配賦基準が必要となる（渡辺 2012, 158）。

(3) 診療科別（部門別）原価計算の展開

① メディケア原価報告書と階梯式配賦法

以上の中央診療部門費や補助管理部門費を配賦する議論は，米国では公的医療保険であるメディケアが創設された 1965 年以降に盛んに行うようになっている（荒井 2007, 22）。なぜならば，メディケア患者を受け入れている病院は，メディケア原価報告書として部門別原価計算の結果を毎期報告することが義務化されるようになったからである。

部門別原価の配賦方法については，「メディケアに必要とされる年間原価報告書は階梯式配賦法を詳しく述べているので，包括請求システムをもっていない病院でさえも階梯式配賦法を行っている」（Holmes and Schroeder 1996, 739）ことから，メディケア原価報告書が長期にわたり影響を与えていることを窺い知ることができる。例えば，1968 年にアメリカ病院協会（AHA）が公刊した原価計算研究報告書では，部門間接費の配賦法として直接配賦法と階梯式配賦法と相互配賦法の 3 法を紹介しているが，その例示として，330 床の一般病院を取り上げ，階梯式配賦法による部門原価の配賦法を詳説した上で，階梯式配

第I部
保険者機能強化による病院原価計算の計算原理の精緻化

賦法の実施支援を行っている（AHA 1968；神馬 1974, 5）。このように部門別原価計算は，階梯式配賦法を軸として1983年の診断群分類別包括支払い制度（DRG/PPS）の導入前まで原価管理の中心的な役割を果たし，今日でも重要な役割を果たしている。

ここで実際の事例を紹介することにしたい。Mays and Gordon（1996）では，ミシシッピ州における耳鼻咽喉科のグループ診療サービスの補助部門費を対象に階梯式配賦法を用いて部門別の収益性を測定した結果が提示されている（図表2-4）。

当該事例では，施設サービス部門の原価を管理サポート部門と医療サービス部門に配賦して，管理サポート部門と医療サービス部門の原価を各部門に配賦する階梯式配賦法が採用されている（図表2-5）。医師や看護師の給与も「医療サービス部門」という補助部門費として配賦計算対象になっている点に特徴がある。配賦基準は，施設サービス関連コストは占有面積を用いており，管理サポート部門は処置回数，医療サービス部門は診療報酬が用いられている。

なお，三次配賦で用いる診療報酬を用いることで，「処置当たり利益」を算定することも可能である。処置当たり利益を計算してみると，入院手術・処置や外来手術・検査の収益性が高く，手術の有無が収益性に影響を与えていることがわかる。

図表2-4　補助部門費の内訳

医療サービス部門		管理サポート部門		施設サービス部門	
医療機器	350ドル	事務機器	5,000ドル	賃貸料	60,000ドル
医療消耗品	55,500ドル	機器補修	3,500ドル	固定資産税	14,500ドル
看護サービス	160,000ドル	応接	600ドル	維持メンテナンス	2,500ドル
福利厚生	25,000ドル	電話通信	20,000ドル	清掃	6,000ドル
医師給与	950,000ドル	マーケティング	11,000ドル	ユーティリティー	15,500ドル
医師給付	165,000ドル	保険	10,000ドル	保険	6,500ドル
保険	45,000ドル	事務用品	10,000ドル	その他	5,500ドル
		スタッフ給与	125,000ドル		
		福利厚生	20,000ドル		
		雑費	6,500ドル		
合計	1,400,850ドル	合計	211,600ドル		110,500ドル

出所：Mays and Gordon（1996, 76）に加筆修正。

図表2-5　階梯式配賦法を用いた全部原価計算

	放射線部門	外来手術・検査	外来診察・注射	入院手術・処置	医療サービス部門	管理サポート部門	施設サービス部門
直接費	4,300ドル				1,400,850ドル	211,600ドル	110,500ドル
一次配賦							
配賦基準（占有面積）	191m^2	518m^2	1,250m^2		1,975m^2	2,500m^2	
構成比	3.0%	8.1%	19.4%		30.7%	38.9%	100%
施設サービスコスト配賦	3,280ドル	8,896ドル	21,468ドル		33,919ドル	42,936ドル	110,500ドル
小計（一次配賦後）	7,580ドル	8,896ドル	21,468ドル		1,434,769ドル	254,536ドル	
二次配賦							
配賦基準（処置回数）	2,645回	2,575回	16,480回	2,240回			
構成比	11.0%	10.8%	68.8%	9.4%	100%		
管理サポートコスト配賦	28,122ドル	27,378ドル	175,219ドル	23,816ドル	254,536ドル		
小計（二次配賦後）	35,703ドル	36,274ドル	196,687ドル	23,816ドル			
三次配賦							
配賦基準（診療報酬）	86,450ドル	345,225ドル	490,425ドル	1,585,225ドル			
構成比	3.4%	13.8%	19.6%	63.2%	100%		
医療サービスコスト配賦	49,469ドル	197,548ドル	280,636ドル	907,115ドル	1,434,769ドル		
コスト合計（三次配賦後）	85,172ドル	233,823ドル	477,324ドル	930,931ドル			
利益合計	1,278ドル	111,402ドル	13,101ドル	654,294ドル			
処置当たり利益	0.5ドル	43.3ドル	0.8ドル	292.1ドル			

出所：Mays and Gordon（1996, 76）に利益合計・処置当たり利益を加筆。

② 相互配賦法と情報システム

しかし，階梯式配賦法は，補助部門間の相互配賦を全面的には認めていないので，連立方程式法のような「純粋の相互配賦法」に比べて補助部門間の用役の授受を把握できない。なお，純粋の相互配賦法とは，各補助部門費がゼロになるまで配賦計算を連続的に繰り返す連続配賦法や，最終の補助部門費を連立方程式で算出する連立方程式法が該当する。これと対比されるのは，製造工業原価計算要項に規定する相互配賦法であり，この相互配賦法は「簡便法としての相互配賦法」と呼ばれる。簡便法としての相互配賦法は，第2次配賦において補助部門相互の用役授受を全部無視する直接配賦法によって計算を行う[4]。

---

[4] 純粋の相互配賦法と簡便法としての相互配賦法については，岡本（2000, 229-239）を参照。

図表2-6　アメリカの部門別原価計算の変遷

年代	配賦方法	背景
1965年～	単一基準・階梯式配賦法	1965年 メディケア原価報告書の提出義務化 1968年 アメリカ病院協会の原価計算研究報告書による実施支援
1983年～	複数基準・相互配賦法	1983年 メディケア償還制度改革（DRG/PPS導入） 1980年代後半 マネジドケアによる医療管理の強化

出所：荒井（2007, 20-30）を基に筆者作成。

以下，本章の相互配賦法は，純粋の相互配賦法を意味している。

この点，荒井（2007）は，1983年以降，アメリカ病院原価計算における階梯式配賦法に対する考え方が変化してきたことを整理している（図表2-6）。図表が示しているように，DRG/PPSの導入により，病院に原価管理が求められ，詳細な原価を把握するため部門別原価計算も精緻化が求められるようになった。つまり，部門別原価計算を行うにあたって，「階梯式配賦法に比べ相互配賦法の方が，財務報告に資するだけでなく，意思決定にも適切で正確な情報を提供する」（Metzger 1992, 179）と指摘されるようになってきたのである。

さらに，1990年代に入るとマネジドケアによる医療管理の強化から，病院は有利な償還額交渉をするため，あるいは，意思決定に有用なデータが提供可能な原価計算を実施するために，部門別原価計算の見直しを行う必要性が生じている。結果，部門別原価計算の間接費の配賦方法は，単一基準・階梯式配賦法から複数基準・相互配賦法へ移行すべきとの主張が多くみられるようになった（荒井 2007, 20-32）。

階梯式配賦法の配賦方法による原価の歪みについては，マーレン（Mahlen, K.）が，「単一基準の階梯式配賦法による固有の歪みをなくすため，望ましい原価配賦方法は連立方程式法である」（Mahlen 1989, 186）と指摘しているように，補助部門の実態に適合しなければ，階梯式配賦法では部門別原価を正確に把握しているとは説明できない。ただし，マーレンは連立方程式法が正しいと認めながらも，病院に馴染みやすい階梯式配賦法を用いてRVU法を解説しているのは，ソフトウェアが発展途上にあった当時の原価計算システムの実態を鑑みてのことだろう。

ただし，連立方程式法などの相互配賦法が，階梯式配賦法よりも適切となるには条件がある。当該条件について，病院の部門別原価計算を解説しているメッツガー（Metzger, L. M.）が次のようにコメントしている。「補助部門間の相互作用が広範囲にわたって存在する場合，相互配賦法が階梯式配賦法に比べ正確な原価情報を測定することになる。そして，補助部門間の原価の相関関係を認識することで，相互配賦法の正確性と適合性が上がる。また，技術的には，補助部門数と同じ数の方程式を用いた連立方程式を解くため，ソフトウェアの存在が不可欠である」(Metzger 1992, 180)。このように，相互配賦法が階梯式配賦法より正確な部門別原価計算を行うには，相互作用の存在，相関関係の認識，および情報処理技術の3条件が必要となる。また，これら条件を揃えた配賦方法を選択した場合，それを継続適応することで経年比較できるようにしなければならない。

病院の階梯式配賦法や相互配賦法などの比較については，Suver et al. (1995)が詳しい。論文では，まず直接配賦法と階梯式配賦法の設例を紹介してから，多段階配賦法（multiple distribution method）や相互配賦法・連立方程式法を紹介して，補助部門間の取引がある場合には相互配賦法や連立方程式法の方が有用な情報をもたらすと説明を加えている（pp.286-301）。

この点，Meeting and Harvey（1998）では，相互配賦法を実施するためのエクセル入力の公式が記載されており，公式は一見すると複雑にみえるが，単に公式をそのまま入力すればよいので，現在の情報システムにおいて困難性はそれほど高いとはいえない。それゆえ現在では，補助部門を含めた部門間のサービス提供割合を適切に認識・設定することが診療科別原価計算のポイントとなる。

③ 総合原価計算としての診療科別原価計算

さて，診療科別（部門別）の原価が集計されると，対応するレセプトデータが揃っていれば，各診療科の採算性が明確になる。さらに，集計された原価を変動費と固定費に分類すれば，診療科別に損益分岐点が計算できる（中村・渡辺 2000, 121-125）。

本節の診療科別原価計算は，総合原価計算（Process Costing）に該当するが，

製造原価計算の区分で総合原価計算を捉えた場合，比較されるのは個別原価計算 (Job-Order Costing) となる。そこで，2つの原価計算の利点を比較すると，図表2-7のように示すことができる。図表が示しているように，総合原価計算の方がシステムやその運用に係る費用負担が少ない一方で，意志決定に対する有用性は低いことがわかる。病院の総合原価計算には診療科別原価計算が該当し，病院の個別原価計算には，診療行為別の原価を把握する疾病別・患者別原価計算が該当する。そこで本書では，個別原価計算としての疾病別・患者別原価計算を「診療行為別原価計算」と総称することにしたい。

また，図表2-8は総合原価計算および個別原価計算が，各費目に対して個別に基準を設定して原価を割当てるのか，それとも平均値を用いて原価を割当てるのかについて整理したものである。図表から，総合原価計算では全費目に対して平均値を用いているため，診療科別に収益性が認識できたとしても，重症度を加味した患者1人ひとりの収益性までは測定できないことになる。

個別原価計算に分類される診療行為別原価計算は，1983年のメディケアの

図表 2-7　総合原価計算および個別原価計算のメリット

利点	総合原価計算	個別原価計算
より詳細な情報		○（提供できる）
より正確な情報		○（提供できる）
システム費用の負担	○（負担が少ない）	
運用負担の少なさ	○（負担が少ない）	
責任会計に対する有用性	○（有用性が高い）	○（有用性が高い）
意志決定に対する有用性		○（有用性が高い）
従業員反発の発生可能性	○（可能性は低い）	

出所：Finkler et al.（2007, 39）に加筆修正。

図表 2-8　総合原価計算および個別原価計算の比較

	コスト		
	労務費	材料費	製造間接費
総合原価計算	平均値	平均値	平均値
個別原価計算	個別	個別	平均値

出所：Finkler et al.（2007, 39）。

DRG/PPS 導入により，かかった原価が基本的に全額償還されると想定した出来高払いの支払方式から，原価に関係なく特定の疾病別患者群（DRG）ごとに定めた一定額のみが償還される支払方式にシフトすると，徐々に病院に浸透し始めた。つまり，病院側に採算割れのリスクが生じるようになり，診療行為別原価を算出して，採算性分析や保険会社との価格交渉を実施する必要性が生じてきたのである[5]。例えば，Rezaee（1993）の調査によれば，診療報酬が包括支払い方式になることで，診療行為別原価を正確に算定する必要があると感じた病院は 77.55％と報告されている[6]（図表 2-9）。

では，診療科別原価計算から個別原価計算である診療行為別原価計算に移行した場合，その計算原理にはどのような特徴がみられるのであろうか。節を改めて，診療行為別原価計算について考察を加えることにしたい。

図表 2-9　原価計算システムに与える包括支払い方式（PPS）の影響

影響	該当率（重複回答）
病院原価計算の洗練性向上	96.93%
原価や業務量に対する意識の高まり	93.87%
診療サービス提供に対する効率性・効果性・経済性の強調	93.87%
原価の構成要素および原価測定に対する意識や理解の高まり	87.75%
個々の診療サービス提供における「真実の」コストの決定	77.55%
業績評価および差異分析に対する標準原価システムの利用促進	51.02%
資源および消費レベルでの詳細な原価データの必要性	20.40%
原価計算システムからほとんど影響を受けていない	3.06%

出所：Rezaee, Z.（1993, 59）.

---

[5] 診療行為別原価計算が必要になった背景は，荒井（1998, 753）を参照。一方，日本でも神馬・神馬（1964）や山元（1967）のような比較的古い文献においても詳細な議論が見受けられる。
[6] 500 床以上の病院 250 を対象としたアンケート調査であり，98 病院が回答したものである（回収率 39.2％）。

3 診療行為別原価計算

本節では，診断群分類別包括支払い制度と病院原価計算の関係性に簡単に触れてから，疾病別原価計算の特徴を明らかにする。

(1) 診断群分類別包括支払い制度と病院原価計算

1983年にメディケアで導入された診断群分類別包括支払い制度（DRG/PPS）は，診療報酬抑制と医療費の削減効果の観点から，医療機関，特に入院治療を主とする病院に極めて大きなインパクトを与え，マネジドケアを中心とした民間医療保険組織でも幅広く使用された。それゆえ，DRGは病院にとって馴染みのある指標となった。そこで，DRG別に採算性を管理するため，DRG別に原価集計を行う原価計算，すなわち疾病別原価計算が提唱されるようになった。

一方，日本においても，新たな診療報酬の支払方式として，診断群分類（DPC）に基づく包括評価が2003年より特定機能病院等で導入されることになった。日米の違いを説明すると，米国のDRG/PPSでは「1入院あたりの」包括支払い制度であるのに対し，日本のDPCは「1日あたりの」包括支払い制度である点で両者は異なる。

図表2-10が示しているように，DRG/PPSのもとでは，入院期間を短縮すればするほど利益が増加することになる。一方で，DPCに基づく包括評価を導入する病院では，医業収益の伸び率が段階的に低減するため，ある一定の期間

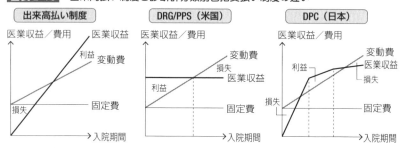

図表2-10 出来高払い制度と診断群分類別包括支払い制度の違い

出所：足立（2010a, 240）にDRG/PPSを加筆。

を越えた入院患者に対しては，損失を計上する可能性が生じることになる。それゆえ，DRG/PPS と DPC のどちらも入院期間を短縮させて原価を下げるインセンティブが病院で生じ，コスト管理の需要が生じているといえる。

(2) 疾病別原価計算

疾病別原価計算では，患者 1 人ひとりの重症度を原価計算モデルに組み込むことが要求されるため，診療科別原価計算よりも複雑なデータ集計が病院に求められてくる。次に示す設例から，疾病別原価計算の特徴を確認していきたい。

設例

外来部門の 3 種類の疾病（疾病 A，疾病 B，疾病 C）を対象に原価計算を行う病院を想定する。当該疾病に関与する医師，看護師，放射線技師は各 1 名，医事課職員を 1 名と仮定し，各疾病の患者数は，それぞれ 30 名とする。計算の単純化のため，個々の患者の重症度を原価の配賦計算に加味させるのは医師の勤務時間に限定して，スタッフは当該疾病以外の業務を行っていないと仮定する。

① まず，疾病別の平均処置時間から，スタッフ別に勤務時間を集計する。例えば，医師の勤務時間は，疾病 A（2.0 時間×30 名＝60 時間），疾病 B（2.0 時間×30 名＝60 時間），疾病 C（1.0 時間×30 名＝30 時間）で合計 150 時間となる。

平均処置時間

	医師	看護師	放射線技師	医事課職員
疾病A	2.0時間	2.0時間	1.0時間	
疾病B	2.0時間	2.0時間	2.0時間	1.0時間
疾病C	1.0時間	4.0時間	2.0時間	

勤務時間

	医師	看護師	放射線技師	医事課職員
疾病A	60時間	60時間	30時間	30時間
疾病B	60時間	60時間	60時間	30時間
疾病C	30時間	120時間	60時間	30時間
合計	150時間	240時間	150時間	90時間

②医師の勤務時間に疾病の重症度を加味させる。例えば、疾病Cの重症度指数は5なので、平均処置時間1.0時間×5＝5.0時間となる。重症度を加味させた結果、医師の勤務時間は300時間に修正される。

重症度関連データ（医師）

	重症度指数	平均処置時間	平均処置時間（重症度加味）	勤務時間	勤務時間（重症度加味）
疾病A	1	2.0時間	2.0時間	60時間	60時間
疾病B	1.5	2.0時間	3.0時間	60時間	90時間
疾病C	5	1.0時間	5.0時間	30時間	150時間
合計				150時間	300時間

③スタッフの給与費を勤務時間で除することで、時間当たり給与費を算定し、疾病別原価を計算する。医師の時間当たり給与費は、患者重症度を加味しない勤務時間を用いる場合は、720,000円÷150時間＝4,800円/時間となるが、患者重症度を加味した勤務時間を用いる場合は、720,000円÷300時間＝2,400円/時間と計算される。

当該データを用いて、疾病別に医師の給与費を計算すると、

患者重症度を加味しない場合
　疾病A：4,800円/時間 × 2.0時間 ＝ 9,600円
　疾病B：4,800円/時間 × 2.0時間 ＝ 9,600円
　疾病C：4,800円/時間 × 1.0時間 ＝ 4,800円

患者重症度を加味する場合
　疾病A：2,400円/時間 × 2.0時間 ＝ 4,800円
　疾病B：2,400円/時間 × 3.0時間 ＝ 7,200円
　疾病C：2,400円/時間 × 5.0時間 ＝ 12,000円

となる。医師以外の給与費も含めて疾病別に原価を集計すると、重症度を加味しない場合は、疾病Bの原価が18,800円と最もコストが高い結果になる。一

方で，重症度を加味する場合は，疾病Bではなく，疾病Cの原価が25,200円と最もコストがかかっていることが判明する。

疾病別原価データ（重症度情報を加味しないケース）

	給与費	勤務時間	時間当たり給与費
医師	720,000円	150時間	4,800円／時間
看護師	480,000円	240時間	2,000円／時間
放射線技師	240,000円	150時間	1,600円／時間
医事課職員	180,000円	90時間	2,000円／時間

	疾病A	疾病B	疾病C
医師	9,600円	9,600円	4,800円
看護師	4,000円	4,000円	8,000円
放射線技師	1,600円	3,200円	3,200円
医事課職員	2,000円	2,000円	2,000円
合計	17,200円	18,800円	18,000円

疾病別原価データ（重症度情報を加味するケース）

	給与費	勤務時間	時間当たり給与費
医師	720,000円	300時間	2,400円／時間
看護師	480,000円	240時間	2,000円／時間
放射線技師	240,000円	150時間	1,600円／時間
医事課職員	180,000円	90時間	2,000円／時間

	疾病A	疾病B	疾病C
医師	4,800円	7,200円	12,000円
看護師	4,000円	4,000円	8,000円
放射線技師	1,600円	3,200円	3,200円
医事課職員	2,000円	2,000円	2,000円
合計	12,400円	16,400円	25,200円

　設例から，疾病別原価計算を行う場合には，医療スタッフが従事した平均処置時間が計測されなければ配賦計算を行うことができないことがわかる。つまり，疾病別原価計算を実施するためには，どの患者にどれだけ時間を費やしたかという時間情報が要求されるのである。

また，計算条件にあげているように，疾病別原価計算を行うにあたっては，患者1人ひとりの特性を反映させるために，重症度などの重み付け係数を設定することが必要である。設例では，医師の勤務時間だけに患者の病気の重み付けを行っているが，他の医療スタッフも必要に応じて重み付けを行うことが望ましい。例えば，放射線科で提供されるサービスは，撮影のバリエーションが多く，撮影の手間だけでなく留意事項も異なるため，放射線技師に関する原価も，集計単位別に重み付け係数を設定することが適切である。なお，患者の重症度などの重み付け係数として，アメリカでは医師の技術料を対象としたRVUという係数が存在している（第4章参照）。

　加えて，上記の設例は給与費に限定したものであるが，疾病別の収益性を認識するためには医療材料費や委託費も対象にする必要がある。なお，疾病別に原価情報が集計されていれば，患者別に原価情報を集約させることも可能である。すなわち，「疾病別原価計算の数値を患者別に並び替えて集計しなおせば，患者別の原価データを入手することができる」（今中2003, 55）ため，疾病別原価計算のような個別原価計算が病院に導入されていれば，同時に患者別原価計算も実施できていることになる。

4 終わりに

　本章では，診療科別原価計算と診療行為別原価計算を概観してきた。1983年の診断群分類別包括支払い制度（DRG/PPS）導入以降，診療科別原価計算や診療行為別原価計算は，同時並行で原価算定方法を精緻化させている。

　ここで診療行為別原価計算を，荒井（2007）に基づいて大別すると，①RCC法（診療報酬基準原価率法），②直接材料費法，③RVU法（相対価値尺度法），④患者別所要時間法，⑤ABC（活動基準原価計算），そして⑥Micro Costing[7]の6つに分類される。図表2-11から，原価計算対象によって正確性に差異がみられるものの，情報量からすればMicro Costing，ABCが最も多く，次にRVU

---

7) 各種サービスが実際に消費した物的・人的資源を詳細に測定して各種サービス原価を算出する方法である（Finkler 1987, 121）。

図表2-11　各種計算法の各計算法選択基準からの評価

各種計算方法	情報処理コスト			正確性	情報の豊富さ
	設定コスト		運用コスト		
Micro Costing	大			大	大
ABC	中〜大			中〜大	大
RVUs法	大	中	小	中（〜大）	中
患者別所要時間法	小		大		
直接材料費法	小		大		
RCC法	小			小（〜大）	小

出所：荒井（2007, 44）.

法，患者別所用時間法，直接材料費法，そして最も情報量が少ないのはRCC法であることがわかる。

ただし，どの病院原価計算も同じように取り上げられているのではなく，アメリカの病院原価計算の研究対象として多く取り上げられているのは，RCC法，RVU法，それにABCである。では，各病院原価計算はどのような特色を有しているのか。次章では，RCC法とABCから明らかにすることにしたい。なお，RVU法は第4章で取り上げており，RVUはRVUsと表記されることもある。

第3章

診療行為別原価計算
―診療報酬基準原価率法(RCC法)と
　活動基準原価計算(ABC)―

1 はじめに

　前章では，保険者機能が強化されるなかで，病院原価計算の計算原理の精緻化が進められ，診療科別原価計算の配賦基準のほか，診療行為別原価計算に分類される疾病別原価計算が提唱される背景について説明してきた。

　診療行為別原価計算の必要性を指摘する研究の傾向については，ABC（活動基準原価計算）が提唱される前後で区分することができる。すなわち1980年代は，レザーイー（Rezaee, Z.）のようなDRG/PPS導入が病院原価計算の必要性を高めているかを調査する研究が主流であった（Rezaee 1993）。一方で，ABCが病院経営で紹介されるようになってからは，ローソン（Lawson, R. A.）やベイカー（Baker, J. J.）などが病院原価計算の実施状況についてアンケート調査を行い，ABCの利用状況はアンケート調査では低いものの，ABCが病院経営に有用なツールであることを指摘する研究がみられるようになった（Lawson 1994；Baker 1996）。例えば，ローソンのアンケート調査は，ニューヨーク北部の医療機関を対象に，ABCの利用状況について1993年に調査を行ったものであるが，ローソンによれば，ABCを導入していない病院が67％，現在検討段階にある病院が11％，既に実施している病院が22％という報告がされている（p.7）。

　また，ベイカーが行った病院原価計算のアンケート調査は，図表3-1のようにまとめられている[1]。図表3-1が示しているベイカーのアンケート調査から導き出される主張は，10％から20％の間で推移するABCの利用割合を高めるために，ABCが有する理論上のメリットを指摘することにある[2]。日本においても2000年頃から，荒井教授の米国病院原価計算の分析整理に基づいてABCの利用を想定した病院原価計算の理論研究が発表されるようになり（中村・渡辺2000；今中2003；大崎2004；浅川2006；2008a；2008b），看護部門へABC

---

[1] 有効回答数432病院．回収率30.4％．アンケート調査の詳細についてはBaker（1996, 66）を参照．
[2] ベイカーはその後，ABCの有用性を立証するため，1998年に病院ABC/ABMをまとめた著書を公刊している（Baker 1998）．

第3章
診療行為別原価計算

図表 3-1 病院原価計算システムの利用度

原価計算システム		該当数（重複回答可）	回答病院数に占める割合
診療報酬基準原価率法	（RCC法）	160	37.0%
相対価値尺度法	（RVU法）	115	26.6%
マイクロ・コスティング	（MIC）	70	16.2%
標準原価	（STD）	66	15.3%
活動基準原価計算	（ABC）	57	13.2%
その他	（OTH）	11	2.5%
採用せず		212	49.1%
回答病院数		432	

出所：Baker（1996, 74）．

を試行導入したケースも報告されるようになっている（梅津 2003）。

　そこで本章では，診療行為別原価計算としての活動基準原価計算（ABC）の利用が求められるようになった背景を分析するために，米国で伝統的に用いられてきた診療報酬基準原価率法（RCC法）とで比較することにしたい。まず第2節でRCC法を，第3節でABCを取り上げ，それぞれ個別に特色を整理した上で，West et al.（1996）のRCC法，RVU法，ABCの比較整理を紹介することで，章をまとめることにしたい。

2 診療報酬基準原価率法（RCC法）

　アメリカにおいても保険者機能が強化される以前は，かかった原価に基づいた診療報酬の価格設定がなされていた。いわゆる，「出来高払い制度（FFS）」が採用されていた時期には，病院には「経営」という概念が存在せず（または，存在してはならず），病院原価計算は，メディケア原価報告書の作成義務を除いて，特段必要とされなかった。こうした状況下で，伝統的に病院で用いられてきた原価計算として，RCC法（診療報酬基準原価率法）をあげることができる。以下，簡単な設例を用いて，RCC法の特徴について整理していくことにしたい。なお，RCC法は，正式にはRCCAC（ratio of charges to charges applied to cost）法という名称であるが，RCC 法と略して紹介されることが多いため（Herkimer 1989, 209），本書でも RCC 法の表記を用いることにする。

[設例]

3 種類の診療サービスを提供している病院を想定する。この病院で診療サービス 1 回につき支払われる診療報酬（保険料）と費消される医薬品費，および当月の提供回数は，以下のようになっている。また，間接費（施設の減価償却費）は 75,000 円であると報告を受けている。当該情報に基づき，診療サービス別の利益計算を行うにあたって，RCC 法を用いて間接費の配賦計算を行う。

	診療報酬	医薬品費	提供回数
診療サービスA	1,000円／回	100円／回	100回
診療サービスB	500円／回	50円／回	20回
診療サービスC	800円／回	100円／回	50回

まず，診療報酬と医薬品費の単価に当月の提供回数を乗じ，合計額を計算する。

	診療サービスA	診療サービスB	診療サービスC	合計
診療報酬	100,000円	10,000円	40,000円	150,000円
医薬品費	10,000円	1,000円	5,000円	16,000円

次に，間接費を診療報酬合計で除することで，診療報酬基準原価率（RCC）を計算する。そして，各診療サービスの診療報酬に RCC を乗じることで間接費を配賦する。

$$RCC = \frac{75,000 \text{円（間接費）}}{150,000 \text{円（診療報酬合計）}} (= 0.5)$$

診療サービス A の間接費配賦額　100,000 円 × 0.5 ＝ 50,000 円
診療サービス B の間接費配賦額　 10,000 円 × 0.5 ＝ 　5,000 円
診療サービス C の間接費配賦額　 40,000 円 × 0.5 ＝ 20,000 円

よって，診療サービス別の利益は以下のように示すことができる。

	診療サービスA	診療サービスB	診療サービスC
診療報酬	100,000円	10,000円	40,000円
医薬品費	10,000円	1,000円	5,000円
間接費	50,000円	5,000円	20,000円
利益	40,000円	4,000円	15,000円

設例が示しているように，診療行為に直課できない費目（間接費）は，単一のコストプールに集計され，対応する診療報酬の合計で割ることでRCCを計算し，そのRCCを基準に各診療サービスに配賦することになる（荒井1999, 722）。すなわち，建物の減価償却費や医事課職員の給与など，患者に医療サービスを直接提供することがない費目が計算対象となる。なお，RCC法はその計算方法から診療科別（部門別）原価も算定できるが，本節ではABCと比較するために診療行為別原価の算定に限定しておく。

このようにRCC法を用いるということは，診療報酬を基準として原価を配賦するという性格上，診療報酬が原価を反映していることを前提としている。言い換えれば，RCC法の対象となる費目が診療報酬を反映していないものであれば，算定される原価は歪んだものとなる。ゆえに，RCC法を用いる際には，診療報酬と原価の関係に常に気を配っておく必要がある[3]。

(1) RCC法の特徴

① RCC法の問題点

上述のようにRCC法は，各診療行為の診療報酬がそれぞれの診療行為の原価を反映していることを前提としている。しかし，実際の診療行為に支払われる診療報酬は，サービスを受ける患者の負担能力や他病院との競争条件，それに他の診療行為の診療報酬とのバランスなどを考慮して設定されており，必ずしも原価を反映しているわけではない（荒井1999, 722）。したがって，RCC法によって算定された診療行為別原価は不正確と捉えられることが多く，アメリカにおける病院原価計算の実践や研究においてもRCC法は不正確であるとい

---

[3] それゆえオルロフらの調査のように，原価計算を採用している病院のなかにはRCC法と他の経営管理手法を併用している病院も存在している（Orloff et al. 1990, 76）。

う認識で一致している（Davis Weintraub and Dube 1988, 195；Mahlen 1989, 189；West et al. 1996, 56）。例えばマーレンは，「RCC法は，部門レベルでのコストはある程度正しいかもしれないが，診療行為別の原価情報には大きな幅があり，正確性に問題がある」（Mahlen 1989, 189）と述べている。

　加えてRCC法は，その原価算定方法の仮定から，診療報酬の高い医療サービスを助長させる「償還最大化戦略」を病院に経営戦略として採用させる可能性がある。この点，病院原価計算の比較検証を行っているウエストら（West, T. D. et al.）が，RCC法の問題点について，次のように指摘している。「RCC法は部門内の診療報酬の請求額に対するコスト合計の比率を求め，当該比率を疾病別の診療報酬に乗じることによって配賦計算を行うことになるので，病院全体としては原価削減のインセンティブは働かない。なぜならすべての診療行為に収益力があると考えられているので，原価削減はそれほど重要でないと考えられているからである。このためRCC法は診療報酬の高い診療行為を助長させ，償還最大化戦略を促すのである」（West et al. 1996, 55）。つまり，部門全体の診療報酬合計が診療科に集計されたコスト合計を上回っていれば，すべての診療行為が利益をもたらすと判断されるので，個々の診療サービスの見直しを促す経営戦略は一般的に採用されないのである。

② RCC法の利用状況

　このように，条件次第では実態を反映しない原価を算定することになるRCC法の利用状況は，一般に低くなると予想される。しかしRCC法の利用状況について，上述のウエストらは，次のように分析している。「RCC法は，高い償還額の診療行為を助長させ，償還最大化戦略を促す。しかし，RCC法は病院業界において現在も使用頻度の高い原価計算方法である。それは，①RCC法が容易に適用可能であること，②メディケアのガイドラインに一貫していること，③経理責任者になじみやすいものだからである」（West et al. 1996, 56）。このように，RCC法は病院の経営環境に適用していたことから，未だに使用率が高いと考えられる。特に，メディケアのガイドラインに一貫していることは他の論者も指摘している（Baker 1998, 16）。ただし，情報収集にかかるコスト等を理由にRCC法を採用する場合であっても，利用者は，その問題点を十分に

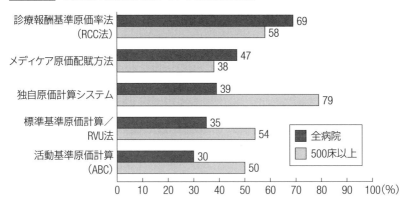

図表 3-2 間接費の配賦時に用いている原価計算方法

出所：HFMA (2015b, 17).

認識した上で実施している（荒井 2002, 133）。そして，現在も利用されているRCC法というのは，情報収集・処理に係るコストが相対的に低い診療科別（部門別）原価計算ではなく，相対的に実施が困難である疾病別原価計算などの診療行為別原価計算である（荒井 2002, 133）。

なお，医療財務管理協会（Healthcare Financial Management Association：HFMA）の2015年の報告書でもRCC法の利用率は高い結果となっている（図表3-2）。当該報告書では，病床規模別に原価計算の利用状況を調査しており，全病院ベースでは，RCC法の利用率は69%，RVU法は35%，ABCは30%であるのに対して，500床以上の病院ではRCC法が58%，RVU法が54%，ABCが50%という結果が示されている。この結果から，RCC法の利用率は現在も高いものの，病床数が多い大規模病院の方が病院原価計算を精緻化させており，RCC法の利用率は低くなっていることがわかる。

ここで，RCC法を用いたケースをいくつか紹介することにしたい。Herkimer (1989) では，RCC法を用いた部門別原価と診断群分類（DRG）別原価の設例が紹介されている。当該設例では，手術室，放射線科，検査室，薬剤部門，看護サービスの5部門が設定されており，各部門別原価を直接費と間接費に区分した上で，間接費は収益合計に対する構成比を用いて配賦計算している。例えば，手術室の収益合計は750,000ドルなので，750,000ドル÷6,065,000ド

第Ⅰ部
保険者機能強化による病院原価計算の計算原理の精緻化

図表 3-3　部門別収益および費用の RCC 分布

	部門	収益合計	構成比	直接費	間接費配賦額	費用合計
1	手術室	750,000ドル	12.4%	320,000ドル	307,520ドル	627,520ドル
2	放射線科	560,000ドル	9.2%	375,000ドル	228,160ドル	603,160ドル
3	検査室	630,000ドル	10.4%	460,000ドル	257,920ドル	717,920ドル
4	薬剤部門	475,000ドル	7.8%	280,000ドル	193,440ドル	473,440ドル
5	看護サービス	3,650,000ドル	60.2%	1,890,000ドル	1,492,960ドル	3,382,960ドル
6	合計	6,065,000ドル	100%	3,325,000ドル	2,480,000ドル	5,805,000ドル

出所：Herkimer (1989, 209).

図表 3-4　DRG 別収益の RCC 分布

部門		DRG-132	DRG-182	DRG-127	DRG-039	DRG-014	合計
手術室	収益	112,500ドル	150,000ドル	135,000ドル	165,000ドル	187,500ドル	750,000ドル
	構成比	15%	20%	18%	22%	25%	100%
放射線科	収益	95,200ドル	128,800ドル	117,600ドル	145,600ドル	72,800ドル	560,000ドル
	構成比	17%	23%	21%	26%	13%	100%
検査室	収益	138,600ドル	182,700ドル	94,500ドル	69,300ドル	144,900ドル	630,000ドル
	構成比	22%	29%	15%	11%	23%	100%
薬剤部門	収益	47,500ドル	123,500ドル	80,750ドル	57,000ドル	166,250ドル	475,000ドル
	構成比	10%	26%	17%	12%	35%	100%
看護サービス	収益	730,000ドル	912,500ドル	1,095,000ドル	547,500ドル	365,000ドル	3,650,000ドル
	構成比	20%	25%	30%	15%	10%	100%
収益合計		1,123,800ドル	1,497,500ドル	1,522,850ドル	984,400ドル	936,450ドル	6,065,000ドル
処置回数		213回	330回	224回	245回	238回	1,250回
DRG別診療報酬		5,276ドル	4,538ドル	6,798ドル	4,018ドル	3,935ドル	4,852ドル

出所：Herkimer (1989, 211).

ル＝0.124 となり，間接費配賦額は，2,480,000 ドル×0.124＝307,520 ドルとなる（図表 3-3）。次に，部門別に集計された費用合計を DRG 別に分類するために，部門別に DRG 別の収益比率を集計して配賦計算を行う（図表 3-4）。本来であれば，間接費総額を全部門の収益合計で除して RCC を計算するべきであるが，当該設例では収益に対する構成比を用いている。ただし，どちらの計算方法を採用しても計算結果は異ならない。

　こうした配賦計算方法を採用すると，放射線科と検査室が赤字であることや，

第3章 診療行為別原価計算

図表3-5 RCC法を用いたDRG別平均原価および損益額の算定プロセス

部門		DRG-132	DRG-182	DRG-127	DRG-039	DRG-014	合計
手術室	収益構成比	15%	20%	18%	22%	25%	100%
	配賦コスト	94,128ドル	125,504ドル	112,954ドル	138,054ドル	156,880ドル	627,520ドル
放射線科	収益構成比	17%	23%	21%	26%	13%	100%
	配賦コスト	102,537ドル	138,727ドル	126,664ドル	156,822ドル	78,411ドル	603,160ドル
検査室	収益構成比	22%	29%	15%	11%	23%	100%
	配賦コスト	157,942ドル	208,197ドル	107,688ドル	78,971ドル	165,122ドル	717,920ドル
薬剤部門	収益構成比	10%	26%	17%	12%	35%	100%
	配賦コスト	47,344ドル	123,094ドル	80,485ドル	56,813ドル	165,704ドル	473,440ドル
看護サービス	収益構成比	20%	25%	30%	15%	10%	100%
	配賦コスト	676,592ドル	845,740ドル	1,014,888ドル	507,444ドル	338,296ドル	3,382,960ドル
費用合計		1,078,544ドル	1,441,262ドル	1,442,678ドル	938,104ドル	904,412ドル	5,805,000ドル
処置回数		213回	330回	224回	245回	238回	1,250回
DRG別平均原価		5,063ドル	4,367ドル	6,440ドル	3,829ドル	3,800ドル	4,644ドル
DRG別収益（現金）		4,968ドル	4,483ドル	5,632ドル	3,781ドル	3,956ドル	4,564ドル
DRG別損益（現金）		-95ドル	116ドル	-808ドル	-48ドル	156ドル	-80ドル
損益合計（現金）		-20,235ドル	38,128ドル	-180,992ドル	-11,759ドル	37,116ドル	-100,000ドル

出所：Herkimer（1989, 212）.

　DRG別の損益額は，DRG-014が最も高く，DRG-127の採算性が最も悪いことが判明している（図表3-5）。Herkimer（1989）の設例の特徴は，部門とDRGの二段階で配賦計算しているところにある。それゆえ当該RCC法に必要なデータは，部門別の直接費と間接費合計，それにDRG別の診療報酬（保険点数）を用いるだけなので，比較的容易に配賦計算を行うことができる。

　次にRCC法ではないものの，予算実績差異分析を実施することにより，収益（診療報酬）の増加率を算定しているケースを紹介したい。Donbavand（1986）は，予算実績差異分析を，収益以外に看護師や事務職員の給与費，医療材料費など，勘定別に増加率を測定して，その比率分析を行うことで，業務改善を図ることができると指摘している（図表3-6）。

　設例で紹介している比率分析の多くは，収益増加率（18.0％）を基準に計算している。例えば，正看護師の実際給与費は予算を35,000ドル上回っており，増加率14.0％である。よって，給与費増加率14.0％÷収益増加率18.0％で，

図表3-6 サンプル比率

	予算	実績	増加率
収益（診療報酬）	1,000,000ドル	1,180,000ドル	18.0%
患者数	20,000人	22,000人	10.0%
給与費			
正看護師	250,000ドル	285,000ドル	14.0%
准看護師	200,000ドル	210,000ドル	5.0%
看護師長	30,000ドル	30,000ドル	0
病棟事務	70,000ドル	75,000ドル	7.1%
小計	550,000ドル	600,000ドル	9.1%
給与費以外			
医療材料費	90,000ドル	105,000ドル	16.7%
事務消耗品	10,000ドル	11,000ドル	10.0%
医薬品費	25,000ドル	28,000ドル	12.0%
賃借料	40,000ドル	40,000ドル	0
減価償却費	8,000ドル	8,000ドル	0
小計	173,000ドル	192,000ドル	11.0%
部門コスト合計	723,000ドル	792,000ドル	9.5%

重症指標	収益増加率 ÷ 患者数増加率	18.0／10.0	180.0%
変動割合			
正看護師	給与費増加率（正看護師）÷ 収益増加率	14.0／18.0	77.7%
看護師長	給与費増加率（看護師長）÷ 収益増加率	0.0／18.0	0
人件費	給与費増加率（人件費）÷ 収益増加率	9.1／18.0	50.5%
医療材料費	医療材料費増加率 ÷ 収益増加率	16.7／18.0	92.8%
部門コスト合計	部門コスト合計増加率 ÷ 収益増加率	9.5／18.0	52.8%

出所：Donbavand（1986, 7）.

77.7％の変動割合（variability ratio）が算定される。収益の増加率よりも給与費や医療材料費の増加率が下回っていれば，変動割合は100％を下回り，赤字傾向にないと判断できる。よって，正看護師の給与差異は，この比率分析の観点からみれば適正であると判断できる。ただDonbavand（1986, 6）は，当該設例は予算見積が適切である場合に有効であると指摘している点には注意しておきたい。つまり，RCC法の採用可否の判断基準として，彼らの設例が参考に

なるといえよう。

(2) RCC法の2つの論理

RCC法は，診療報酬以外に適切な配賦基準が見つからなかった場合や，適切な配賦基準が見つかっても，その集計に手間と時間がかかる場合に用いられることが多い。荒井（2002）の分析によれば，RCC法を用いることの論理は，①負担力主義と②簡便性の2点から説明されている。

① 負担力主義

まず，負担力主義とは，負担能力がある原価計算対象，言い換えれば，高い診療報酬が設定されている収益獲得力の高い原価計算対象に多くの原価を負担してもらおうという論理である。この負担能力主義は，目的別に2つに区分される（図表3-7）。図表が示していることは，資源消費の実態を忠実に反映する目的で原価計算を用いるのであれば，RCC法は例外的に適用すべきであるが，どの医療サービスも維持していけるようにする目的，いわゆる内部相互補助目的（cross-subsidies）であれば，RCC法は妥当性があるということである。ただし，RCC法でも収益力に比例して原価が発生している部門や診療行為であれば，適切に部門別原価または診療行為別原価を算定できるため，内部相互補助目的を考慮する必要はない。

図表3-7　負担力主義に基づく原価計算の妥当性

	原価計算の利用目的	妥当性の評価
1	資源消費の実態を忠実に反映させる	妥当性はないので例外適用に止めるべき
2	病院経営の維持のために，各原価計算対象（診療科または診療行為）に収益力に応じた原価を負担してもらい，どの医療サービスも維持していけるようにする	妥当性はある

出所：荒井（2002, 132）を基に筆者作成。

② 簡便性

次に，簡便性の論理とは，他の配賦基準よりも診療報酬データの方が容易に

図表3-8 簡便性の論理と妥当性

	診療報酬を配賦基準に用いる論理	妥当性の評価
1	診療報酬体系は原価体系を反映しているという裏づけがあるため,他の配賦基準より診療報酬データの方が利用しやすいため	診療報酬体系が原価体系を反映しているので,正確性に問題はなく,ある程度認められるべき
2	診療報酬体系は原価体系を反映していないと捉えているが,診療報酬データ以外の配賦基準が利用困難であるため	単純に計算の経済性のみを考慮した論理であるため,適用領域を限定すべき

出所:荒井(2002, 132)を基に筆者作成。

利用可能であるという論理である。簡便性の論理も負担能力主義の論理と同様,前提条件から2つに区分される。

図表3-8で説明すると,診療報酬体系は原価体系を反映しているという確信に基づいている場合は,RCC法はある程度認められるべきである一方で,診療報酬体系は原価体系を反映していないと考えている場合は,適用領域を慎重に判断すべきとされる。

このようにRCC法は,資源消費の実態を診療報酬が忠実に反映しているか否かで,負担力主義の論理と簡便性の論理から分類できる。ここで確認しておきたいことは,RCC法の配賦基準となる診療報酬体系は,原価体系ではなく「価格体系」であることである。すなわち,診療報酬体系は,ある程度の原価の違いは反映すべきであるが,完全に違いを反映する必要はなく,むしろ政策的観点から決めるべきものである。それゆえ,原価体系を明確にするための原価計算において,価格体系である診療報酬体系を利用すること自体が問題であると考えなければならないのである(荒井2002, 138)。実際,1983年のメディケア償還制度改革を契機として,病院に「価格体系」ではなく「原価体系」を把握する必要性が生じるようになってから,従来の原価計算方法を洗練化させる議論が医療業界で展開されるようになっている。

一方,製造業においても1980年代後半,日本との経済競争に敗れたアメリカでは,不採算部門の切り捨てなどリストラクチャリングのためにM&Aが行われ,企業は増大する製造間接費の管理の解決策を模索していた。製造間接費を含めた費用を整理してみると,その多くは,製品の設計や構成,製品種類,

顧客が長期的に変化していくなかで変動していることが判明している（Cooper and Kaplan 1988, 97）。そこで，当該コストの内容を把握でき，個々の製品に配賦可能な原価計算システムとして ABC（活動基準原価計算）が 1988 年に考案された[4]。その後，1990 年代に入ると，病院を対象とした ABC の研究論文も多く発表されるようになってきた（Udpa 1996；West et al. 1996；Baker 1998；Baker and Boyd 1998；Narayanan et al. 2002；Suthummanon et al. 2005）。では，病院に ABC を導入する意義はどこにあり，また導入にあたって，どのような課題が生じるのであろうか。節を改めてから ABC を考察することにしよう。

3 活動基準原価計算（ABC）

　本節では，ABC の定義と測定方法を説明した上で，スタマノンら（Suthummanon, S. et al.）の事例を用いて，医療における ABC の配賦計算プロセスを紹介する。そして，病院 ABC のコスト・ドライバーをいくつか提示して，病院 ABC の特徴をメリットとデメリットに分けて整理する。

(1) ABCの定義と測定方法

　ABC は，製造間接費を製造部門あるいは補助部門に集計せず活動センターを通過させ，細分化したコスト・プールに原価を集計させる原価計算システムである。ABC では，製造間接費を活動センターに跡付けるため基準となる「資源ドライバー（resource driver）」と，活動センター別に集計された原価を製品サービスに配賦するため基準となる「活動ドライバー（activity driver）」を用いて原価計算を行う（岡本 2000, 900-903）。これら 2 つのドライバーは，コスト・ドライバー（原価作用因）[5]と呼ばれる。活動センターはコスト・ドライバーごとに設けることもあれば，いくつかの関連性のあるコスト・ドライバーをまとめて 1 つの活動センターを設けることもある[6]。こうすることで製品サービス

---

[4] ABC 登場の背景については，Cooper and Kaplan（1988）；櫻井（1995, 47）を参照。
[5] コスト・ドライバーは，製造間接費を発生させる原因を意味する（櫻井 1995, 59）。
[6] ABC の製造間接費の測定方法については，櫻井（1995, 50）を参照。

に係る様々な活動の業務処理量を反映した製造間接費の配賦計算が可能となる。

(2) 医療におけるABCの特徴

次に，病院 ABC の実際の導入プロセスとして，スタマノンらが行った放射線科を対象にした事例を紹介することにしたい。彼らが放射線科を選択したのは，論文発表当時では放射線科を対象にした ABC の先行研究が少なかったことと，放射線科の部門原価の 85％が変動費であるためである（Suthummanon et al. 2005, 142）。

当該事例は，アメリカのフロリダ南部の大学附属病院（1,567床，職員としての医師は 1,525 人）で実施されている[7]。放射線科における原価計算システムは，費用合計を撮影回数で除することで算定される平均値を用いた単純な配賦計算方法が用いられていた（図表 3-9）。この原価計算システムが抱える重大な問題は，診療行為がすべて一様であると仮定していることであった。それゆえ，当該原価計算システムを使用し続けることは，患者への不公平な原価配賦を行うのに加え，経営上の意思決定を誤らせる可能性があった。

そこで，従来の原価計算システムの問題点を克服するために ABC が導入されることになった。放射線科に ABC を導入するにあたっては，4つの導入プロセスが存在している（図表 3-10）。

まず，分析対象となる診療サービスを選択する。診療サービスの選択は撮影回数等を考慮して，PET スキャンや Muga スキャン（マルチゲートスキャン），甲状腺スキャンなど 6 種類（撮影回数全体の 43.5％）を選択している（図表 3-11）。

次に，分析対象の活動分析を行い，放射線科に関連するすべての活動を直接活動と間接活動に分類する。このケースでは，業務活動に直接跡付けることができる給与費，診療材料費や医薬品費を算定した上で，残りの間接費は活動ドライバーを用いて配賦計算を行っている。活動ドライバーは，直接労働時間，機械稼働時間，撮影回数の 3 種類で構成される。例えば，器具のメンテナンスに関するコストは，機械稼働時間に比例して必要量が変化するため，撮影回数ではなく機械稼働時間が活動ドライバーとして選択される。

---

[7] 当該調査期間は，2001 年 1 ～ 12 月までの 12 ヵ月間である（p.142）。

第3章 診療行為別原価計算

図表 3-9　放射線科のコスト（2001 年）

	変動費	固定費	合計
給与費	366,233ドル		366,233ドル
医療材料費	595,565ドル		595,565ドル
その他（契約，手数料など）	60,126ドル	129,594ドル	189,720ドル
費用合計	1,021,924ドル	129,594ドル	1,151,518ドル
撮影回数			4,877回
平均単価			**236.11ドル／回**

出所：Suthummanon et al.（2005, 146）より一部抜粋。

図表 3-10　放射線科における ABC の導入プロセス

1	分析対象となる診療サービスの選択
2	活動分析の実施
3	活動ドライバーの決定
4	配賦対象原価（間接費）を各診療サービスに配賦

出所：Suthummanon et al.（2005, 144-146）を基に筆者作成。

図表 3-11　放射線科における ABC 関連データ

撮影種類	撮影回数	撮影1回当たり			
		直接労働時間	機械稼働時間	診療材料費	医薬品費
骨格スキャン	557回	60分	45分	20ドル	10.6ドル
Mugaスキャン	228回	90分	45分	20ドル	53.5ドル
心臓スキャン	565回	120分	60分	30ドル	135.0ドル
PETスキャン	195回	60分	25分	30ドル	350.0ドル
腎スキャン	487回	120分	75分	30ドル	125.0ドル
甲状腺スキャン	89回	60分	45分	20ドル	10.96ドル

年間	撮影回数	直接労働時間	機械稼働時間	診療材料費	医薬品費
病院全体	4,877回	458,651分	266,581分	16,812ドル	574,414ドル
原価計算対象	2,121回	197,220分	114,630分		
原価計算対象（構成比）	**43.5%**	**43.0%**	**43.0%**		

出所：Suthummanon et al.（2005, 148）に加筆修正。

第Ⅰ部
保険者機能強化による病院原価計算の計算原理の精緻化

図表 3-12　放射線科における ABC

撮影タイプ		骨格スキャン	Mugaスキャン	心臓スキャン	PETスキャン	腎スキャン	甲状腺スキャン
給与費		33.00ドル	49.50ドル	66.00ドル	33.00ドル	66.00ドル	33.00ドル
診療材料費		20.00ドル	20.00ドル	30.00ドル	30.00ドル	30.00ドル	20.00ドル
医薬品費		10.95ドル	53.50ドル	135.00ドル	350.00ドル	125.00ドル	10.95ドル
間接費	活動ドライバー						
院内設備		0.21ドル	0.21ドル	0.28ドル	0.12ドル	0.35ドル	0.21ドル
設備取替	機械	0.05ドル	0.05ドル	0.06ドル	0.03ドル	0.08ドル	0.05ドル
器具メンテナンス	稼働時間	0.04ドル	0.04ドル	0.05ドル	0.02ドル	0.06ドル	0.04ドル
リース設備		0.01ドル	0.01ドル	0.01ドル	0.00ドル	0.01ドル	0.01ドル
請負契約		13.36ドル	20.04ドル	26.71ドル	13.36ドル	26.71ドル	13.36ドル
放射線コントロール		2.23ドル	3.35ドル	4.47ドル	2.23ドル	4.47ドル	2.23ドル
管理		2.15ドル	3.23ドル	4.31ドル	2.15ドル	4.31ドル	2.15ドル
コンサル利用料	直接	1.79ドル	2.68ドル	3.58ドル	1.79ドル	3.58ドル	1.79ドル
リクルート活動	労働時間	0.45ドル	0.67ドル	0.89ドル	0.45ドル	0.89ドル	0.45ドル
購買業務		0.35ドル	0.52ドル	0.69ドル	0.35ドル	0.69ドル	0.35ドル
施設管理		0.07ドル	0.11ドル	0.15ドル	0.07ドル	0.15ドル	0.07ドル
スタッフ訓練		0.06ドル	0.08ドル	0.11ドル	0.06ドル	0.11ドル	0.06ドル
事務関係		18.65ドル	18.65ドル	18.65ドル	18.65ドル	18.65ドル	18.65ドル
データ処理		8.48ドル	8.48ドル	8.48ドル	8.48ドル	8.48ドル	8.48ドル
通信	撮影回数	1.13ドル	1.13ドル	1.13ドル	1.13ドル	1.13ドル	1.13ドル
事務経費		0.89ドル	0.89ドル	0.89ドル	0.89ドル	0.89ドル	0.89ドル
CPサービス		0.25ドル	0.25ドル	0.25ドル	0.25ドル	0.25ドル	0.25ドル
撮影1回当たりのコスト		114.09ドル	183.37ドル	301.70ドル	463.01ドル	291.80ドル	114.09ドル

出所：Suthummanon et al.（2005, 148-149）を基に筆者作成。

　最後に，活動ごとに集計された原価を，活動ドライバーを用いて撮影種類別に配賦する。ABCを用いて撮影種類別に原価を集計した結果，従来の原価計算で算定された236.11ドルよりも高い原価が算定されたのは，PETスキャンの463.01ドル，心臓スキャンの301.70ドル，腎スキャンの291.80ドルである（図表3-12）。

　なお，当該設例の間接費に対する活動ドライバーの算定には，年間の撮影回数や直接労働時間・機械稼働時間が用いられているため，原価計算対象外の処置に用いられた間接費も含めて撮影1回当たりコストが算定されている。活動ドライバーが直接労働時間，機械稼働時間，撮影回数に限定されていることには多少問題が残っているものの，撮影種類別の収益性の分析を行うには十分であるといえよう。実際，スタマノンらは，「ABCによる収益性分析の結果，作業時間（機械稼働時間や直接労働時間）や医薬品費が，撮影1回当たりの原価に

最も影響を与えている。ゆえに，放射線科のコストを下げるためには，作業時間と医薬品費の分析を行う必要がある」(p.149)と述べている。また，ABCとケース・マネジメントやクリティカルパス分析などを統合させることで，コスト削減のポイントを発見することができると指摘している (p.149)。

(3) 病院ABCの活動ドライバー

次にABC導入プロセスにおける留意点を整理することにしたい。まず，ABCを効果的に組織に組み込むには，組織全体のコンセンサスや組織横断的な視点が必要とされる。つまりABCは，その導入方法や集計方法が時間消費型で労働集約的なプロセスであるため，組織におけるスタッフの全員参加によって成功をなし得るのである（Suthummanon et al. 2005, 149-150）。

そこで，ABC導入プロセスにおいて，活動分析をどこまで行うのかについて争いがある。特に病院の場合は，製造業で行われていない活動まで対象になる可能性がある。例えば，看護関連コストは病院独自の費目であり，その活動分析には注意を払わなければならない。この活動分析に関して，West and West（1997）は腎臓透析部門におけるABCの事例を，設備コストや管理サポート関連コストなど一般間接費に対するABCを「製造ABC」として，一般間接費と看護関連コストを計算対象にしたABCを「病院ABC」と定義しており，「看護関連コストの活動分析まで行うことで，正確な診療行為別原価が算定できる」(p.30)と，看護関連コストまで活動分析を行うことの重要性を指摘している（図表3-13）。例えば，病院ABCの看護師に係るコスト・ドライバー率は，239,120ドル÷7FTE（フルタイム当量）＝34,160ドル/FTEと計算されるが，製造ABCでは見積看護時間を基準にして，血液透析：腹膜透析＝85：15の割合で一括配賦している。

看護関連コストを計算対象に含めた「病院ABC」の収益性分析によれば，血液透析の収益性は5.92ドルの赤字から1.23ドルの黒字に転換した結果が提示されている（図表3-14, 3-15）。血液透析が赤字であればマネジドケアなど保険会社との契約交渉を見直すことになるが，若干ではあるが黒字になっているため，契約交渉の見直しの必要性は低くなっているといえよう。

次に，Chan（1993）の検査室を対象にしたABCの設例を紹介したい。

図表 3-13　製造 ABC および病院 ABC のコスト・ドライバー率

【製造ABC（一般間接費）】

	コスト	活動ドライバー数	活動ドライバー	コスト・ドライバー率
設備コスト（賃貸料，減価償却費）	233,226ドル	30,000sq.ft	設備面積	7.77ドル
管理サポート（給付含む）	354,682ドル	164人	患者数	2162.70ドル
通信システムおよびカルテ	157,219ドル	34,967件	処置数	4.50ドル
電気代	40,698ドル	662,700kw	見積kw利用量	0.06ドル
合計	785,825ドル			

【病院ABC（看護関連コスト）】

	コスト	活動ドライバー数	活動ドライバー	コスト・ドライバー率
看護師	239,120ドル	7FTE	看護師FTE	34,160.00ドル
准看護師	404,064ドル	19FTE	准看護師FTE	21,266.53ドル
看護管理およびサポートスタッフ	115,168ドル	34,967件	処置数	3.29ドル
医療機器（技術スタッフ給与）	124,928ドル	14,343件	業務処理量	8.71ドル
合計	883,280ドル			

出所：West and West（1997, 29, 32）を基に筆者作成。

図表 3-14　製造 ABC を用いた収益性分析

診療所損益計算書	血液透析	腹膜透析	合計	配賦方法
患者数	102人	62人	164人	
処置回数	14,343回	20,624回	34,967回	
収益合計	1,860,287ドル	1,146,488ドル	3,006,775ドル	
医療材料費（一般）	512,619ドル	152,281ドル	664,900ドル	直課
医療材料費（特殊）	98,680ドル	212,015ドル	310,695ドル	直課
一般間接費	466,610ドル	319,215ドル	785,825ドル	ABC
看護関連コスト	750,788ドル	132,492ドル	883,280ドル	見積看護時間
医療機器	116,489ドル	20,557ドル	137,046ドル	見積看護時間
コスト合計	1,945,186ドル	836,560ドル	2,781,746ドル	
利益	△84,899ドル	309,928ドル	225,029ドル	

製造ABCによる収益性分析	血液透析	腹膜透析
処置別平均診療報酬	129.70ドル	55.59ドル
処置別平均コスト	135.62ドル	40.56ドル
処置別損益	△5.92ドル	15.03ドル

出所：West and West（1997, 29）に加筆修正。

第3章
診療行為別原価計算

図表3-15　病院ABCを用いた収益性分析

診療所損益計算書	血液透析	腹膜透析	合計	配賦方法
患者数	102人	62人	164人	
処置回数	14,343回	20,624回	34,967回	
収益合計	1,860,287ドル	1,146,488ドル	3,006,775ドル	
医療材料費（一般）	512,619ドル	152,281ドル	664,900ドル	直課
医療材料費（特殊）	98,680ドル	212,015ドル	310,695ドル	直課
一般間接費	466,610ドル	319,215ドル	785,825ドル	ABC
看護関連コスト	661,966ドル	221,314ドル	883,280ドル	ABC
医療機器	102,785ドル	34,261ドル	137,046ドル	看護関連コスト
コスト合計	1,842,660ドル	939,086ドル	2,781,746ドル	
利益	17,627ドル	207,402ドル	225,029ドル	

病院ABCによる収益性分析	血液透析	腹膜透析
処置別平均診療報酬	129.70ドル	55.59ドル
処置別平均コスト	128.47ドル	45.53ドル
処置別損益	1.23ドル	10.06ドル

出所：West and West（1997, 32）に加筆修正。

Chan（1993）は，検査の段取時間に活動ライバーを設定しているところに特徴がある（図表3-16）。直接作業時間のみを間接費の配賦基準に設定した従来の原価計算では，検査1回当たりの作業時間が相対的に長い検査に間接費が多く配賦されていた（図表3-17）。しかし，検査によっては段取作業や維持補修作業に労力を要するものもあるため，ABCを用いた活動別のドライバー設定の有用性を評価することができる。例えば，検査Pに配賦される間接費の段取費用は，30ドル/時間×0.05時間×5.0％（段取割合）＝0.075ドルとなり，検査Qに配賦される段取費用は，30ドル/時間×0.08時間×10.0％（段取割合）＝0.240ドルとなり，段取1回当たり直接作業時間のほか，段取割合（年間検査回数に対する年間段取回数の割合）も加味している（図表3-18）。

結果，段取作業や維持補修作業が相対的に必要とされる検査Sの標準全部原価は，7.20ドル/回から8.688ドル/回に増加し，段取作業や維持補修作業が相対的に必要とされない検査Qの標準全部原価は，8.40ドル/回から7.106ドル/回に減少している。このように間接費を細分化して，適切なコスト・ドライバーを設定することにより，検査別の収益性分析に役立てることができる。

第Ⅰ部
保険者機能強化による病院原価計算の計算原理の精緻化

図表 3-16　検査1回当たり標準全部原価

検査種類	年間検査回数	年間段取回数	段取割合	検査1回当たり医療材料費	検査1回当たり直接作業時間	検査1回当たり機械稼働時間	段取1回当たり直接作業時間
P	100,000回	5,000回	5.0%	5.0ドル	0.05時間	0.22時間	0.05時間
Q	60,000回	6,000回	10.0%	3.20ドル	0.10時間	0.05時間	0.08時間
R	80,000回	16,000回	20.0%	12.50ドル	0.04時間	0.60時間	0.12時間
S	5,000回	2,500回	50.0%	2.0ドル	0.10時間	0.83時間	0.15時間
時間給					30.00ドル／時間		30.00ドル／時間

出所：Chan（1993, 74）に加筆修正。

図表 3-17　従来の原価計算（直接作業時間配賦）

	間接費合計	直接作業時間	コスト・ドライバー率
間接費配賦率	323,400ドル	14,700時間	22.0ドル/時間

検査室検査	P	Q	R	S
医療材料費	5.000ドル	3.200ドル	12.500ドル	2.000ドル
直接労務費	1.500ドル	3.000ドル	1.200ドル	3.000ドル
間接費	1.100ドル	2.200ドル	0.880ドル	2.200ドル
検査1回当たり標準全部原価	7.600ドル	8.400ドル	14.580ドル	7.200ドル

出所：Chan（1993, 74）．

　最後に，Helmi and Tanju（1991）のABCの設例を紹介したい。彼らの設例では，患者タイプを「重症・やや重症・標準」の3タイプに分類してABCを実施している。活動ドライバーには，監督，看護ケア，リネン・衣類交換の3つの活動が設定されており，監督活動は受入患者数，看護ケア活動には重症度を加味した在院日数，そしてリネン・衣類交換は重症度を加味していない在院日数が，それぞれ活動ドライバーとして設定されている（図表3-19）。

　患者を重症度別に区分していないと，在院日数1日当たりのコストは，166,000ドル÷1,850日＝89.73ドル/日しか算定されない。しかし，重症度別に原価計算を実施した場合だと，重症患者は50,755ドル÷500日＝101.51ドル/日，標準患者は48,086ドル÷600日＝80.14ドル/日と約20ドルの差が生じる結果となる。なお筆者らは，在院日数1日当たりのコストに着目する

第3章 診療行為別原価計算

図表3-18 ABC

間接費	コスト	活動ドライバー	コスト・ドライバー率	活動ドライバー
事務サポート	147,000ドル	245,000回	0.60ドル／回	検査回数
段取	90,750ドル	3,025時間	30.0ドル／時間	段取1回当たり直接作業時間
器具備品	30,856ドル	77,140時間	0.4ドル／時間	機械稼働時間
維持補修	46,284ドル	77,140時間	0.6ドル／時間	機械稼働時間
医療材料関連業務	8,510ドル	1,702,000ドル	0.005ドル	医療材料費合計

検査室検査	P	Q	R	S
医療材料費	5.000ドル	3.200ドル	12.500ドル	2.000ドル
直接労務費	1.500ドル	3.000ドル	1.200ドル	3.000ドル
間接費				
事務サポート	0.600ドル	0.600ドル	0.600ドル	0.600ドル
段取	0.075ドル	0.240ドル	0.720ドル	2.250ドル
器具備品	0.088ドル	0.020ドル	0.240ドル	0.331ドル
維持補修	0.132ドル	0.030ドル	0.360ドル	0.497ドル
医療材料関連業務	0.025ドル	0.016ドル	0.063ドル	0.010ドル
検査1回当たり標準全部原価	7.420ドル	7.106ドル	15.683ドル	8.688ドル

出所：Chan（1993, 74）．

図表3-19 患者重症度を加味したABC

活動への原価割当

活動	人員	コスト合計
監督	1名	50,000ドル
看護ケア	5名	80,000ドル
リネン・衣類交換	3名	36,000ドル
合計		166,000ドル

患者タイプ

重症度	受入患者数	在院日数	重み付け係数	在院日数（調整後）
重症	100名	500日	3	1,500日
やや重症	250名	750日	2	1,500日
標準	300名	600日	1	600日
合計	650名	1,850日		3,600日

活動別コスト合計

重症度	監督	看護ケア	リネン・衣類交換	コスト合計
重症	7,692ドル	33,333ドル	9,730ドル	50,755ドル
やや重症	19,231ドル	33,333ドル	14,595ドル	67,159ドル
標準	23,077ドル	13,333ドル	11,676ドル	48,086ドル
合計	50,000ドル	80,000ドル	36,000ドル	166,000ドル

出所：Helmi and Tanju（1991, 96）．

よりも，監督や看護ケアなどのコスト・ドライバー率に着目した方が有用であると指摘している（p.96）。

（4）ABCの有用性と課題

上述のように ABC 導入には，活動分析や活動ドライバーの決定が重要な要素であることが明らかにされたことと思う。最後に，ABC の特徴をメリットとデメリットに区分した上で，まとめることにしたい。

① ABCのメリット

まず ABC の利点は，大きく 2 つに分けられる。まず，活動を中心に原価が集計され，より業務活動に即した原価測定ができる点である。つまり，ABC は活動に焦点を当て原価を集計するため，診察行為の資源消費量の違いを反映した原価を算定できる（Suthummanon et al. 2005, 143）。診療行為別の原価が把握できれば，疾病別・患者別の収益性分析の他，医師別の原価管理も行うことができる。

例えば，Zelman et al.（2001）では，州立大学病院の救急部門における頸椎損傷懸念患者に対する X 線撮影検査を対象に ABC を実施して，患者重症度別に収益性を分析している（図表 3–20）。X 線撮影検査は，軽症・標準・重症の 3 つに患者を区分している。紹介されているコスト評価モデルでは，直接労務費と医療材料費，設備コストの業務 1 回当たりコストを算定して，当該コスト合計に 0.32 を乗じて間接費を一括配賦している。なお，職種別の時間当たりコストは，放射線技師が 25.2 ドル/時間，医療事務が 16.1 ドル/時間，患者搬送者が 10.5 ドル/時間である。

Zelman et al.（2001）の特徴は，直接労務費や設備コストの業務時間や業務回数の測定に「実施可能性（probability）」を考慮していることである。例えば，患者搬送に係る業務時間は 10 分 52 秒であるが，その実施可能性は 43％であるため，見積時間は 4 分 40 秒に修正している。業務時間に実施可能性を加味させることによって，より実態に即した収益性分析を行うことができる。

そして，もう 1 つの ABC の利点は，算定された原価に基づき様々な戦略的意思決定に利用できる点である。すなわち，製造間接費を部門に通過させない

第3章 診療行為別原価計算

図表3-20 頚椎損傷懸念患者に対するX線検査のコスト評価モデル

[直接労務費]

職員	業務時間 軽症	業務時間 標準	業務時間 重症		見積時間 軽症	見積時間 標準	見積時間 重症		実施可能性 軽症	実施可能性 標準	実施可能性 重症		直接労務費 軽症	直接労務費 標準	直接労務費 重症
放射線技師	31分37秒	38分52秒	46分06秒	×	31分37秒	38分52秒	46分06秒	=	100%	100%	100%		13.28ドル	16.32ドル	19.36ドル
医療事務	6分48秒	6分48秒	6分48秒		6分48秒	6分48秒	6分48秒		100%	100%	100%		1.82ドル	1.82ドル	1.82ドル
患者搬送者	10分52秒	10分52秒	10分52秒		4分40秒	4分40秒	4分40秒		43%	43%	43%		0.82ドル	0.82ドル	0.82ドル
												小計	15.92ドル	18.97ドル	22.00ドル

[医療材料費]

種類	業務単価 軽症	業務単価 標準	業務単価 重症		平均実施回数 軽症	平均実施回数 標準	平均実施回数 重症				医療材料費 軽症	医療材料費 標準	医療材料費 重症
X線フィルム	0.98ドル	0.98ドル	0.98ドル	×	6.86回	8.33回	8.57回	=			6.72ドル	8.16ドル	8.40ドル
事務処理作業	0.50ドル	0.50ドル	0.50ドル		1.00回	1.00回	1.00回				0.50ドル	0.50ドル	0.50ドル
										小計	7.22ドル	8.66ドル	8.90ドル

[設備コスト]

種類	業務単価 軽症	業務単価 標準	業務単価 重症		実施可能性 軽症	実施可能性 標準	実施可能性 重症				設備コスト 軽症	設備コスト 標準	設備コスト 重症
X線	2.40ドル	2.40ドル	2.40ドル	×	100%	100%	100%	=			2.40ドル	2.40ドル	2.40ドル
										小計	2.40ドル	2.40ドル	2.40ドル

	軽症	標準	重症
コスト合計	25.54ドル	30.03ドル	33.30ドル
間接費負担額	8.17ドル	9.61ドル	10.66ドル
コスト合計（間接費含む）	33.71ドル	39.64ドル	43.96ドル

出所：Zelman et al. (2001, 64) に加筆修正。

ことにより原価の把握が行いやすくなり原価管理に役立てるだけでなく，収益性分析などの戦略的意思決定や業績評価に役立てることができるのである（櫻井 1995, 105）。病院においてもこれは例外でなく，ABCを使うことで資源消費に焦点を当てた詳細な情報を得ることができ，それはマネジドケアとの契約交渉に役立つことになる（West et al. 1996, 61；Baker 1998, 27）。

　ここで，収益性分析以外のABCの有用性として，キャパシティの関連から説明した論文としてKaplan（1994）とDowless（1997）を紹介することにしたい。まず，Kaplan（1994）では，変動予算の要素をABCのフレームワークに組み込むことで，未利用キャパシティを算定することの有用性を指摘している。すなわち，ABCを含めた原価計算の計算プロセスでは，数量差異がキャパシティ利用の非効率性に起因するか否かを明らかにすることができない。そこでKaplan（1994）では，検査作業に係るABCの設例で，実際的生産能力（practical capacity）を追加することで，数量差異を未利用キャパシティ（実際的生産能力−予定検査回数）とキャパシティ利用差異（予定検査回数−実際検査回

図表3-21　検査部門を対象にしたキャパシティ基準ABCアプローチ（固定費および変動費）

	コスト	検査回数		コスト・ドライバー率
固定予算	200,000ドル	5,000回	実際的生産能力	40ドル／回
変動予算	80,000ドル	4,000回	予定検査回数	20ドル／回
合計	280,000ドル			60ドル／回

	検査1回当たりコスト	検査回数		コスト	
検査コスト（予算）	60ドル／回	3,500回	実際検査回数	210,000ドル	
未利用キャパシティコスト	40ドル／回	(5,000回-4,000回)	未利用キャパシティ	40,000ドル	不利差異
キャパシティ利用差異	40ドル／回	(4,000回-3,500回)	キャパシティ差異	20,000ドル	不利差異
価格差異				20,000ドル	有利差異
検査コスト（実際）				250,000ドル	

出所：Kaplan（1994, 107）に加筆修正。

図表 3-22 ABC を用いた診療サービス提供に係る間接費（年間）

	処置1回当たり配賦額	処置回数	間接費配賦額
最大活動レベル		300回	3,000ドル
予算活動レベル	10ドル／回	200回	2,000ドル
実際活動レベル		150回	1,500ドル

	コスト
間接費（実際的生産能力）	3,000ドル
未利用キャパシティコスト	1,000ドル
間接費（予算）	2,000ドル
キャパシティ利用差異	500ドル
間接費（実際）	1,500ドル

出所：Dowless（1997, 88）に加筆修正。

数）に区分することが可能となっている。なお，当該検査作業は，病院の検査業務とは異なり，工場における検品などの検査業務を対象としたものである。

さらに，Kaplan（1994）の設例では，設備費やフロア関連コストは固定予算として，実際的生産能力（5,000回）を用いてコスト・ドライバー率を算定して，検査員に係るコストは変動予算として，予定検査回数（4,000回）を用いてコスト・ドライバー率を算定している（図表3-21）。そして数量差異は，固定予算のコスト・ドライバー率（40ドル/回）を用いて計算している。これは，キャパシティに起因する数量差異は，事前に検査回数が予測可能な設備費やフロア関連コストだけで構成されるべきと捉えているからである（pp.107-108）。

このように，キャパシティの最大利用量を調査することや，予算を固変分解したデータをABCに組み込むことで，設備のキャパシティ利用状況を加味した戦略的意思決定に有用な情報をもたらすことがわかる。

次にDowless（1997）は，Kaplan（1994）の変動予算を組み込んだABCの理論を，医療への適用可能であるかについて考察を加えている。論文には，仮説データを用いた設例だけが紹介されているが，診療サービス提供に係るキャパシティの実際的生産能力を用いることで，未利用キャパシティのコスト

を計算することが可能であると指摘している（図表3-22）。設例では予算に対して固変分解を行っていないものの，Kaplan（1994）の設例のように変動予算の要素を組み込むことが可能であることには言及している。また，ABCを実施するにあたっては，トップマネジメントの介入やサポートが必要であることや，診療部長や職員の参加が必要であると指摘している（p.89）。

② ABCのデメリット

こうした診療行為の資源消費量の違いを反映した原価を算定できる点はABCの直接的な利点であるのに対し，その原価情報を様々な戦略的意思決定に活用できる点はABCの派生的な利点である。つまり，ABCを用いて原価計算を行ったとしても，直接的には戦略的意思決定や付加価値活動の把握には結びつかない。ゆえに，ABCが戦略的意思決定や付加価値活動の把握に役に立つことを通じてマネジメント・コントロールに貢献するという関係を認識することが重要となる。なお，ABCのコスト情報をマネジメント・コントロールに用いる場合は，ABM（活動基準管理）が該当することになる。

また，活動分析が正しく行われていても，活動分析や活動ドライバーの決定に関する意思決定を誤れば，どんなに詳細な配賦計算が行われたとしても，前提が誤っているため正確な原価測定にはつながらない。この点，ベイカー＆ボイド（Baker, J. J. and G. F. Boyd）はコロラド州の非営利病院の手術部門を対象にしたABCのケーススタディを通じて，活動分析等を効率的に進めるために継続的品質改善（Continuous Quality Improvement：CQI）と組み合わせることの利点について言及している。一方で彼女らは，ABCの活動分析やコスト・ドライバー分析が業務プロセスの調査を要求していることから，そうした一連の調査がCQIのプロセス改善に好影響を与えているとコメントしている（Baker and Boyd 1998, 721-722）。いわゆる，ABCとCQIは相互にメリットをもたらすことが彼女らの主張となっている。

加えて，活動分析や活動ドライバーの決定には最善の注意を払う必要がある一方で，完全に活動を捉えることは難しい。そして，活動が複雑になればなるほど設定や運用にかかるコストが高くなるという矛盾点も存在する。つまりABCにおいても，1）活動の定義，2）正確性と複雑性・計算コストとのジレ

ンマの2点から課題が存在している。このABCの課題について，西村（2000）の考察を手がかりに整理していくことにしよう。

1）活動の定義

ABCの導入プロセスにおいて，活動の定義を正確にできれば問題はないが，実際には活動の定義を行うことは難しい。活動の定義の困難性について，西村（2000）では次のように述べている。「ABCが用いている活動という概念は極めて抽象的で，曖昧である。（中略）さらにまた，たとえ活動が詳細に分割されたとしても，複数の活動に共通する原価や活動に無関連な原価が企業内に存在する限り，固定間接費の直接原価への完全な移行は不可能であろう」（p.273）。つまり，活動概念の曖昧さから，複数の活動に共通する原価や活動に無関連な原価が生じれば，ABCといえども適切に原価を把握しているとはいえないのである。

また，活動を設定する際の分析方法も，従来の原価計算に比べ複雑な統計分析が必要となる（Suthummanon et al. 2005, 149）。ABCと複雑な統計分析の関係について，ウドゥパ（Udpa, S.）は，次のように述べている。「ABCシステムは，特定の活動についての原価や情報を認識し収集するために調査やインタビューを行うのと同様，財務会計データの詳細な分析を必要とする。場合によってはABCシステムに必要な情報を得られない時もある。また，原価配賦に必要な統計分析は，ABCシステムでは非常に複雑になる」（Udpa 1996, 96）。このように，活動分析や活動ドライバーの設定には，RCC法などの原価計算以上に複雑な調査が要求されるようになる。さらに製造業と比較した場合，病院は診療サービスという「製品」を定義・測定するのが非常に難しく，プロセスが複雑でコストがかかるので，ABCの導入をより困難なものにさせていると考えられる（Holmes and Schroeder 1996, 738）。

2）正確性と複雑性・計算コストとのジレンマ

次に，ABCが抱える課題として，正確性と複雑性・計算コストとのジレンマがあげられる。このジレンマは，ABCの導入段階と，原価の集計段階において発生する。まず，ABCの導入段階において必要とされるデータ収集は，上述のように多大な時間とコストがかかるため（Udpa 1996, 96；Suthummanon et al. 2005, 149），それを理由にデータ収集が十分に行われないまま活動分析や活動

ドライバーが決定されれば設定ミスが生じる恐れがある。ゆえに，ABCシステムの導入段階においてジレンマが発生することになる。

そして，原価の集計段階におけるジレンマは，活動の設定数とその活動に合わせて原価を集計する際の労力とコストの関係から説明することができる。つまり，活動ドライバーを設定すればするほど実態に即した原価が算定できる反面，データ集計にかかる労力やコストが増加してしまう。このように，原価を算定するために活動数を増加させることと，原価集計に費やされる労力とコストはトレードオフの関係にある。

4 終わりに

本章では診療行為別原価計算として，RCC法とABCを取り上げた。これら2つの原価計算は，個々の診療サービスの資源消費量を把握する点から判断すれば，ABCの方が理論上は有用性が高いと考えられる。しかしながらABCは，①活動の定義や，②正確性と複雑性・コストとのジレンマから課題を抱えている。それゆえ，簡便性を優先するのであればRCC法が適合し，情報の詳細性や戦略的意思決定への有用性を優先するのであればABCが適合することになる。ただし，保険者機能が強化される状況下では，原価情報の詳細性や戦略的意志決定の有用性を評価してABC導入を検討している病院が増えている。実際，米国では病院の経営環境変化と情報技術の進歩により，1990年代以降，医療に関するABCの著書や研究論文が多く発表されるようになっている。

そこで，最後にRCC法，RVU法（相対価値尺度法），そしてABCの病院原価計算の比較研究を行ったWest et al.（1996）の分析整理から，それぞれの病院原価計算を比較することにしたい。

図表3-23が示しているように，3つの病院原価計算は診療行為別の情報を提供することができるものの，RCC法は診療報酬を配賦基準にする原価計算であるため，支出原価と資源消費は関連性がない。また，RVU法は，支出原価と資源消費の関連性はあるが，すべての診療行為が同一であると仮定している原価計算であるため，資源消費量までは把握できない（第4章参照）。その点，

図表 3-23 経営意思決定マトリックス

意思決定支援情報	代替的原価計算手法		
	RCC法	RVU法	ABC
①診療行為別の情報提供	○	○	○
②支出原価と資源消費の関連性		○	○
③資源消費量の把握			○

出所：West et al.（1996, 55）.

　ABCは，資源消費量まで把握できる原価計算であり，RCC法やRVU法に比べて経営上の意思決定に有用な原価データを提示することができる。

　ただしABCは，RCC法やRVU法に比べて，導入段階と運用段階において多大な労力とコストがかかる傾向がある。このように，原価データの適切性だけでは原価計算システムの優劣は付けられない。ゆえに，原価計算を実施する場合には，ABCの活動分析の際にみられる原価をどこまで分類するかといった，原価の「同質性」を見出すことは，原価計算システムにおける重要な課題である。そこで次章では，RVU法を題材にして，原価の同質性について考察することにしたい。

第 4 章

病院原価計算における原価の同質性の一考察
―相対価値尺度法(RVU法)の分析を中心に―

1 はじめに

　本章は，これまで取り上げなかった相対価値尺度法（RVU法）を題材にして，原価の同質性について考察を加えることにしたい。

　日本では医療財源が逼迫している近年，質の高い医療を確保しつつ医療費を適正化することを目的にして，診断群分類（DPC）に基づく包括評価方式が，2003年より特定機能病院等に導入された。それゆえ，DPC別の採算管理の側面から，疾病別原価計算などの病院原価計算が提唱されている。しかし，DPCのような診療報酬制度において活用されている種類区分はあっても，その種類区分内の「消費資源額の同質性」に関する検証はなされてこなかった（荒井2009, 178）。消費資源額の同質性が確保されることは，診療報酬の価格体系の適正化，ひいては病院間のベンチマークの仕組みが機能することを意味する。

　しかしながら，荒井（2009）の検証結果によれば，まず，DPCでいう種類区分における資源消費の同質性は確保されていないことを示しており[1]，加えて，現行の診療報酬の価格体系と原価の乖離度合いを，診療報酬基準原価率法（RCC法）を用いて立証し，その上で，標準的等価係数を用いた相対価値尺度法（RVU法）の方が妥当性を有していることを証明している[2]。この標準的等価係数とは，厚生労働省が診療報酬政策の影響をモニタリングすることを主目的として，医療経済研究機構により開発された部門別収支計算制度で活用されたものである（p.223）。

　日本におけるRVUの妥当性を検証する研究としては，上述の荒井（2009）の手術サービス・検査サービスにおける労務費・材料費の分析のほか，遠藤（2001）の内科系医療技術の評価手法に関する研究など，限られた件数しかなされていない。なぜ本章でRVU法を議論するのか。まず，これについて病院原価計算でのRVU法の位置づけから説明していきたい。第2章で紹介した図表2-11（61頁）を参照した場合，RVU法に着目すれば，初期の設定段階でかかるコストの高さが目立っている一方，その後の運用段階でのコストは低く

---
[1] 荒井（2009, 175-218）。この検証は，手術サービスと検査サービスに焦点を当てたものである。
[2] 荒井（2009, 219-251）。この検証は，手術サービスに焦点を当てたものである。

なっていることがわかる。そこで,「外部機関による標準的 RVU を現場管理者の知見により適時修正して活用すれば,設定コストを節約しつつ,精度の高い RVU 法を実施することができる」(荒井 2009, 223) のである。この点に,RVU 法の利点を見出すことができる。ここで核となるのが,本章で取り上げる「原価の同質性」である。本章では,RVU 法を取り扱っている先行研究を整理することにより,医療における「原価の同質性」の特徴を明らかにする。なお RVU は,RVUs と表記される場合もある。

以上を踏まえ,本章は以下のような構成になっている。まず第 2 節では,RVU 登場の背景と RVU 法の原価測定方法について説明する。第 3 節では,RVU 法の先行研究を整理し,具体的な数値例を示すことで,疾病分類 (Current Procedural Terminology:CPT) コード別に原価を集計する RVU 法の有用性を示す。続く第 4 節では,RVU 法の特徴を利点と課題に分けて分析する。最後に,第 5 節では全体を総括する。

2 相対価値尺度法(RVU法)

本節では,RVU 法について,その基準尺度となる RVU の登場背景を明らかにした上で,設例を用いて原価測定方法を説明する。

(1) 相対価値尺度(RVU)の登場背景

RVU は,メディケア(高齢者医療保険)で,資源準拠相対価値尺度 (Resource-based Relative Value Scale:RBRVS) に基づき診療報酬が支払われる際の基準尺度である (Glass 2008)。そこで,RBRVS から簡単に説明していくことにしよう。

① 資源準拠相対価値尺度(RBRVS)

1980 年代から連邦政府が所管するメディケアは,高騰する医療費を背景に,医療費抑制政策の一貫として,まず 1983 年にパート A と呼ばれる病院入院サービスや専門看護施設サービスなどの病院保険を対象に,1 入院当たりの包

括支払い制度（DRG/PPS）を導入した。そのため，メディケアのパートAの給付費は，1984年からは急激な伸びを抑えることができた。逆に，医師の技術料や病院外来医療費を保障するパートBで区分される医療費は，1985年以降，急激な伸びを見せることになる。そこで，医師の技術サービスに支払われる診療報酬を抑えるため，連邦政府に新しい支払方式が求められるようになった。

下記の図表4-1が示しているように，従来のパートBの支払方式はCPR（Customary Prevailing Reasonable）と呼ばれる出来高払い方式であった。このCPRのもとでは，同じ医療サービスであってもメディケアの支払額に差があり，それに基づいて医療費のコントロールが行われていたため，保険会社や医師から不満が寄せられていた（Smith et al. 2009, 3）。実際，医師の診療報酬を中心にパートBの支払方式をみると，次の料金のうち一番低い額が適正料金・費用（reasonable charge）として支払われていた（皆川1989, 232-233）。

ア．医師がサービスに対して実際に請求する料金
イ．医師がサービスについて慣習的に請求している料金（慣習的請求料，customary charge）
ウ．医師が診療する地域で一般的に当該サービスについて請求が行われている料金（地域一般料金，prevailing charge）

そこで，医師診療報酬支払い方式検討委員会（Physician Payment Review Commission）が1985年に設置された。当該委員会では，医療行為を投入資源の量と質に基づいて評価し，点数換算した診療報酬表の作成を提言した。診

図表4-1　メディケア診療報酬支払い方式（パートB）の変化

年代	診療報酬支払い方式	内容
1992年以前	CPR	適正料金・費用に基づいて，医師からの診療報酬請求に対応させた出来高払い方式
1992年以降（1996年に完全移行）	RBRVS	診療行為の相対価値尺度（RVU）に，地域別診療費係数（GPCIs）と換算係数（CF）を乗じて診療報酬を算定

出所：筆者作成。

療報酬表を作るにあたり，医師の作業評価についてはハーバード大学のシャオ教授の研究グループが中心的な役割を果たしている。シャオ教授の研究グループは，様々な医療サービスの相対評価指数を評価するにあたって，医療サービスに関する詳細な分類として既に存在していたアメリカ医師会のCPT（疾病分類）コードシステムを用いている。CPTコードとは，病気や怪我の複雑性や患者重症度を加味した7,000以上の異なる医療サービスおよび処置を明らかにしたものである[3]。

こうして開発された支払方式は資源準拠相対価値尺度（RBRVS）と呼ばれ，包括予算調整法（Omnibus Budget Reconciliation Act of 1989）に従って1992年より段階的に施行され，1996年に全米で実施されるようになった[4]。

② RBRVSにおけるRVUの構成要素

RBRVSに基づく診療報酬の支払方式では，医師の技術料は，診療行為の相対指標（RVU）を基礎として，地域別診療費係数（Geographic Practice Cost Indices：GPCIs）と換算係数（Conversion Factor：CF）を用いて修正が加えられた上で，メディケアから支払われることになる。RBRVSに基づく支払方式の場合，投入資源として点数計算に用いられるRVUは，wRVU（業務RVU），peRVU（診療RVU），mRVU（医療過誤RVU）の3つで構成される（図表4-2）。現在RBRVSでは，peRVUは病院などの施設（facility）と施設外（non-facility）で区分されており，mRVUは官報外ではpli（professional liability insurance）RVUとも呼ばれている（Glass 2008；Smith et al. 2009）。なお，メディケアが

図表4-2　RBRVSにおけるRVUの構成要素

名称	略称	内容
work RVU	wRVU	医師の労働量（労働時間，技術スキル，診療時に直面する心理的なストレス）
practice expense RVU	peRVU	診療に要した諸費用
malpractice RVU	mRVU	医療過誤に対する保険費用

出所：筆者作成。

---

3) CPTコードはCPT-4と示されることが多いが，これはCPTコードの第4版を意味する。
4) RBRVS導入の背景の詳細は，皆川（1989）を参照。

図表 4-3 RVU の CPT コード別診療報酬支払い額

CPT コード	概要	wRVU	peRVU	mRVU	総RVU	メディケア診療報酬支払
99212	外来診療／再診患者	0.45	0.55	0.03	1.03	37.15ドル
44389	大腸内視鏡検査（生体検査付）	3.13	6.86	0.27	10.26	370.08ドル
59510	帝王切開分娩	26.22	15.40	1.99	43.61	1,573.01ドル
					換算係数(1RVU当たり)	36.07ドル

出所：Smith et al.（2009）を基に筆者作成。

公表している各 RVU の構成比は，wRVU が 51%，peRVU が 45%，mRVU が 4% となっている（Smith et al. 2017, 26）。

具体的に，図表 4-3 の CPT コード 99212 で説明すると，0.45(wRVU)＋0.55(peRVU)＋0.03(mRVU)＝1.03（総 RVU）となり，1.03（総 RVU）×36.07ドル（換算係数）＝37.15 ドルが診療報酬として支払われる。単純化のため，地域別診療費係数（GPCIs）は考慮していない。

図表 4-3 が示しているように，RVU の合計値が高い診療行為には診療報酬が多く支払われていることがわかる。医師が提供する診療行為に RVU という相対価値尺度が設定され，それに基づき診療報酬が定額で支払われるため，これにより，医療のムダをなくすインセンティブが病院側に生じることになる。結果，医療の標準化が促進され，医療費の高騰が抑えられるようになる。DRG/PPS と同様，メディケアの診療報酬抑制を目的とした政策の一貫として，RVU は広く普及するようになったのである。

(2) RVU 法の原価測定方法

現在，米国の病院経営においては，上述のようにメディケアの診療報酬支払い方式に RVU が組み込まれているため，RVU 概念が浸透している。病院経営に RVU を用いることは，医師別の生産性管理ができることを意味する。例えば，各診療行為には RVU が割り振られているため，医師別に RVU を年次集計することで，ボーナスの受給資格ラインを設定することも可能となる（Reiboldt and Chamblee 2010, 86）。そこで，医師の技術料に対して支払われる診療報酬

第4章 病院原価計算における原価の同質性の一考察

にどのように原価を跡付けるのかという議論もなされており，RVU を原価計算対象にした病院原価計算として RVU 法が考案されている。それゆえ現在までに，病院の ABC に関する研究論文や専門書が多数公刊されてきたが，2000 年以降，RVU を用いた経営管理および原価計算についても医療コンサルティング会社から紹介されるようになっている（Glass 2008；Reiboldt and Chamblee 2010；2014）。

そこで，RVU 法の原価測定方法について説明するにあたり，Mahlen (1989) の設例を参考にした簡単な設例を用いることにしたい。RVU 法では，図表 4-4 のステップを経て原価計算が行われる。なお，本章では X 線撮影部門を取り上げ，単純な数値に置き換えている[5]。

図表 4-4　RVU 法の 4 つのステップ

① 処置原価プロファイルを作成する
② 処置原価プロファイルから RVU を算定する
③ RVU を用いて「1RVU 当たり原価」を計算する
④ 患者別原価を計算する

出所：筆者作成。

設例

① 処置原価プロファイルを作成する

X 線撮影部門のデータは以下のように示されている。まず，X 線部門で取扱う患者タイプは，疾病 A と疾病 B の 2 種類である。疾病 A では胸部 X 線撮影が 1 回行われ，疾病 B では頭部 X 線撮影が 1 回行われる。そして，それぞれの疾病の年間患者数は 100 名である。

【X 線撮影部門の疾病別データ】

	胸部X線撮影枚数	頭部X線撮影枚数	年間患者数	年間撮影回数
疾病A	1枚	0枚	100人	100枚
疾病B	0枚	1枚	100人	100枚
合計			200人	200枚

---

5) 設例ではドルで計算されているが，わかりやすく円で表記することにした。

第Ⅰ部
保険者機能強化による病院原価計算の計算原理の精緻化

　X線部門で従事している医療スタッフは技師1名であり，当該技師は胸部X線撮影1回に0.5時間，頭部X線撮影1回に1時間かけると仮定している。また，技師の1時間当たり給与費は10円/時間である。技師給与の変化だけに着目するために，X線撮影で使われるフィルム枚数およびフィルム単価は撮影箇所によって変化しないと仮定しておく。また，医療設備の減価償却費などを含む設備コストが年間1,000円計上されている。

【処置原価プロファイル】

	撮影タイプ	業務時間	時間給	業務単価
技師給与	胸部X線	0.5時間	10円／時間	5.0円
	頭部X線	1.0時間		10.0円

	撮影タイプ	撮影枚数	単価	業務単価
フィルム代	胸部X線	1枚	5円／枚	5.0円
	頭部X線	1枚		5.0円

② 処置原価プロファイルからRVUを算定する

　次に，原価要素別に平均コストを算出し，各撮影の業務単価が平均コストの何倍であるかを計算する。この数値がRVUである。例えば，胸部X線撮影の給与費のRVUだと，5.0円÷7.5円＝0.67となる。一方で，フィルム代の業務単価は同じであるため，RVUは1.00と計算される。

【RVU（技師給与）】

	胸部X線	頭部X線	平均コスト
業務単価	5.0円	10.0円	7.5円
RVU	0.67	1.33	

【RVU（フィルム代）】

	胸部X線	頭部X線	平均コスト
業務単価	5.0円	5.0円	5.0円
RVU	1.00	1.00	

③ RVUを用いて「1RVU当たり原価」を計算する

　撮影箇所別の年間撮影枚数にRVUを乗じて，RVU計（Total RVU）を計算する。そして，原価要素別の年間コストをRVU計で除して，1RVU当たり原価を計算する。例えば，技師給与のRVU計は，胸部X線撮影のRVU計が67（年間撮影枚数100回×0.67），頭部X線撮影のRVU計が133（年間撮影枚数

第4章 病院原価計算における原価の同質性の一考察

100枚×1.33）なので，67＋133＝200となる。ゆえに，給与費の1RVU当たり原価は，1,000円÷200＝5.00円となる。マーレンの設例では1RVU当たり原価を計算するプロセスがないが，後述のCPTコード別原価の話と整合性をもたせるため，1RVU当たり原価を計算するプロセスを設けている。

【1RVU当たり原価】

		年間撮影枚数	×	RVU	=	RVU計
技師給与	胸部X線	100枚		0.67		67
	頭部X線	100枚		1.33		133
						200

		年間撮影枚数	×	RVU	=	RVU計
フィルム代	胸部X線	100枚		1.00		100
	頭部X線	100枚		1.00		100
						200

	年間コスト	RVU計	1RVU当たり原価
技師給与	1,000円	200	5.00円
フィルム代	200円	200	1.00円

④ 患者別原価を計算する

最後に，各診療サービスをRVUで重み付けを行い，それに1RVU当たり原価を乗じて患者別原価を計算する。よって，患者別原価は，次の計算式で計算される。

$$患者別原価 ＝（撮影枚数 \times RVU）\times 1RVU当たり原価$$

患者別原価（疾病A）の技師給与を例にとって計算すれば，患者別原価＝（1枚×0.67RVU）×5.00円/RVU＝3.33円となる。なお，マーレンの設例では，設備コストにはRVUを設定しておらず，年間コスト1,000円÷200枚（年間撮影枚数）＝5.00円/枚で計算している（Mahlen 1989, 190）。

【患者別原価（疾病A，胸部X線撮影の患者）】

	撮影枚数	×	RVU	×	1RVU当たり原価	=	患者別原価
技師給与	1枚		0.67		5.00円		3.33円
フィルム代	1枚		1.00		1.00円		1.00円
設備コスト					5.00円		
合計							9.33円

【患者別原価（疾病B，頭部X線撮影の患者）】

	撮影枚数	×	RVU	×	1RVU当たり原価	=	患者別原価
技師給与	1枚		1.33		5.00円		6.67円
フィルム代	1枚		1.00		1.00円		1.00円
設備コスト					5.00円		
合計							12.67円

　設例の計算結果から，疾病Aと疾病BはX線撮影回数がともに1回であるが，疾病Bの原価の方が高くなっていることがわかる。これは，頭部X線の撮影時間が胸部X線よりも0.5時間だけ長く，頭部X線撮影の技師給与RVUが高く設定されているからである。このようにRVU法の計算結果は，設定されたRVUに依存している。つまり，RVU法の計算原理は，原価要素別に原価の平均値を算出し，「個々の診療サービスがその平均値の何倍であるか」を計算するRVUの算出過程に集約されることになる。こうしたRVUの算出過程から，RVU法は一種の等級別原価計算と考えることができる（補論参照）。

　マーレンの設例では，設備コストにRVUの設定がされておらず，撮影枚数を基準に配賦計算するように指示されている。後述であるが，この点にRVU法の対象とする原価に相違が生じている。そこで次節では，このRVU法の先行研究を分類整理することで，その意味を明らかにしていく。

3　RVU法の実態

　本節では，RVU法の文献レビューの結果から，RVU法が独自見積による原価集計に比べ，CPT（疾病分類）コード別の原価集計の有用性が高いことを示

図表4-5　RVU法の分類

RVU法	区分基準
独自見積に基づくRVU法	① 部門費（直接費＋間接費）
	② 直接費
	③ 間接費
	④ 直接費および間接費
RBRVSに基づくRVU法	① 1病院当たり総原価
	② CPTコード別原価

出所：筆者作成。

していく。

　上述のマーレンの設例では，技師給与やフィルム代といった患者に直課できる費目，すなわち直接費を対象としたものであった。しかし，彼以外のRVU法の論者のなかには，間接費を対象としたものもいる。また，マーレンが検査部門とX線撮影部門を対象としていたように，こうしたRVUの独自見積を紹介する論者は，特定の診療部門を対象として単純化させたケースが多い。例えば，Hankins and Baker（2004, 85）は，自分たちのケースは過度に単純化させた例であると指摘した上でRVU法を紹介している。彼らは病院が独自にRVUを設定することを念頭に置いているが，前述のメディケアRBRVSのRVUを用いたRVU法を紹介しているケースも存在している（足立2010b）。

　そこで本書では，マーレンの設例のような特定の診療部門を対象にして，病院が独自にRVUを設定するRVU法を「独自見積に基づくRVU法」と定義し，RBRVSのRVUを用いたRVU法を「RBRVSに基づくRVU法」と定義することにしたい。さらに，各RVU法を分類すると図表4-5のようになる。以下，この分類に従って分析していく。

(1) 独自見積に基づくRVU法

　RVU法を紹介した先行研究をレビューした結果，独自見積に基づくRVU法の先行研究の特徴をまとめると図表4-6のようになる。

　図表全体の特徴として，①検査室や放射線診断部門といった中央診療部門を対象としたものが多いこと，②RVUデータが2種類から5種類までと単純化

第Ⅰ部
保険者機能強化による病院原価計算の計算原理の精緻化

図表4-6 特定の診療部門を対象にしたRVU法の先行研究（独自見積に基づくRVU法）

	区分基準	先行研究	対象部門	RVUデータ	原価測定のためのデータ	原価計算対象	備考
1	部門費（直接費＋間接費）	Finkler (1990)	看護部門	活動レベル（5段階、看護時間）	患者の入院日数	看護部門費	部門費は直接費と間接費に区分できることを指摘しているが、設例を単純化するために合計。RVUの資源消費の同質性を批判。
		Finkler et al. (2007)	検査部門	3種類の検査	検査回数	検査部門費（6カ月間）	RVU設定の調査が慎重に行われるならば、RCC法より優れたものになると指摘。
2	直接費	Mahlen (1989)	検査室	3種類の検査	患者別の検査回数	給与費と手当（消耗品）、設備費	設備費は検査回数で配賦。処置原価プロファイルの作成過程あり。RCC法と比較。
		Mahlen (1989)（同上）	X線撮影	2種類の撮影	患者別の撮影回数	給与費と手当（消耗品）、設備費	設備費は撮影回数で配賦。処置原価プロファイルの作成過程あり。RCC法と比較。
3	間接費	Suver et al. (1995)	検査室や放射線科（特定せず）	特定の医療サービス	医療サービス提供回数	資金需要額（間接費）	価格設定のためのツールとして紹介。RVUの計算過程はなく、既に設定された値が記載。RVU当たりの平均値が求められれば、間接費配賦が可能と指摘。
		West et al. (1996)	透析サービス（診療所）	2種類の透析サービス	透析別の医療資源消費量の見積値	総間接費（一般間接費、設備、看護サービス）	RVUの設定は職員の見積による。
		Hankins and Baker (2004)	検査部門	4種類の検査	検査回数	総間接費（直接費からRVUを設定）	コスト・ドライバーとしてABCの各活動と比較。職員の見積によるRVUの設定を批判。
4	直接費、間接費	Gottlieb (1989)	特定の部門	4種類の診療行為	各診療行為の提供回数	部門別の直接費と間接費	直接費と間接費に区分して計算しているものの、単純な計算構造にとどまる。RVUは労働のみに焦点を当てていることを批判。

出所：筆者作成。

されたケースが多いこと，③ RVU 法について総じて批判的な意見が多いことがあげられる。また，RBRVS に言及していないことも特徴にあげることができる[6]。以下，マーレン以外の先行研究を簡単に紹介していくことにしたい。

① 部門費を対象としたRVU法

Finkler（1990）は，看護部門を対象にした RVU 法を紹介しているが，当該部門では，直接費と間接費をあえて区分せず，単純な計算例となっている。RVU 法は検査室や放射線科といった中央診療部門を対象としていることが多いことから，Finkler（1990）のケースは看護部門が対象とされている点で珍しいケースであると考えられる。当該看護部門では，1980 年代までは高額で導入が困難であった看護患者分類システム（nursing patient classification systems）が導入されていることが前提とされている。筆者は，DRG が看護資源の消費量に基づいて分類されていない認識を看護師がもっていることに触れ（p.71），DRG/PPS のような包括支払い方式によって看護サービスが一括処理されている現状に疑問をもっていた。そこで，看護患者分類システムを導入して，看護資源消費量を加味した原価計算として RVU 法を紹介している。彼のケースでは，患者の重症度を 5 段階で分類し，重症度に対応させた 5 種類の RVU を算出している（p.72）。この RVU 値を用いて原価計算を行えば，看護資源の消費量が加味された患者別原価が算定されることになる。

また，Finkler et al.（2007）では，RCC 法と対比させる形で，検査部門を対象にした RVU 法について紹介している。設例では 3 種類の検査について RVU が計算され，6ヵ月間の検査部門費を対象に配賦計算を行っている。計算結果から，RVU 設定の調査が慎重に行われるのであれば，コスト情報の質は RCC 法よりも優れたものになると指摘している。そして RVU 法は，データ収集の品質に加えて，検査間の相互関係に相対的安定性（relative stability）が要求されていることについて言及している（pp. 78-79）。

---

[6] ただし Suver et al.（1995）は，RBRVS について言及している。

② 間接費を対象としたRVU法

次に，ABCと対比させる形でRVU法を紹介しているケースの場合，当該ケースは間接費配賦にRVUを用いている場合が多い。例えば，Hankins and Baker（2004）では，ABCの活動ドライバーとしてRVUを用いた場合のケースが紹介されている。彼らが対象とする部門は検査部門であり，4種類の検査データを利用している。この4種類の検査データの直接費（医療材料費および給与費）の平均値を，1RVUと仮定して，検査データのRVU値を計算する（p.85）。こうして計算されたRVU値を活動ドライバーとして用いることで，間接費の配賦計算を行っている。

なお，直接費と間接費の両方を対象としたRVU法を紹介しているGottlieb（1989）も，設例を単純化するために，対象を4種類の診療行為に限定している。一方で，前述のマーレンは，原価計算対象を直接費と間接費に区分しているが，彼の設例でもRVUデータが，検査部門が3種類でX線撮影部門が2種類と，RVU法の「計算原理」を伝えることを意識した単純な設例となっている。このようにRVU設定に言及したRVU法の著書や研究論文は，計算例を単純化させて理論を説明するケースが多くなっている。

(2) 資源準拠相対価値尺度（RBRVS）に基づくRVU法

続いてRBRVSに基づくRVU法の先行研究をまとめると，図表4-7のように整理することができる。特徴として，病院の全コストを対象にした「1RVU当たり原価」を計算して，個々のCPT（疾病分類）コード別に配賦計算を行っていることがあげられるが，CPTコード別原価を算定していない論文も存在していた。

例えば，Davis Weintraub and Dube（1988）が紹介するRVU法は，RBRVSのRVUを用いているものの，CPTコード別原価ではなく，DRG別原価を計算しているため枠外に位置づけている。RBRVSのRVUを用いることの意味については，個々の先行研究を取り上げながら明らかにしていきたい。

まず，前述のようにRBRVSのRVUは，業務RVU（wRVU），診療RVU（peRVU），医療過誤RVU（mRVU）の3つの構成要素に区分されている。このことに着目した研究として，Berlin et al.（1997）の研究をあげることができ

第4章
病院原価計算における原価の同質性の一考察

図表 4-7 RBRVS の RVU を用いた RVU 法の先行研究

	区分基準	先行研究	備考
1	1病院当たり総原価	Shackelford (1999)	保険者との契約交渉に利用する目的で，すべての医療サービスに関連するコストを総RVUで除して，1RVU当たり原価を計算し，RVU当たりで採算性を判定する例が紹介。論文後半で議論されている医師の生産性評価には，コード別の原価データが要求されている可能性がある。
2	(1病院当たり総原価) + CPTコード別原価	Berlin et al. (1997)	ある期間内のすべての診療原価を，関連する総RVUで除して，1RVU当たり原価を計算し，それにコード別に集計されたRVUを乗じて，コード別原価を計算。GPCIsがある場合，総RVUと構成要素別RVUの計算アプローチでは計算結果が異なると指摘。
		Berlin, Budzynski et al. (1997)	病院全体で収益性を判定するために，RVUを用いて原価を集計。次に，CPTコード別の頻度と原価を集計し，医師別原価を計算。
		Sides and Roberts (2000)	4部門（手術，放射線，検査，外来/薬剤）について，コード別に原価を計算。1RVU当たり原価は，部門ごとに集計された直接費および間接費の合計を，総RVUで除して算定。
		Glass and Anderson (2002) Glass (2008)	RVUを用いた採算管理が中心で，コード別に原価を集計するように指摘。1RVU当たり原価は，間接費も含む総コストが対象であり，構成要素別に計算を行うように指示。
		Reiboldt and Chamblee (2010; 2014)	RVUを用いた採算管理が中心で，その一環としてRVU法を説明。1RVU当たり原価は，間接費も含む総コストが対象であり，構成要素別に計算するように指示。
		Baker (1998)	RVU自体の紹介には整形外科の例を用いているが，RVU法の計算例には，放射線科の数値例を用いている。RVU設定の不透明さを指摘。
3	DRG別原価	Davis Weintraub and Dube (1988)	DRG別原価をRVU法とRCC法で算定し，比較分析を実施。分析対象は，間接費を含む11の原価要素のうち，4つの直接費に限定。

出所：筆者作成。

る。彼らは，RBRVS の RVU を構成要素別に集計した方が望ましいことを強調している（図表4-8）。つまり，総 RVU（構成要素別 RVU の合計）を用いる場合，構成要素別に区分された原価がひとまとめにされてしまうことを問題視しているのである。実際，彼らの設例では，構成要素別 RVU を用いた原価と，総 RVUを用いた原価で約175ドルの差異が生じている（図表4-9）。元々 RVU は構成要素別に集計していることから，原価集計手続きにおいて区分集計が可能であれば，構成要素別 RVU を用いた RVU 法を用いることが望ましいといえよう。

この点，Glass (2008) では，間接費を含む全コストが対象となる場合でも

図表 4-8 1RVU 当たり原価の算定（構成要素別 RVU および総 RVU, GPCIs 調整済）

	wRVU	peRVU	mRVU	総RVU
臨床コスト	$753,124	$2,158,967	$87,500	$2,999,591
RVU計	27,452	33,470	4,184	65,107
1RVU当たり原価	$27.43	$64.5	$20.91	$46.07

出所：Berlin et al.（1997, 80）．

図表 4-9 CPT コード別の活動原価（構成要素別 RVU および総 RVU, GPCIs 調整済）

CPTコード	wRVU	peRVU	mRVU	総RVU	CPTコード別原価 構成要素別RVU	CPTコード別原価 総RVU
61519	34.08	34.12	6.69	74.89	$3,275.44	$3,450.18

出所：Berlin et al.（1997, 80）．

　RVU の構成要素別に原価を分類して，構成要素別に 1RVU 当たり原価を算定する過程について説明しているように，RVU を構成要素別に分類することの意義はあるといえる（Glass and Anderson 2002, 68；Glass 2008, 118-119）。

　なお，RBRVS の RVU は，外科医が麻酔行為を行ったり，救急医が術後診断を行ったりする場合など，通常とは異なる診療行為が提供された際には修正項（modifiers）が加味される。そのため，修正項を考慮した上で RVU の数値を適切に測定・集計することが重要な要素となる[7]。

　RBRVS に基づく RVU 法に着目した場合，メディケアによって予め設定された RVU を用いる点で，誰が行っても同じ評価になるという，医療に特有の「同質性」を取り扱ったものといえる。そのため，「RVU 法は一般に，ある特定の診療サービスを毎回同じ方法で提供している検査部門や放射線部門で用いられてきた」（Finkler et al. 2007, 75-76）と指摘されている。ただし，実際に RVU 法による原価計算を行う場合，メディケア患者を受入れている病院であれば，年度末になると必然的に診療報酬を請求するために RBRVS の RVU データが集計されていることから，病院全体で RVU データが保有されている可能性が高い。ゆえに，RBRVS に基づく RVU 法の実施は容易である可能性が高いとい

---

[7] この指摘は Glass and Anderson（2002, 67）でもされている。

第4章 病院原価計算における原価の同質性の一考察

えよう。当該背景から 2000 年以降，Glass and Anderson（2002）のほか，Reiboldt and Chamblee（2010）など医療コンサルタントが，RVU を用いた採算管理の一環として RVU 法の有効性を指摘する傾向がみられることは興味深い。

ただし，たとえ病院全体の医療サービスに RVU が割り当てられているからといって，診療科別（部門別）原価計算も行わずに疾病別原価または患者別原価を計算する RVU 法が，果たして原価計算といえるのかどうかは少々疑問が残るところである。

では実際に RBRVS の RVU を用いて，前述のマーレンの設例を技師給与に限定して，RVU 法を実践することにしたい。RBRVS の頭部 X 線撮影と胸部 X 線撮影に対応する CPT コードと，対応する RVU は次頁のようになっている（図表4-10）。図表が示しているように，対応する CPT コードは頭部 X 線撮影が 2 種類，胸部 X 線撮影が 9 種類あるので，それに対応する RVU 値を示すと図表4-11 まとめることができる。そして，それぞれの組み合わせで RVU 法を実行すると図表4-12 のようになる。

計算結果から，RBRVS で設定された RVU を用いれば同じ RVU 法でも，コードの組み合わせで 18 通りの計算結果が提示される。ゆえに，個々の病院で同じような結果を示すように RVU を設定するには，多大なコストと時間が必要となる可能性が高いものの，メディケアが既に設定した RVU を用いれば，設定コストが大幅に削減できる。

このように RVU が医師の技術料に対する診療報酬の基準尺度という性質上，技師給与に限定すれば，RBRVS に基づく RVU 法は，独自見積に基づく RVU 法よりも有用性が高い。確かに，実際に病院で RVU 法を行う場合を想定すると，独自見積に基づく RVU 法では現実性に乏しく，RBRVS に基づく RVU 法を行う方が望ましいと思われる。こうした RVU 法の実態を踏まえて，次節では RVU 法の特徴をまとめていく。

第Ⅰ部
保険者機能強化による病院原価計算の計算原理の精緻化

図表 4-10 マーレンの設例に対応する CPT コード

【頭部X線撮影】Xray-exam of skull

CPTコード	表示枚数
70250	4枚未満
70260	一式（4枚）

【胸部X線撮影】chest X-ray

CPTコード	表示枚数	撮影箇所	備考
71010	1枚	正面	
71015	1枚	正面	立体撮影
71020	2枚	正面および側面	
71021	2枚	正面および側面	心尖前弯症治療（apical lordotic procedure）
71022	2枚	正面および側面	斜投影法
71023	2枚	正面および側面	蛍光透視法（フルオロスコピー）
71030	一式（4枚）	4枚撮影（最低限）	
71034	一式（4枚）	4枚撮影（最低限）	蛍光透視法（フルオロスコピー）
71035	特殊表示		側臥（位撮）影像，バッキー研究（Bucky studies）

出所：Smith et al.（2009, 366, 371-372）．

図表 4-11 マーレンの設例に対応する CPT コード別 RVU 値

【頭部X線撮影】修正項なし（non-facility）

CPTコード	wRVU	peRVU	mRVU	total RVU	Medicare Payment
70250	0.24	0.70	0.05	0.99	$35.71
70260	0.34	0.90	0.08	1.32	$47.61

【胸部X線撮影】修正項なし（non-facility）

CPTコード	wRVU	peRVU	mRVU	total RVU	Medicare Payment
71010	0.18	0.45	0.03	0.66	$23.80
71015	0.21	0.57	0.03	0.81	$29.21
71020	0.22	0.61	0.05	0.88	$31.74
71021	0.27	0.73	0.06	1.06	$38.23
71022	0.31	0.90	0.06	1.27	$45.80
71023	0.38	1.39	0.06	1.83	$66.00
71030	0.31	0.91	0.06	1.28	$46.17
71034	0.46	1.96	0.10	2.52	$90.89
71035	0.18	0.73	0.03	0.94	$33.90

Conversion Factor
$36.0666

出所：Smith et al.（2009, 366, 371-372）．

第4章
病院原価計算における原価の同質性の一考察

図表 4-12 RBRVS の RVU を用いた RVU 法の計算結果

患者別原価（患者A）

	CPTコード	頭部 70250	頭部 70260
胸部	71010	4.00ドル	3.33ドル
胸部	71015	4.50ドル	3.80ドル
胸部	71020	4.71ドル	4.00ドル
胸部	71021	5.17ドル	4.45ドル
胸部	71022	5.62ドル	4.90ドル
胸部	71023	6.49ドル	5.81ドル
胸部	71030	5.64ドル	4.92ドル
胸部	71034	7.18ドル	6.56ドル
胸部	71035	4.87ドル	4.16ドル

患者別原価（患者B）

	CPTコード	頭部 70250	頭部 70260
胸部	71010	6.00ドル	6.67ドル
胸部	71015	5.50ドル	6.20ドル
胸部	71020	5.29ドル	6.00ドル
胸部	71021	4.83ドル	5.55ドル
胸部	71022	4.38ドル	5.10ドル
胸部	71023	3.51ドル	4.19ドル
胸部	71030	4.36ドル	5.08ドル
胸部	71034	2.82ドル	3.44ドル
胸部	71035	5.13ドル	5.84ドル

（参考）処置原価プロファイルを用いて算定したRVUを用いた場合

患者別原価（患者A）	3.33ドル
患者別原価（患者B）	6.67ドル

出所：筆者作成。

4 RVU法の特徴

本節では，まず RVU 法の利点から説明し，続いて RVU 法が抱える課題，そして保険会社との契約交渉に RVU 法を用いるべきと説明されている研究論文の特色をまとめていく。

(1) RVU法の利点

RVU 法の利点は，①診療報酬の支払方式に対応した原価計算であること，②原価データの集計の簡略化および設定コストの削減が可能であること，そして，③提供された業務内容を反映した原価計算であることの3点でまとめられる。

① 診療報酬の支払方式に対応した原価計算

RVU の値は，メディケアの RBRVS で既に設定されたものである。それゆえ，RBRVS に基づく RVU 法を実施した場合，CPT（疾病分類）コード別に採算管理が可能である。前述のように，すべての診療行為には RVU が割り振ら

れているため、医師別に RVU を年次集計することで、ボーナスの受給資格ラインを設定することも可能となる。それゆえ RVU 法は、給与費を対象とした場合に、より適合する可能性が高い。ただし、独自見積に基づく RVU 法を用いて、病院が独自に RVU を設定した場合には対応しない可能性がある。

例えば、Shackelford（1999）では、RBRVS を用いた契約スタッフの生産性分析について設例を用いてコメントを加えている（図表 4-13）。設例では、契約スタッフにナース・プラクティショナー（診療看護師）を想定しており、当該看護師に係る診療報酬請求額や、直接費・間接費、そして RVU を集計して、1RVU 当たり原価を算定している。コストを直接費と間接費に区分しているため、貢献利益（14.86 ドル/RVU）が算定されている。ただし、直接費には給与や施設に関する固定的な費用も含まれているため、貢献利益率を算定して損益分岐点分析を行う有用性は低いといえる。

なお、当該設例に基づいた調査対象項目としては、①RVU 当たり診療報酬請求額の回収分（48.50 ドル）が妥当であるか、②RVU 計が 2,426 であることは適正であるか、③医療材料費の 1RVU 当たり原価（10.20 ドル）の削減にはどのような方法があるのか、④当該看護師は次年度も同程度の収益性をあげることができるのか、が列挙されている（p.68）。

図表 4-13 契約スタッフ別の RVU 生産性の算定

	契約スタッフ関連コスト	RVU計	1RVU当たり請求額／1RVU当たり原価
診療報酬請求額	145,250.00ドル	2,426	59.87ドル
請求額回収分	117,652.50ドル	2,426	48.50ドル
給与費	37,580.00ドル	2,426	15.49ドル
所得税・福利厚生	9,019.20ドル	2,426	3.72ドル
医療材料費	24,750.00ドル	2,426	10.20ドル
賃借料・設備費	10,257.00ドル	2,426	4.23ドル
直接費	81,606.20ドル	2,426	33.64ドル
貢献利益	36,046.30ドル	2,426	14.86ドル
管理コスト（間接費）	38,597.66ドル	2,426	15.91ドル
営業損失	2,551.36ドル	2,426	1.05ドル

出所：Shackelford（1999, 68）．

② 原価データ集計の簡略化および設定コストの削減

　RVU法は，疾病別原価または患者別原価を予め設定しておいたRVUで調整する原価計算である。そのためRVUが設定されていれば，経常的に集計が必要なデータは，「原価要素別に集計されたコスト」，「RVU別の診療サービス提供回数」，「疾病別に区分された患者数」だけ済む。さらに，RBRVSのRVUを用いれば，病院が個別にRVUを設定する必要はなく，設定コストも削減できる。

③ 提供された業務内容を反映した原価計算

　伝統的に米国の病院では，RCC法（診療報酬基準原価率法）が用いられており，それは診療報酬を一括りにして収益比で配賦するものであった。このRCC法に対して，RVU法は提供された医療サービスの内容に比例して原価が大きくなるという関係を有している点で優れているといえる。RCC法とRVU法の比較分析は，例えば，Davis Weintraub and Dube（1988）やMahlen（1989）が実施している。ただ，Mahlen（1989, 188）はRVU法についても，計算例の後に注記で批判的なコメントを載せながら分析している。

　つまり，RVUが資源消費量を反映しているのであれば，給与費を対象にして，RVUの予算との差異分析が可能となる。例えば，Udpa（1996）ではABCの差異分析において，RVUがコスト・ドライバーに設定されている看護部門の設例が紹介されている（図表4-14）。看護部門の差異分析では，予算RVU当たりコスト（4.5ドル/RVU）と実際RVU（641,331 RVU）で計算された変動予算を用いて，価格差異と数量差異の2つを計算している。さらに数量差異は，患者差異・臨床スタッフ差異・経営環境差異・効率性差異の4つに細分化している（pp.89-90）。差異分析の結果，実際RVUが予算RVUを超えたため，数量差異は185,989ドルの不利差異が生じている。一方で，38,477ドルの製造間接費の削減を実現しているため，1RVU当たり原価は0.45ドル抑えている。そのため，価格差異は224,466ドルの有利差異が生じている。

(2) RVU法が抱える課題

　RVU法が抱える課題は，①資源消費の同質性，②RVU設定への信頼性，③

第Ⅰ部
保険者機能強化による病院原価計算の計算原理の精緻化

図表4-14 ABCを用いた差異分析（セントジョセフ病院 看護部門）

予算
- 活動レベル＝600,000RVU
- 製造間接費＝2,700,000ドル
- 予算RVU当たりコスト＝4.5ドル

実際
- 活動レベル＝641,331RVU
- 製造間接費＝2,661,523ドル
- 実際RVU当たりコスト＝4.15ドル

看護部門の差異分析の要約

実際コスト	変動予算	予算コスト
実際RVU＝641,331 実際RVU当たりコスト＝4.15ドル	実際RVU＝641,331 予算RVU当たりコスト＝4.5ドル	予算RVU＝600,000 予算RVU当たりコスト＝4.5ドル
2,661,523ドル	2,885,989ドル	2,700,000ドル

価格差異
224,466ドル（有利差異）

数量差異
185,989ドル（不利差異）

患者差異	37,040ドル（不利差異）	8,231RVU
臨床スタッフ差異	52,308ドル（不利差異）	11,624RVU
経営環境差異	64,238ドル（不利差異）	14,275RVU
効率性差異	32,405ドル（不利差異）	7,201RVU

出所：Udpa（1996, 93）に加筆修正。

設定・運用コストと原価情報のトレードオフ，④ RVU法の見積配賦の4点でまとめられる。

① 資源消費の同質性

　RVU法では，各RVUが一定の比率で同一の資源（セット）を消費することを前提としている。この前提は，「各診療行為の単位原価，単位時間，そして資源消費量が，医療従事者の誰が行っても同じ」という仮定から生じている。それゆえRVU法は，医師別の資源消費量まで考慮した原価情報が提供されないことになる。前述のマーレンの設例では放射線技師が1名であるが，技師が複数名の場合や，患者によっては疾病区分が同一であっても，合併症が生じたなどの要因によって診療サービスに差が生じることも当然に考えられるため，資源消費の同質性は課題として取り上げられることが多い。

　資源消費の同質性を問題視する論者としては，ABC（活動基準原価計算）と比

較している West et al.（1996）や Baker（1998）をあげることができる。例えば，West et al.（1996, 55）は，ABC は各診療行為の資源消費量まで考慮する原価計算方法であり，RVU 法は資源消費量の認識がない点で異なっていると指摘している。Finkler et al.（2007, 78）も RVU の設定に注意が必要であることを指摘している。

　加えて，Baker（1998, 26-27）は，放射線科の RVU 法を用いながら RVU で設定されている標準時間に対する信頼性を問題視しており，活動分析を通じて標準値（標準時間）を測定する際には RVU 法よりも ABC の方が有用であると言及している。

　このように RVU 法において RVU を用いることは，各診療行為の単位時間・単位原価を含む資源消費量が，医療従事者の「誰が行っても同じ」という仮定がなされることを意味する。それゆえ RVU 法は，どの診療部門でも適合するのではなく，RVU 法は一般的に検査室や放射線科のような中央診療部門に適合していると指摘されることが多い（Finkler et al. 2007, 75-76）。これは，元々 RVU が配賦基準ではなく診療報酬算定の基準単位であるため，作業プロセスが比較的安定した診療部門の方が適しているためだと考えられる。

　対象部門が限定されることの対応策の1つとして，RVU を ABC の1つのドライバーとして組み込むことをあげることができる。Berlin and Smith（2004, 219）の事例が該当し，彼らは ABC の活動ドライバーに RVU を割当てることで，計算を簡略化できることと，信頼性のある RVU を配賦基準に用いることの有用性について言及している。彼らが提案するモデルは，診療サービスに直接割当てられる医療資源は ABC を用いて配賦計算を行い，残りの医療資源は RVU を基準に配賦計算を行うことになる。直課できる医療資源は活動基準で配賦するため，すべての医療資源を同質的に消費するという RVU に対する批判をある程度まで回避することができる。

② RVU設定に対する信頼性

　メディケア RBRVS の相対価値尺度となる RVU 自体も問題を抱えている。つまり，メディケアは連邦政府所管であるとはいえ，すべての医者に共通の RVU を設定し，それに信頼性をもたせることは困難な作業になることはいうまでも

ない。そして，RBRVSのRVUは，医師の技術料の支払いに関するものであるため，労働要件だけに基づいたものが多く，病院固有の設備に配慮していない可能性がある（Gottlieb 1989, 17）。

　この点，医療コンサルティングの観点からRVUの採算性分析のプロセスを説明しているReiboldt and Chamblee（2014）も，RVUを配賦基準として用いることは，ある程度は有用性は認めているものの万能ではないと指摘している。例えば，賃借料はRVUよりも占有面積の方が配賦基準として適切である（p.129）。

③ 設定・運用コストと原価情報のトレードオフ

　RVU法も原価計算である以上，その設定・運用コストと原価情報には必然的にトレードオフ問題が発生する。しかし，このトレードオフ問題は，RVU法というよりABCを導入する場合に発生する問題であり，メディケアのような公的機関がRVUを設定している場合には，さほど問題とならない可能性が高い。ただし，そのRVUは病院の経営環境に合わせるように修正を加える必要があり，特にRVUと間接費の対応関係に着手する際は困難な作業となるだろう。

④ RVU法の見積配賦

　最後に補足的であるが，RVU法の見積配賦からも問題点が指摘されている。例として，West et al.（1996）のRVU法の計算モデルがあげられる。彼らは，RVUの設定にあたり診療所の職員が行った見積値を用いている（p.57）。しかし，これはABCの間接費配賦の正確性を示すために，意図的にRVUを見積値に設定したと思われる。この点について，Hankins and Baker（2004, 86）は，West et al.（1996）のモデルではRVU法の本質を示さずにABCと比較している点で誤っていると指摘している。

(3) マネジドケアとの契約交渉とRVU法

　RVU法のもう１つの特徴として，保険者機能が強化される状況下で，マネジドケアなど保険会社との契約交渉にRVU法を用いるべきと説明されているものが多いことがあげられる。例えば，Sides and Roberts（2000, 141）の

RBRVSの紹介では，RBRVSのRVU値がマネジドケアとの契約に欠かせないことを指摘している。

また，Berlin, Budzynski et al.（1997）は，マネジドケアなどの保険会社との契約価格の「最低契約価格」を決定する上で，RVU法が有用であると指摘している。論文では，医師が提供した診療サービスに基づいてRVUが測定され，診療報酬が支払われることに着目して，「人頭払い型保険契約制度（monthly capitation payment）」にRVUを用いることの有用性に触れている。具体的には，CPTコード別に1RVU当たり原価を算定して，その値を基準にして，医師別の契約保険料の配賦計算を行うものである（図表4-15）。こうすれば，患者1人当たりに支払われる診療報酬であっても，医師別に診療報酬を割り当てることができ，医師別の生産性を比較することができる。また，仮にマネジドケアなどの保険会社との契約の採算性がない場合には，①契約保険料の値上交渉をする，②診療コストを抑制する，③対象患者数を減らす，④契約から除外するといった選択肢をあげている（p.74）。病院運営側としては，②〜④は避けたいため，契約交渉を有利に進めるために適切な原価情報を提示する原価計算が求められていることがわかる。

この他，Conrad et al.（1996）では，グループ診療を提供する病院経営者が直面するマネジドケアとの契約交渉において，原価計算システムの有用性について設例を用いながら解説している。例えば，補助部門費の配賦方法には直接配賦法や階梯式配賦法の両方が実務では用いられているが，より厳密で比較的容易に実行できるのは階梯式配賦法であると指摘している（p.62）。そして，RVU法と直接原価計算（direct costing）のハイブリット型モデルを提案している（p.63）。この原価計算方式では，医療材料費は診療サービスに直課しておき，労務費やその他のコストはRVU法で配賦計算を行うことになる。これはABCの活動ドライバーにRVUを比較的多めに設定することの論理と類似している。

RVU法で計測した原価データを用いて，マネジドケアとの契約交渉に臨む際，Conrad et al.（1996）では，契約患者数をベースにして収益性を分析すべきであると指摘している。彼女らの設例では，診療サービスごとのコストと年間契約患者数のデータからコスト合計を計算して，契約患者数を1,000人から

第Ⅰ部
保険者機能強化による病院原価計算の計算原理の精緻化

図表 4-15 CPT コード 1 回当たりコストを用いた月間契約保険料の配賦

CPT コード	処置合計	CPTコード1回当たりコスト	医師A 処置回数	医師A 契約保険料	医師B 処置回数	医師B 契約保険料
99202	10回	53.66ドル／回	2回	107.32ドル	1回	53.66ドル
99203	15回	69.61ドル／回	4回	278.44ドル	6回	417.66ドル
99212	20回	30.72ドル／回	5回	153.60ドル	6回	184.32ドル
99213	12回	42.71ドル／回	2回	85.42ドル	5回	213.55ドル
31575	5回	144.49ドル／回	2回	288.98ドル	1回	144.49ドル
42815	1回	810.78ドル／回	0回	0.00ドル	0回	0.00ドル
42830	4回	206.47ドル／回	2回	412.94ドル	1回	206.47ドル
69436	4回	208.51ドル／回	0回	0.00ドル	1回	208.51ドル
96910	2回	188.99ドル／回	0回	0.00ドル	1回	188.99ドル
69642	2回	1,959.57ドル／回	1回	1,959.57ドル	0回	0.00ドル
				3,286.27ドル		1,617.65ドル

医師C 処置回数	医師C 契約保険料	医師D 処置回数	医師D 契約保険料	総計 処置回数	総計 契約保険料
4回	214.64ドル	3回	160.98ドル	10回	536.60ドル
2回	139.22ドル	3回	208.83ドル	15回	1,044.15ドル
5回	153.60ドル	4回	122.88ドル	20回	614.40ドル
1回	42.71ドル	4回	170.84ドル	12回	512.52ドル
1回	144.49ドル	1回	144.49ドル	5回	722.45ドル
1回	810.78ドル	0回	0.00ドル	1回	810.78ドル
0回	0.00ドル	1回	206.47ドル	4回	825.88ドル
1回	208.51ドル	2回	417.02ドル	4回	834.04ドル
1回	188.99ドル	0回	0.00ドル	2回	377.98ドル
0回	0.00ドル	1回	1,959.57ドル	2回	3,919.14ドル
1,902.94ドル		3,391.08ドル			10,197.94ドル

出所：Berlin, Budzynski et al.（1997, 76）。

2,200 人に増やした場合の潜在的影響額を算定している（図表 4-16）。契約患者数が多くなれば，マネジドケアとの契約保険料の単価を引き上げることができるため，グループ診療のキャパシティとコストの関係から収益性を分析する必要性が生じていることになる。

図表4-16　保険契約に係る潜在的影響額の測定

診療サービス	見積診療コスト	見積診療回数（年間） 患者数1,000人	見積診療回数（年間） 患者1人当たり換算	見積年間コスト 患者数1,000人	見積コスト 患者数2,200人
外来診療	30ドル／回	2,500回	2.5回	75,000ドル	165,000ドル
入院診療	40ドル／回	500回	0.5回	20,000ドル	44,000ドル
注射	15ドル／回	500回	0.5回	7,500ドル	16,500ドル
コスト合計					225,500ドル

契約患者数：2,200人

	金額	患者1人当たり換算
年間契約保険料	264,000ドル	120.0ドル／人
コスト合計	225,500ドル	102.5ドル／人
見積利益額	38,500ドル	17.5ドル／人

出所：Conrad et al.（1996, 64）に加筆修正。

5　終わりに

　本章では，診療行為別原価計算についてRVU法を中心に考察してきた。まず，RVU法には，独自見積に基づくRVU法とRBRVSに基づくRVU法の2種類があることを指摘したものの，両者ともRVUを設定する時点で，医師等が提供する医療サービスが同質的であることを前提としている。そして病院全体を対象にした相対価値尺度（RVU）を用いて原価計算を行うことの意義は，とりわけRBRVSのRVUを用いたRVU法で設定コストを削減できることから確認できた。

　図表4-17は，診療行為別原価計算のRVU法の位置づけを示したものである。RBRVSに基づくRVU法では診療報酬とのリンクがある反面，独自見積に基づくRVU法では病院が独自にRVUを設定するため，診療報酬とのリンクはみられない。しかし，原価測定方法自体は変わらないため，間接費配賦の適合性の程度は同じであるが，RBRVSに基づくRVU法では，既に設定されたRVUを用いるため，設定コストの負担が少なくなっている。

　ゆえに，独自見積に基づくRVU法を実施した場合のRVUの設定コストの大

きさを鑑みれば，CPT コード別原価を計算する RBRVS に基づく RVU 法にシフトしていくことが望ましいといえる（計算合理性の側面）。本章では，これをマーレンの設例を用いて説明したが，RBRVS に基づく RVU 法であっても資源消費の同質性などの問題は依然として残っていることから安易に導入するわけにはいかないだろう。それゆえ，RBRVS の RVU に十分な信頼性をもたせるよう政府の役割が重要となる（図表 4-18）。

　本章では，RVU 法を体系的に分析整理してきたが，独自見積の紹介にとどまる病院原価計算の研究者等は，ABC の議論の布石として RVU 法を位置づけていることが多い。しかし，近年の病院原価計算の論文では，ABC を運用する際にかかるコスト面と人材面に限界が生じていることに触れ，時間主導型 ABC（TDABC）が検証されている。また，TDABC の提唱を受け，フランスでも付加価値単位法（UVA 法）の有用性が再認識されているが，その 2 つの原価計算と RVU 法の関係を見た場合，そこには病院原価計算の導入・運用にかかる時間とコストを抑えるための「計算合理性」の側面を見出すことができる（足立 2012, 103-129）。

　次章では，保険者機能の強化により計算原理を精緻化させてきた病院原価計算を用いた病院経営（特にマネジドケア型の医療保険に従った経営方針）が，保険者機能を再考させ「価値重視の病院経営」に向かっていることを，ハーバード・ビジネス・スクール（HBS）のポーター教授やヘルツリンガー教授の理論を紹介しながら，その重要性を確認することにしたい。

第4章 病院原価計算における原価の同質性の一考察

図表 4-17 診療行為別原価計算における RVU 法の位置づけ

診療行為別原価計算		RCC法	RVU法		ABC
			RBRVS	独自見積	
診療報酬とのリンク		有	有	無	無
計算合理性の側面	設定コスト	小	小 ↑政府負担	大	大
	間接費配賦の適合性	小（〜大） ↑診療報酬基準	中（〜大） ↑RVU基準 （メディケア）	中（〜大） ↑RVU基準 （個々の病院）	中〜大 ↑活動基準
	原価計算対象 （1RVU当たり 原価の計算）	病院全体（1病院）			
		特定の診療科			

出所：筆者作成。

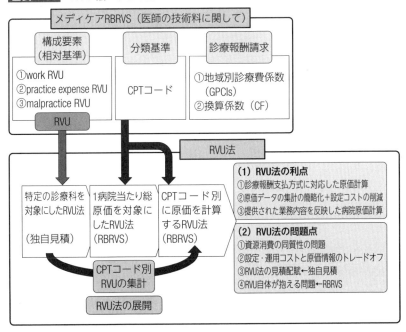

図表 4-18 RVU 法のまとめ図

出所：筆者作成。

補 論

RVU法を等級別原価計算とした場合の考察

　RVU法の基準となるRVUは，前述のようにCPT（疾病分類）コードが軸になっているため，そのコード種類別に原価を集計すれば，患者別や疾病別の原価の集計が可能となる。そのため，RVUを基準にした原価計算であるRVU法は，RVUで対象とされている診療行為などを等級製品に見立てて原価計算を行う等級別原価計算の一種と考えることができる。ここでは，RVU法を等級別原価計算とした場合の位置づけについて考察を加えることにしたい。

　まず，等級別原価計算は，原価計算基準によれば，①全原価要素に一括して等価係数を適用する方法（第1法，総合原価按分法）と，②原価要素別に等価係数を適用する方法（第2法，当期製造費用按分法）に区分される。第1法は，等価係数を用いて完成品原価を等級製品の完成品にのみ按分する方法であり，月末仕掛品原価は等級別に分解されることがない（佐藤 1983, 212）。通常の等級別原価計算の論理であれば，第1法では計算の簡便性に重点が置かれ，第2法は等級製品相互間の差異の正確な把握に重点が置かれていると説明されている（岡本 2000, 350-352）。

　しかしながら，本章で紹介したRVU法の先行研究では，この第1法と第2法の区分で説明が加えられている著書や研究論文は確認できなかった。これは，サービス業特有の事情があると思われる。つまり，病院で提供される医療サービスは，その名の通りサービスであるため，在庫は存在しない。厳密にいえば，年度をまたいで入院している患者や医療材料費などは在庫扱いできるが，医師・看護師が提供する医療サービスは在庫になることはない。この点，小田切（2002）が，「生産と消費の同時性ゆえに次期繰越製品のないサービス企業では，製品原価を算定する必要はなく，すべての原価は，期間原価として扱われる」（p.13）と指摘しているように，病院も医療サービスの在庫が不可能である

以上，期間原価として扱われることになる。

ここで，等級別原価計算の議論に戻り，等級別原価計算の在庫に関する議論について岡本（2000）では，計算の簡便性に重点が置かれている第 1 法であっても，「月初および月末仕掛品が存在しない場合には，当月の製造費用がそのまま完成品の総合原価になるので問題ない」（p.350）と指摘しているように，在庫が存在しなければ第 1 法も第 2 法も各等級製品相互間の差異は変わらないことになる。

ただし，木島（1992）は，「等級別原価計算は第 1 法と第 2 法の区分以外に，原価要素を投入する時点で，一括的あるいは原価要素（群）別に等価係数を適用して等級品別の原価を区分しておき，それぞれ等級品別に単純総合原価計算の手続によって等級完成品原価を算定する方法がある」（p.191）と指摘している。この区分方法は，他の等級別原価計算の議論では確認できなかったが，一括的あるいは原価要素（群）別の等価係数を利用することで，第 1 法や第 2 法と同じ，計算の簡便性と等級製品相互間の差異の正確な把握のどちらに重点を置くのかという議論に落ち着くことになる。

RVU 法が病院で利用される原価計算方法である以上，第 1 法と第 2 法の区分を用いることはできないが，原価要素を投入する時点で等価係数を一括的あるいは原価要素（群）別に設定する区分方法は利用可能である。例えば，前述の RBRVS における構成要素別 RVU を用いた RVU 法と，総 RVU を用いた RVU 法は，当該区分方法に従ったものといえよう。

また，総合原価計算のなかでの等級別原価計算の位置づけとして，計算の簡便性に焦点が当てられることが多い（計算合理性）。そのため，計算の簡便性をもたせるために設定する「等価係数」の主観性が批判されていることも，等級別原価計算の特徴の 1 つである（近藤 1988, 89-90；木島 1992, 191）。こうした等価係数の設定時における主観性に対する批判は，RVU 設定時に病院側がメディケアに要望を提出するという形で意見できる点で，性格を異にしている。しかし，RVU を用いた間接費の各診療部門への割当てに主観性が介入することを批判している論者も存在しているように（Hankins and Baker 2004, 215），主観性の問題は，原価の同質性を捉える際に考慮すべき重要な事項となるだろう。

第 II 部

価値重視の病院経営と時間主導型原価計算の関係性

第Ⅱ部では，保険者機能の強化により原価管理が強調されるなかで，個々の病院が「価値」の概念に基づいた経営（価値重視の病院経営）を行うことで，原価管理と品質管理のバランスの取り方を試行錯誤している背景について明らかにし，価値重視の病院経営とTDABCやRVU法などの時間主導型病院原価計算との関係性について考察を加える。

　第5章では，ポーター＆テイスバーグ（Porter, M. E. and E. O. Teisberg）とヘルツリンガー（Herzlinger, R. E.）の分析を用いながら，医療の様々な利害関係者が独自に価値定義を行い，その価値定義に沿った経営戦略を展開している背景や特徴を整理する。第6章では，価値重視の病院経営を支援する病院原価計算の活用方法を紹介する。とりわけ，2010年にオバマ政権下で成立したヘルスケア改革法（ACA）では，「価値」概念に基づく医療保険の支払い方式が組み込まれていることから，オバマ政権のヘルスケア改革法における「価値ベースの支払い方式（value-based payment）」の特徴と，当該支払い方式に貢献する病院原価計算の位置づけを明らかにする。

　そして第7章では，病院TDABC研究論文を対象に文献レビューを行い，病院TDABCの導入状況をクリニカルパスやキャパシティとの関連で集計した結果を提示する。第8章では，第7章の病院TDABCの文献レビュー結果から考察を加えている。具体的には，病院TDABCの導入時におけるクリニカルパスおよび医師が果たす役割，キャプランなどハーバード大学の支援状況，対象原価，利用目的，診療報酬制度やアウトカム指標との関連性の観点からまとめている。

　第9章では，アメリカ病院原価計算の観点から病院経営を考察する意義を日本に示唆するために，医療・社会保障改革との関連性を示した「価値改善モデル」を提案している。

第5章

価値重視の病院経営の台頭とその意味

第Ⅱ部
価値重視の病院経営と時間主導型原価計算の関係性

1 はじめに

　前章までは，保険者機能の強化を背景とした病院原価計算の計算原理が精緻化されるプロセスを説明するために，診療科別原価計算やRCC法・RVU法・ABCなどの診療行為別原価計算について考察を加えてきた。しかしながら，病院経営の中心的な役割を果たす医師は，単に患者に対し処置を施せばよいのではなく，患者を治療し健康な身体にすることが目的とされなければならない。つまり，診療報酬は提供された「診療行為」に対し支払われているものの，患者は医療サービスを受けた結果として得られる「健康」に対し対価を支払っているのである。

　このように医療業界では，人間の生命や安全を取り扱うため，他の産業以上に公共性・社会性を有することが求められることになるが，病院原価計算は，そうした医療の質的側面をフォローすることが困難な状況に置かれたまま，病院経営に用いられてきた。敷衍すれば，原価と品質のバランスの取り方が医療業界の主要な問題とされているのである。この病院経営における原価と品質を巡る議論は米国でも盛んになされているが，当該議論の背景には医療の利害関係者間で生じる様々な対立関係が存在していると考えられている。例えば，図表5-1は，ロス＆フェンスター（Ross, A. and F. L. Fenster）が指摘する医療業界で生じる対立やテンションを項目別にまとめたものであるが，医師の役割だけをみた場合にも様々なコンフリクトが生じていることがわかる。保険者機能の区分は筆者が加筆したものであるが，医療資源を巡る財源不足が深刻になると保険者機能が強く影響することになる。

　そこで，医療における様々な利害関係者のコンフリクトを解消するために1990年代より議論されているのが，価値重視の病院経営（Value-Based Management：VBM）である[1]。本章では，この価値重視の病院経営が何を意図して導入されてきたのかを明らかにしている。なお，価値重視の病院経営における「価値」の意味は，「医療の質とコストのバランスを考慮するための概念」

---

[1] 価値重視の病院経営と病院原価計算の関係については，足立（2007；2009a；2009c；2012）を参考にされたい。

第5章 価値重視の病院経営の台頭とその意味

図表 5-1 医療業界で生じる対立やテンション

	保険者機能が弱い場合	保険者機能が強い場合
医療資源	患者からの上限のない期待やニーズ ↔	医療資源の有限性
医師の役割	個々の患者に対するカウンセラーとしての役割 ↔	患者集団、地域社会のニーズ、医療保険の運営などを考慮したケアの提供
	可能な限りのケアを提供するという伝統的な考え ↔	有効性の確認が得られたケアだけを提供するという考え
	ケア提供の自主性が大幅に与えられている伝統的な医師の役割 ↔	不要な差異を減少させるためクリニカルパスやガイドラインを通じてケア設計(再設計)に重点を置く「チーム医療」
利害関係者	医師 ↔ 医師以外のスタッフ	専門医 ↔ プライマリケア医	医療関係者の個々の役割 ↔ 医療提供システムの最適な関係

出所:Ross and Fenster (1995, 19) を基に筆者作成。

を意味するため、企業価値(株主価値)とは異なることに留意されたい。

そこで本章では、以下の構成をとっている。第2節では、価値重視の病院経営が必要とされた背景を明らかにする。第3節では、第2節で明らかにした価値重視の病院経営を手がかりに、個々の論者が提案するそれぞれのモデルを取り上げ、その共通点や相違点をまとめることで、価値重視の病院経営の内実を検討していく。第4節では全体を総括する。

2 価値重視の病院経営の登場背景

アメリカで医療システムに弊害が生じ、それが表面化したのは1990年代になってからである。これは、主にHMO型のマネジドケア(民間医療保険)への米国市民の不満を原因としたものであり、マネジドケア・バックラッシュ(大

きな反発）と呼ばれている（伊原 2004, 51-53；伊原・荒木 2004）。例えば，保険料が安く設定されているHMO型のマネジドケアでは，受診へのアクセス制限が高く，①事前の許諾を受けていないことを理由に医療費支払いを拒否するケース，②未だ実験段階の治療，処置あるいは手術，投薬だといって受療を不許可とするケース，③費用の嵩む治療を回避しようとするケースといった問題が生じている（西田 2001, 102-104）。いずれにせよHMO型の医療保険に加入している患者は，こうした医師や病院へのアクセスの制限が厳しいことを嫌って，保険料は高くとも選択肢の広いPPO型やPOS型の医療保険に加入するケースが増えている（伊原 2004, 57-58）。

しかしながら，こうしたマネジドケア・バックラッシュにみられる弊害は，それ自体を問題として捉えるべきではなく，その背景にある「市場原理に基づくアメリカ医療システムのあり方」が引き起こしている可能性も考慮しなければならない。例えば，ポーター＆テイスバーグ（Porter, M. E. and E. O. Teisberg）が，「医療における競争は，誰かが儲けると他の誰かが損をするようなゼロ・サム競争へと引き寄せられている」（Porter and Teisberg 2006, 4；邦訳 5）と指摘しているように，病院を取り巻く経営環境を詳細に検討していく必要がある。

ポーター＆テイスバーグの指摘するゼロ・サム競争という捉え方を手がかりに，本節では，競争原理の側面からアメリカ医療改革の阻害要因について考察していくことにしよう。

(1) ポーター＆テイスバーグのゼロ・サム競争

ポーター＆テイスバーグによれば，1990年代に入るとアメリカ医療システムは，患者の健康状態改善を第一義的に考えず，コストを保険者から被保険者へ，病院から医師へ，そして医師から患者へと安易なたらい回しを繰り返してきたと指摘している（Porter and Teisberg 2004, 66）。彼らは，この状態を「ゼロ・サム競争」と呼んでいる。つまり，アメリカ医療システムは，根本的にコストを低減させる形態ではなく，単にコストを移転させるという状態に置かれていたのである。ここでは，彼らのゼロ・サム競争の特徴を，①コスト移転形態，②価格交渉，③情報公開の側面から説明し，アメリカ医療改革の失敗の原

因がどこにあったのかを整理していくことにしよう。

① コスト移転形態

　第一のゼロ・サム競争の特徴は，医療を巡る利害関係者（病院，保険者，雇用主）が採用することになったコスト移転形態から説明することができる。例えば病院は，1983年のメディケア患者に対するDRG/PPSの導入により，従来に比べて支払われる診療報酬が低くなったために，その損失額を民間医療保険の加入者に負担させて採算性を維持してきた（伊原2004, 15）。次に，マネジドケアにみられる民間医療保険の最も確実で簡単な原価削減方法は，健常者に限定して保険加入を認める行為であるが，これは本来保険会社が負担すべき原価を，保険未加入のまま診察を受ける無保険患者に移転しているだけであった。
　さらに，雇用主である企業は，高額の医療費がかかる従業員を職場復帰させると会社全体の保険料が上がってしまうことを理由に，職場への復帰を拒否する傾向がみられている。例えば，従業員を巡る雇用主とマネジドケアの関係について，アメリカの医療問題に詳しい李啓充氏は以下のように説明している。「雇用主が中小企業の場合には，「免疫抗生剤」などで高額の医療費がかかる人が戻ってくると企業全体の保険料が上がってしまうため，職場への復帰を拒否されることが当たり前となっている」（李2000, 129）。このように，市場原理に基づいて保険契約条件が取り決められると，高額の医療費負担が予想される従業員は会社から排除されてしまう結果となる。こうした病院・保険者・雇用主が採用する短期的な原価削減は，医療システム全体の原価の削減には結びつかず，単に保険会社や雇用主などの仲介者の負担を軽くしているだけなのである（Porter and Teisberg 2004, 67）

② 価格交渉

　次に，ゼロ・サム競争の第二の特徴は，医療関係者が規模を拡大することで強い価格交渉力を得ようとする傾向から説明することができる。例えば，病院間で合併が繰り返されてきた経緯について，ポーター＆テイスバーグは次のような解釈を行っている。「ほとんどの病院は，保険会社との交渉を有利にするために総合病院の形態をとっていて，自院の強みである専門分野をもたない傾向

がある。1996年から2000年までの間に盛んに行われた医療機関のM&Aによって，取り扱う診療サービスの幅が増えたことで品質改善がなされたという証明は皆無である。いわゆる，病院間の水平合併は何の効率性をもたらさないのである」(Porter and Teisberg 2004, 70)。それゆえ彼らは，「医療関係者は規模を拡大するために合併を繰り返しているが，合併から得られる効果性や効率性は全くといっていいほど考慮していない」(p.66)と評価しているのである。つまり，医療機関同士の合併により規模拡大を行い，価格交渉力を強めたとしても，かえって維持・管理コストがかかるようになり，医療費の削減効果はみられなかったのである。加えて，病院側の訴訟行為を恐れた過剰診療も，効果性のない医療サービスの提供と膨大な書類記入につながることから，医療費の増加原因の1つとしてあげられている。

　一方で，規模拡大のメリットを享受できない病院は，保険会社との価格交渉に応じなければならないことになる。実際，メディケアにDRG/PPSが導入されてから，100床以下の中小病院がアメリカ国内に単独で存在するのは困難な状況となっていることから(石川2007, 78)，病院は多大な患者人口を抱える保険会社や企業と契約を行うために大幅な値下げ交渉を行うことで，保険会社のネットワークに加わる戦略を採用することになる(Porter and Teisberg 2004, 68)。しかしながら，病院が患者を増加させるために大幅な値下げ交渉を進めることは，単に収益を病院から保険会社や雇用主に移転させただけである。例えば，保険会社との価格交渉に応じた病院グループは，その保険会社がHMO型の医療保険を取り扱うマネジドケアである場合，そのマネジドケアの意向に従わなければ採算が合わず，診察にかかるコストや時間を削減する努力が求められている。さらに，その病院グループに属している医師は，適正な診療行為が提供できる他の病院グループの専門医を認識していた場合でも，当該医師を紹介することに対して保険会社から制限がかけられることを理由に，自分が帰属している病院グループの医師を優先的に紹介するといった事態を引き起こしている(p.69)。

　保険会社による医療サービスを制限する動機に加え，病院間の競争レベルにおいても，「大抵の病院間競争は地域レベルで行われており，地域レベルで行われる病院間の競争は，アメリカ全土における医療のベスト・プラクティスやイ

ノベーションの普及を阻害している」(p.69) とポーター&テイスバーグは指摘している。医療費の地域格差は，年齢や性別，人種，診療行為に影響を与える重症度，診療コストに影響を与える物価の違いでは説明できていないのである。

③ 情報公開

最後に情報公開の側面から，第三のゼロ・サム競争の特徴を説明することができる。一般的に病院の多くは，患者個人の診断・症例データを情報公開していない。そのため，診察履歴とアウトカム指標についての情報はほとんど口コミであるため，情報の信憑性は低く，また，アウトカム指標をどのように測定したのかを医師に納得してもらうには困難を伴う（Porter and Teisberg 2004, 71）。さらに，医学知識をもたない患者は，自らが受ける医療行為の重要な意思決定を医師に委ねるのが通常であり，効果的な診療サービスを受けるべく，積極的に医師に関する情報収集を行う患者は少数である（p.72）。これは，医療改革が間違った方向でなされたとしても，それがなぜ間違っているのか，どこで間違っているのかを把握でき，それを是正する行動を起こすことができる患者が少ないことを意味する。つまり，病院ネットワーク内で診療データを独占していることは，医療改革の阻害要因となりうる，ということである。

以上のポーター&テイスバークの指摘から，アメリカ医療改革の失敗の原因は，医療システムの利害関係者が間違った経営戦略を策定した結果として引き起こされたものであることが理解されよう。ポーター&テイスバーグは競争原理の側面からの分析であったが，同じハーバード大学経営大学院で医療経営を専門としているヘルツリンガー（Herzlinger, R. E.）は，競争原理とは別の視点からアメリカ医療改革の阻害要因を分析している。次項ではヘルツリンガーの考える医療システム改革の困難性について，その実情を明らかにすることにしよう。

(2) アメリカ医療改革の阻害要因

ヘルツリンガーは，ポーター&テイスバーグとは異なり，次の3つの視点からアメリカ医療改革の阻害要因を指摘している。3つの視点とは，顧客の視点，

技術の視点，ビジネスモデルの視点である。各視点から医療改革の阻害要因を指摘した上で，ヘルツリンガーは，次に示す改革の方向性を示唆している。つまり，良質で安価な医療を提供できるようにするためには，①病院の「顧客」に相当する患者は，より良い医療サービスを適切に利用したいと考えているため，「顧客」に焦点を当てた医療サービスの提供体制を確立すべきであること（顧客志向改革の必要性），②より良い医療サービスのために新しい医療技術を取り入れるのは勿論，医療過誤を防ぐために情報処理技術なども積極的に利用すべきであること（技術改革の必要性），③医療業界は細分化され規模の経済が働いていない部分があり，規模拡大により適正なビジネスモデルを構築すべきであること（ビジネスモデル改革の必要性）を述べている（Herzlinger 2006, 59）。本項では，彼女が分析するアメリカ医療改革の阻害要因について，それぞれの視点から考察することにしたい。

① 顧客志向改革の阻害要因

　第一の阻害要因としてあげられるのが，顧客志向改革の阻害要因である[2]。この要因は，改革に反対する医療関係者の存在と，改革推進に賛成する医療関係者の不在から説明することができる。

　まず，改革に反対する医療関係者として，既存の医療組織と保険会社があげられる。例えば，既存の医療組織は，ショッピングモールのような場所で医療を提供する計画が出された場合，自らの診療サービスを営利行為と関連させる感覚が生じるため，多くの医師が不快に感じることを予測して顧客志向改革に反対する。また，保険会社も顧客志向改革により診療報酬と直接結びつかない医療サービスが増加して，新たに費用が発生することを恐れて顧客志向改革に反対する。

　次に，顧客志向改革推進に賛成する医療関係者の不在としては，消費者市場の未発達や流通業者（仲買業者）の不足を例にあげることができる。ヘルツリンガーは，顧客志向改革の阻害要因によって事業に失敗した医療システムとして，ヘルス・ストップ（Health Stop）とヘルス・アライズ（Health Allies）を

2）顧客志向改革の阻害要因については，Herzlinger（2006, 61-62）を参照。

紹介している。ヘルス・ストップは、軽症患者を主なターゲットとして、医師・看護師・検査室・X線撮影などの設備を備えたメディカル・センターをショッピングモール内に設けて、一時は1億ドル以上の売り上げを記録した。しかしながら、その後、多数の重症患者を受け入れることになった近隣の医療機関の救急治療室の管理者の反発を受け、さらに、医師への支払が固定給であったため、待ち時間改善など患者満足に対するインセンティブが欠如してしまい、最終的には経営不振に陥っている（Herzlinger 1997, 36-39；邦訳47-51）。また、ヘルス・アライズは、顧客マーケティングと流通機構の欠如により経営不振に陥っている（Herzlinger 2006, 62）。加えて、ヘルツリンガーは、医学知識をもつ投資家が不足していることも、顧客志向改革を推進する医療関連ベンチャー企業の資金獲得を困難にさせるため、顧客志向改革の阻害要因となると指摘している。

このように医療システムは、他の業種に比べ営利化することに抵抗感が強く、また営利化を推進する関係者も不足していると考えられる。その結果、顧客志向改革が阻害されているのである。

② 技術改革の阻害要因

第二の医療システム改革の阻害要因として、技術改革の阻害要因を取り上げることにしよう。ヘルツリンガーは技術改革の阻害要因を、政府規制、保険会社、医師、および技術改革それ自体の4つの側面から指摘している[3]。

第一に、技術改革の阻害要因として政府規制があげられる。つまり、政府規制は、要求事項を満たしているかではなく、費用対効果の観点から保険会社に圧力をかける場合もあるため、阻害要因として考えられる。第二に、保険会社は自社の影響範囲内の費用分析しか行わないため、新しい医療技術によりコストがどの程度増減するのかだけに着目する傾向がある。それゆえ、労働時間短縮、在院日数短縮、および原価削減を可能にする技術も、保険会社にとって阻害要因となりうる。第三に、医師、特に伝統的な治療方法を続けている医師も技術改革の阻害要因となる。これは、新しい医療技術の開発は、今まで自分の

---

3) 技術改革についての阻害要因については、Herzlinger（2006, 62-63）を参照。

行ってきた医療行為を不要なものとさせるため抵抗を受けやすいからである。第四に，技術改革それ自体も，技術改革の阻害要因に含まれる。これは，効果的・効率的な医療サービスが提供可能な技術改革が発案されたとしても，規格などが他社製品に適合していなければ病院や保険会社から選ばれなくなる可能性も否定できないことから説明できる。

このようにヘルツリンガーによれば，技術改革が阻害要因になりうるのは，各利害関係者が自己の利益を優先していることに集約され，「患者の視点」や医療財源の有限性を考慮していないことが原因と考えられる。

③ ビジネスモデル改革の阻害要因

最後に，ビジネスモデル改革の阻害要因の観点から，医療改革の困難性を考察していきたい。ヘルツリンガーは，ビジネスモデル改革の阻害要因を「医療サービスの統合面」から分析している[4]。

医療サービスの統合面とは，特殊な疾病に関する治療方法の統合を図るなど，いわゆる「診療プロトコル（実施計画書）」の作成を意味する。診療プロトコルの作成にみられる医療サービスの統合は，品質改善や原価削減に結びつく一方で，ビジネスモデル改革によって競争にさらされる地方の病院や医師，他の医療関係者からの抵抗を受けやすい。例えば，デューク医療センター（Duke Medical Center）が導入した鬱血性の心機能不全プログラムは，治療にかかる平均コストを約40％減らし，患者アウトカムも改善させたものの，当該診療プログラムが診療報酬の支払い対象にならない理由で保険会社から圧力をかけられている。つまり，特定の診療行為に絞り込んで医療サービスを提供することは確かに効果的であるが，特定の診療行為に絞り込む行為そのものに対しても阻害要因が存在するのである。

以上，ヘルツリンガーが分析した医療改革の阻害要因について，顧客志向，技術，そしてビジネスモデルの3つの視点を紹介してきた。その結果，医療業界は他業種と比べ複雑かつ利害関係者が絡み合って構成されているため，医療

---

4) ビジネスモデル改革の阻害要因については，Herzlinger（2006, 63-64）を参照。

第5章 価値重視の病院経営の台頭とその意味

図表5-2 イノベーションを引き出す6要素

要素	特徴
①利害関係者	イノベーションの機会を活かす友好的なプレーヤーと認識する
②資金調達	他業種と比べて,医療産業の収益獲得プロセスは長期的であり,資金調達プロセスが複雑かつ専門的であることを受け入れる
③政策	医師や病院が不適切(不正)な問題を引き起こし,その結果,甚大な人的被害をもたらす可能性を考慮した上で規制をかける
④技術	治療の進歩や,診療サービスの効率性や利便性を高めるイノベーションの基盤になると認識する
⑤顧客	患者という受け身の表現ではなく,「顧客」という表現を用いるべき
⑥説明責任	顧客ニーズとコスト意識の高い保険者からの要求は,革新的な医療サービスの安全性や効果性を高め,コスト競争力も高めると認識する

出所:Herzlinger (2006, 61) に加筆修正。

改革の阻害要因が数多く存在していることが明らかにされたと思う。

ヘルツリンガーによれば,各阻害要因を取り除くには図表5-2に示している6要素を認識して,それぞれを病院経営の「強み」に変えることが必要であると述べている。例えば,顧客要素についていえば,「患者」という受け身の表現は用いず,「顧客」という用語を使用した方がイノベーションを引き出しやすい。また,技術要素は,治療面でイノベーションをもたらすものは,最終的に診療サービス提供の効率性・利便性を高める可能性があることを認識することが重要となる。

さて,ここまでポーター&テイスバーグのゼロ・サム競争論と,ヘルツリンガーの3つの視点を紹介することで,医療改革の阻害要因について考察を加えてきた。ポーター&テイスバーグのゼロ・サム競争論では,原価の移転形態や,病院の規模拡大や保険会社との価格交渉を例にしながら,患者を巡る医療システムの競争が間違った方向に進んでいることを説明した。また,ヘルツリンガーは,医療システムの改革を阻害する要因を,顧客,技術,ビジネスモデルの3つの視点から分析している。両者に共通していることは,アメリカの医療システムは,「患者の視点」が欠如した状態で,保険者機能のコスト面を重視して,医療システムの改革を進めてきたことを問題視している点である。

このように複雑に利害関係者が絡み合った病院組織は,前述のように1983

年以降，保険者機能が強化され，費用対効果を重視する経営を進めるうちに対立関係が表面化していった。次項では，「病院組織」からみた利害関係者の影響力の変遷について考察を加えることにしたい。

（3）病院の組織変化に対する影響力の変遷

　アメリカの病院経営を歴史的に辿ると，上述のように医療を巡る利害関係者の対立関係が表面化していることがわかる。ここで，この対立関係を整理するために，ウエスト（West, T. D.）のモデルを用いることにしたい。ウエストは病院経営環境の変化を分析する以前，他の研究者とともにRCC法，RVU法，そしてABCの病院原価計算で比較研究を行っていた（West et al. 1996）。その後，彼は病院組織からみた利害関係者の関係を考察した上で，ABCを利用した資源消費型損益計算書を提案している（West 1998a, 101）。本項では，ウエストの組織変化マトリックス表を用いて，利害関係者の観点から病院経営環境の変遷をみていくことにしよう。

　図表5-3を説明すると，まず，病院経営者の組織変化への影響力が低い病院組織では，医師の影響力が高ければ「品質管理重視の組織（Quality-focused organization）」となり，医師の影響力が低ければ「現状組織（Existence-focused organization）」となる。品質管理重視の組織とは，医師が中心となって組織変化を進めていくため，診療プロセス改善を重視し，品質改善を進めていけば結果としてコスト削減につながると仮定した組織である。一方で，現状組織は，組織変化に消極的な組織が想定されている。現状組織の病院経営者は，組織変化に必要な財源が不足していることを認識しており，資源制約が長期的な病院経営を危うくすることも理解している。

　次に，病院経営者の組織変化に対する影響力が高く，医師の組織変化に対する影響力が低い組織は，「原価管理重視の組織（Cost-focused organization）」となる。この病院組織は，臨床上の意義について適切な解釈がなされずに経営上の意思決定が行われてしまうことが多い組織であり，コスト削減や財務報告に重点を置いている。

　最後に，医師と病院経営者の両方が組織変化に対して影響力が高い組織は，「アウトカム重視の組織（Outcomes-focused organization）」となる。この病院

第5章 価値重視の病院経営の台頭とその意味

図表 5-3 病院の組織変化マトリックス表

		医師の組織変化に対する影響力	
		低い	高い
病院経営者の組織変化に対する影響力	高い	**原価管理重視の組織** ● コスト削減，財務報告，メディケア原価報告書を重視 ● 診療行為の効果について直接的な理解がなされずにコスト削減が行われる	**アウトカム重視の組織** ● ケアの効率性（原価）と効果性（品質）を重視 ● 院内プロジェクトの診療プログラムにおいてスタッフが協力的に取り組む
	低い	**現状組織** ● その日暮らしの病院経営 ● 病院経営者は，資源制約が長期的な病院経営を危うくすることは理解している	**品質管理重視の組織** ● 診療プロセス改善を重視 ● 「品質改善は最終的にコスト削減につながる」と仮定している

出所：West（1998b, 49）．

組織は，診療行為の効率性と効果性の両面を重視し，患者を中心に捉える組織である。このアウトカム重視の組織における医師と病院経営者の行動原理について，ウエストは次のように述べている。つまり，「医師と病院経営者の提携関係において，両専門グループは原価管理やアウトカム改善に焦点を当てる。まず医師は，最善のアウトカムが達成できるような診療行為についてのコンセンサスを得なければならない。また病院経営者は，診療プロセス変更が（手術材料のような）短期的なものと（合併症による再入院のような）長期的なものの両方の側面から原価に与える影響を示さなければならない」（West 1998b, 53）。要するに，アウトカム重視の組織では，医師と病院経営者は互いに協力し合い，原価管理と品質改善において「患者」に焦点を当てた行動を起す組織が想定されている。

以上が病院組織変化マトリックス表の説明であるが，これをいま病院経営の歴史に当てはめてみよう。すると，1983年以前の病院経営は，出来高払い型の医療保険が適用されていたため，医師の裁量権が尊重されており，病院経営者の組織変化に対する影響力が低かったといえる。ゆえに1983年以前の病院経営は，現状組織もしくは品質管理重視の組織のどちらかに該当する。診療プ

ロセス改善に積極的に取り組んでいる病院であれば品質管理重視の組織になり，そうでなければ現状組織となる。そこで本書では，現状組織と品質管理重視の組織を「品質管理重視の病院経営」と1つにまとめて定義することにしたい。

それが1983年のメディケアの診断群分類別包括支払い制度（DRG/PPS）の導入を契機に，多くの病院で病院経営者の組織変化に対する影響力が強まると同時に，医師の組織変化に対する影響力が相対的に低くなっている。これを病院組織の観点から考えると，病院経営者の組織変化に対する影響力が高い「原価管理重視の組織」が当てはまる。

最後に「アウトカム重視の組織」が残っているが，この病院組織は相対的に低くなった医師の組織変化に対する影響力を引き上げる組織に他ならない。つまり，当該組織は，医師がコスト・ベネフィットの関係から診療行為を判断するようにマネジドケアなどの保険者から圧力をかけられている，といった原価管理重視の組織が抱える問題点を解決することが念頭に置かれていると考えられる。ゆえに，アウトカム重視の組織は，医師と病院経営者の組織変化への影響力がともに強く，両者が協力関係にある点において従来の病院経営とは異なっている。そして，ウエストが「組織変化が完了すると，病院は品質改善と原価削減の両面から圧力を受ける」（West 1998b, 54）と指摘していることから判断すれば，アウトカム重視の組織は病院組織の最終目標であると捉えることができる。

ちなみに，ウエストは組織変化マトリックス表を用いて病院経営の歴史的展開に当てはめることはしていない。その代わり，マトリックス表を用いて自院がどの病院組織に当てはまるのかを理解することで組織変化を正しく評価することができ，必要であれば組織変化を改善する計画を展開することができると言及している（West 1998b, 48）。

以上，病院経営の歴史を利害関係者の観点から中心に整理してきたが，次の2点が明らかにされる。まず，従来の病院経営は，原価管理重視か品質管理重視のどちらかの病院経営に偏向していたということである。次に，1990年代以降の病院経営では，医師と病院経営者の協力関係や，患者中心の医療が要求されていることである。これらの中心には，原価と品質のバランスをどのよう

にとればよいのかという課題があるが，そのバランスの取り方は複雑で困難なものとなっている。当該状況下の解決策について多くの議論があるが，そこには注目すべき1つの考え方，そして，それを表現するコンセプトが生み出されている。それが「価値（Value）」というコンセプトである。

ただ，「価値」概念は，病院経営にコスト意識を浸透させたマネジドケアにおいても概念上，既に存在していた。すなわち，マネジドケアは，医師や病院といった医療提供者側に偏在していた医療情報やケア提供に関する権限の一部を保険者にシフトさせ，医療費抑制や医療の質の管理のイニシアティブを保険者に与えるという考え方ないし概念を規定しており（広井1999, 7），それは医療の質とコストをバランスにかける「価値」を考慮した基本概念であった。しかしながら，「1990年代になってからマネジドケアが急速に普及したものの，その医療費抑制効果は一時的であり，医療の質の改善も認められなかった」(Oberlander 2002, 167)。ゆえに，医療の質とコストが逆相関にならないようなマネジメントシステムが急務となっており，それに向かって現在でもなお議論が続けられているのである。

本章では，この「価値」概念に従った病院経営（価値重視の病院経営）をいま「原価と品質を巡る（保険者，医師，患者間の）利害の対立関係を解消（緩和）させるためのメカニズム」と定義した上で議論を進めていくことにしたい（図表5-4）。次節では価値重視の病院経営の先行研究をいくつか取り上げ，その特色をまとめてから，その意図するところを明らかにしてみたい。

図表 5-4　価値重視の病院経営のイメージ図

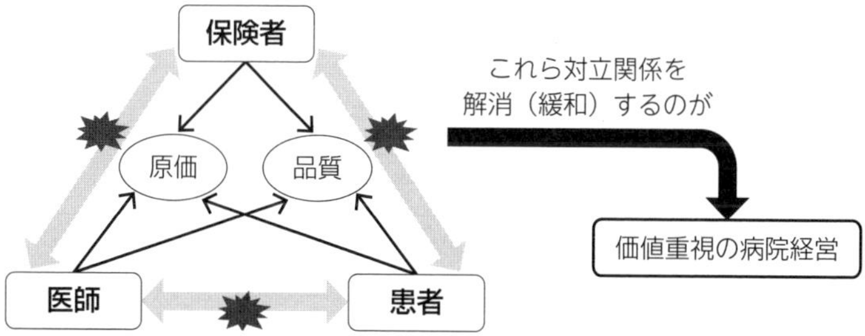

出所：筆者作成。

第Ⅱ部
価値重視の病院経営と時間主導型原価計算の関係性

3 価値重視の病院経営の例示

　本節では，第2節で定義した「価値重視の病院経営」を受けて，その具体的なケースとして，Ross and Fenster（1995），Michelman et al.（1999），Young et al.（2001），Benson et al.（2003），Porter and Teisberg（2004）と年代順に紹介することにしたい。なお，オバマ政権下で施行された2010年のヘルスケア改革法（ACA）以降，医療マネジメントの学術雑誌を中心に病院「価値」が多くの論文で議論されるようになっている。これは診療報酬の支払い方式として「価値ベースの支払方式（value-based payment）」が採用されているなどの理由が考えられるが，本節ではヘルスケア改革法以前の病院「価値」の論点をまとめることで，その本質を明らかにしていく。

（1）Ross and Fenster（1995）の価値改善モデル

　ロス＆フェンスター（Ross, A. and F. L. Fenster）は比較的早い時期から，病院「価値」について考察を加えた研究者である。彼らは，クリントン政権下での国民皆保険に向けた制度改革の失敗などを例にあげて，1990年代前半までの医療制度改革の不備を指摘した上で，その解決策として，病院経営において必要不可欠な要素を組み合わせた「価値改善モデル」を提案している。彼らは価値を，

$$価値 = 診療サービスの適切性 \times \frac{（アウトカムの品質 + 診療サービス）}{原価}$$

と定義している（Ross and Fenster 1995, 3）。この価値方程式は，具体的に数値を当てはめるためのものではなく，価値がどのようなものから構成されるのかを示したものであり，ワシントン州のバージニア・メイソン医療センターで実際に展開されているものである。そして，その特徴は次の2点に集約することができる。

　1点目は，価値は原価のみで構成されるのではなく，アウトカムの品質や提

第5章 価値重視の病院経営の台頭とその意味

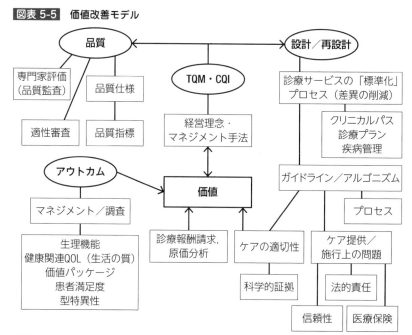

図表 5-5 価値改善モデル

出所：Ross and Fenster (1995, 12).

供された診療サービスといった要素も含まれているということである。つまり，原価を強制的に抑制し，その結果，アウトカムの品質や診療サービスが低下するのであれば，価値低下につながる可能性もあるということである。2点目は，診療サービスの適切性が乗数項目になっていることである。これは，アウトカムの品質や診療サービスが改善されコスト削減がなされても，提供される診療サービスが不適切であれば，価値はないも同然であるからである。

このようにロス&フェンスターは，価値方程式を定義して，価値を構成する要素間の関係を「価値改善モデル」のなかで位置づけている（図表 5-5）。そして，ロス&フェンスターの価値の構成要素のなかで最も重視されているのは，総合的品質管理（Total Quality Management：TQM）と継続的品質改善（Continuous Quality Improvement：CQI）である。彼らによれば，TQM・CQIを実施する医療機関はデータ主導型組織を目指すべきと提案している。データ主導型組織は，測定されたアウトプットを適切に解釈して診療プロセスやアウ

トカムを理解し，また，患者中心の医療がなされる組織を意味している。つまり，医療業界の錯綜した状況下で病院が生き残るためには，正確な情報データに基づいた経営を行わなければならないということがロス＆フェンスターの提案といえよう。

(2) Michelman et al. (1999) の水平情報システム

　価値ベースのマネジメントの2つ目のモデルとして，マイケルマンら（Michelman, J. E. et al.）のモデルをあげることにしたい。マイケルマンらは，予算の一律削減，昇給凍結，それに人員削減といった従来の病院経営方針は長期的な解決策にならないとして，患者や保険者に関連させた顧客志向の病院経営を行う必要があると問題提起している。そこで彼らは，病院の長期運営を可能にするための価値測定モデルとして「水平情報システム（horizontal information system）」を紹介している（第6章参照）。

　この水平情報システムは，Hope and Hope（1996）の付加価値モデルを医療現場に応用させたものである。そして，付加価値モデルは活動基準管理（Activity-Based Management：ABM）を参考に考案したものであり，病院全体の活動から，顧客満足に関連しない活動と品質の低い活動を認識し，それに原価を割り当てることで非付加価値コストを算定している（p.50）。そして，非付加価値コストに関連した活動が削減されれば，その分だけ付加価値活動に向けられることになる。つまり，原価削減が顧客満足にどのような影響を与えるのかを事前に測定しておけば，結果としてすべての活動が価値につながることになるとマイケルマンらは捉えているのである。

(3) Young et al. (2001) の価値ベースのパートナーシップ

　価値ベースのマネジメントの3つ目のモデルは，ヤンら（Young, D. W. et al.）のモデルをあげることにしたい。彼らは，医療システムを従来のコスト・ベースの競争から，利害関係者の相互関係を考慮した「価値ベースのパートナーシップ（value-based partnership）」にシフトすべきであると指摘している。これは，従来のコスト・ベースの競争では，患者アウトカムのバリエーションの多さや，その測定の困難性に直面して，雇用主が医療に係るコスト面だけに着

目していることを問題視していることが背景にある（p.113）。確かに，医療保険の掛け金や自己負担金・免責額，医師へ支払われる報酬など，保険契約に係る金額だけを考慮すると測定が容易であるが，それだけだと利害関係者を取り巻く様々な潜在的な要素を軽視する可能性がある。

そこで，ヤンらは雇用主・顧客（患者）・医師・医療保険といった利害関係者別に価値を定義して，それぞれの価値がリンクするような医療システム（value-based system）を構築すべきと指摘している。彼らの価値方程式の特徴としては，品質やアウトカム指標の改善を評価するための「中間便益」を設定しておき，中間便益が達成できた後に最終的な目標便益の達成が測定されるように，評価プロセスが2段階になっていることがあげられる（図表5-6）。例えば，雇用者にとっての最終便益は生産性の向上であるが，中間便益には従業員の健康

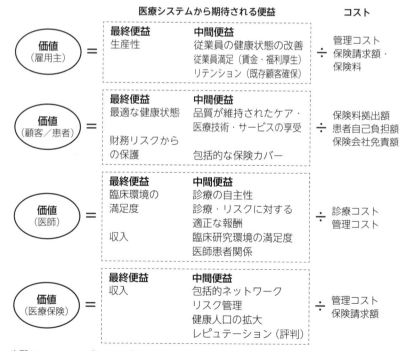

図表 5-6　利害関係者別の価値方程式

出所：Young et al.（2001, 117）．

第Ⅱ部 価値重視の病院経営と時間主導型原価計算の関係性

図表 5-7 コスト・ベースから価値ベースの医療システムへの移行

	コスト・ベースの医療システム	価値ベースの医療システム
雇用主 →従業員（患者）	医療保険のカバーに関して，財務面からサポートする	最善の患者アウトカムが実現可能な診療プログラム（または医師）へのアクセスを最適料金で許容する
医療保険 →雇用主	保険請求額の削減方法や，保険の管理コストの削減方法を紹介する	信頼のおける医師ネットワークや，健康状態の改善に結び付く診療プログラム群へのアクセスが可能となり，従業員の満足度と生産性の向上をもたらす
医療保険 →医師	報酬支払額の値下げと引き換えに，紹介患者を増やす	管理プロセスのスリム化や，治療プロセスの改善につながるデータを供給する
医師 →医療保険	報酬支払額の値下げを承認する	従業員の健康状態を改善させ，生産性を向上させる診療プログラムの開発に協力して，当該プログラムの有用性を証明する

出所：Young et al.（2001, 124）．

状態の改善や満足度の向上が想定されている。

　また，利害関係者間の相互関係を見直すことも価値改善に結びつくことになる。例えば，医師と医療保険の関係性を対象にした場合，コスト・ベースの医療システムでは，保険契約を行っている患者のディスカウントに関連した事項のみを取り扱うことになってしまう。一方で，価値ベースの医療システムでは，医師側は，治療の質を向上させ，結果，生産性を向上させる診療プロセスの開発のために医療保険に協力を働きかけ，医療保険側は，こうした診療プロセス改善に結びつくデータを医師に提示するようになる（図表 5-7）。

　ヤンは，こうした価値ベースの医療システムへの移行を示した上で，2003年に ABC を含めた病院管理会計の著書を公刊していることから（Young 2003），原価計算自体の有用性は否定していないといえる。

（4）Benson et al.（2003）の価値の三者関係

　価値重視の病院経営の4つ目のモデルとして，ベンソンら（Benson, K. J. et al.）のモデルを紹介したい。彼らは，医療費が断続的に上昇するアメリカ医療財政を鑑みて，不足している医療資源を効果的かつ効率的に利用できるように，

第5章 価値重視の病院経営の台頭とその意味

図表 5-8　価値定義の構成要素

	定義	例
原価	診療サービスに関連した資源額	測定可能な財務資源，人的資源，または経済的資源
品質	ケア提供の改善や患者健康を向上させる診療サービス（に関する活動）に直接関連する性質	患者健康の向上，地域コミュニティの子供を対象にした予防接種
真価（worth）	ケア提供時に測定できない要素であり，診療サービスと直接的な関連性を有さないもの	信頼関係の構築，医師のキャパシティに関する豊富な情報量など

出所：Benson et al.（2003, 24）に加筆修正。

　医療の需要側と供給側の両方が，病院「価値」に着目してきた状況を整理している。具体的には，医療業界を巡る価値がどのようなものから構成されるかを，上述のロス＆フェンスターやマイケルマンらなどの先行研究を整理した上で，最終的に病院「価値」は，原価，品質，および「worth」の3つから構成されると結論づけている（図表5-8）。ベンソンらの論文の特徴は，「worth」という要素に着目している点にある。

　「worth」について，ベンソンらは次のように述べている。「worthという要素は，医療分野で価値（value）を考えるときに使われる原価・品質分析の重要な追加要素である。worthは，保険者・医師・患者の3者に自らの利益や品質改善に直結するわけではない相互関係に目を向けさせるものである」（p.26）。つまり，彼らのいう「worth」とは利害関係者の相互関係に着目することを意味している。

　ここで，國部克彦教授（神戸大学大学院）のvalueとworthの関連性についての説明を紹介しておきたい。國部教授によれば，worthは測定が困難な抽象的な概念であり，何らかの評価プロセスによってvalueとして明示化する関係性を説明している。そこでvalueの有力な評価プロセスとして会計計算が用いられることになる。「したがって，会計によって算出されるvalueは，単なる実態の写像ではなくて，特定の測定方法をもつ計算プロセスによって変換された結果に過ぎず，変換方法が違えば当然valueは異なることになる」（國部 2017, 102-103）のである。

第Ⅱ部
価値重視の病院経営と時間主導型原価計算の関係性

図表 5-9 価値の三者関係(the Value Triad)における価値測定

価値受取＼価値提供	保険者	医師	患者
保険者	―	●(在院日数削減や職場復帰の適時性といった項目の)効率性や品質について測定可能なデータの提供	●院内データと人的資源情報がリンクできるように協力する
医師	●迅速な償還 ●紹介状や処方箋などの制約条件を許容範囲内に納める ●健康促進活動を主催	―	●医療関連情報の条項に対する誠実性 ●治療計画のコンプライアンスに関するデータの提供
患者	●予防医学の推進 ●必要性のある審査 ●法外な自己負担回避	●診療サービスの適切性の保証 ●診療サービスの利便性の保証 ●専門的な診療サービスの提供	―

出所：Benson et al.（2003, 26）．

このようにvalueは最初に定義してしまうと，その後は当該価値に基づいた戦略的意思決定が行われてしまうため，特定の利害関係者を対象にした価値定義を行うわけにはいかない。そこで，ベンソンらが紹介しているような利害関係者別の相互関係を整理することには意義があるといえよう。valueとworthの関連性を整理した國部教授によれば，両者の意味合いは異なるものの，どちらも「価値」と訳することになるため，valueを「価値」，worthを「真価」と区分している。本書でも，この翻訳を採用することにしたい。

当然，ベンソンらが重視しているのは「真価（worth）」の追求である。彼らの「真価」と「品質」の違いについて説明すると，「品質」は，品質が高い診療サービスを提供するために優れた医師を雇用して，最先端技術を用いることであるのに対して，「真価」とは，適時適切な方法で，快適な診療サービスが提供されることにある。すなわち，「真価」とは，測定が困難で，提供された診療サービスと直接的な関連性をもたない要素が当てはまることになる。それゆえ，地域の医師や雇用主である企業，患者との信頼関係の構築などが「真価」の意

味するところとなる。

　「真価」を重視するベンソンらは，各利害関係者の行動指針として「価値の三者関係」を示している（図表5-9）。例えば保険者は，迅速な償還（診療報酬の支払い）を行うことや，紹介状および処方箋の制約条件を許容範囲内に納めることで，医師に価値を提供する[5]。一方で医師は，在院日数削減や職場復帰の適時性といった，診療サービスの効率性や医療の質の測定可能なデータを提供することで，保険者に価値を提供することになる。また，患者も医療情報の収集に協力することで，医師や保険者に価値を提供することができる。これら価値の授受は，利害関係者の信頼関係があって初めて成立することになる。

　結論として，ベンソンらの提案したいことは，病院経営には医療や経営に関する各方面の専門家が相互に協力するために信頼関係が構築されなければならないということであり，そしてそのことが価値を生み出すこととまとめることができる。こうした利害関係者間の相互協力を重視する点は，Young et al. (2001) と類似しているといえよう。

(5) Porter and Teisberg(2004)のポジティブ・サム競争

　最後に，価値重視の病院経営の5つ目のモデルとして前述のポーター＆テイスバーグのそれをあげることにしよう。ポーターらの研究の出発点は，テイスバーグが医療関連企業に対する投資銀行業務を行うベクター・セキュリティーズ・インターナショナルの副社長（1994年当時）であったブラウン氏（Brown, G. B.）との共同研究で，医療システムにおける競争原理に関する3ヵ年調査を行っていたことにある。当時の共同研究では，価値の定義を行わずに医療システムの競争原理の分析を行っていた（Teisberg et al. 1994）。ただし，価値定義は確認できていないものの，①インセンティブ，②保険適用範囲，③情報，④イノベーションの4要素から医療システム改革の必要性を指摘している点は，1994年以降の研究のベースとして引き継がれている。

---

[5] この点，オケーン（O'Kane, M. E. 2006）は，雇用主の視点を「従業員の生産性」に着目させるべきであるとして，次のように説明している。「医療保険の購入者（Purchasers）は，高品質の診療行為が価値に結びつくと理解している。なぜならば，従業員の健康状態を維持することにより生産性を向上できるからである」(p.66)。このように，雇用主と従業員の相互利益を考慮することで，雇用主も価値重視の病院経営に貢献できると考えられる。

第Ⅱ部
価値重視の病院経営と時間主導型原価計算の関係性

　その後，ポーター＆テイスバーグが価値定義を行ったのは，2004年の研究発表からである。彼らは，まず価値がどのようなものから構成されているかについて，次のように述べることになった。つまり，「正しい目標は，（原価に対する患者の健康状態の品質の割合である）価値を改善することであり，価値は疾病や診療サービスのレベルに限定して初めて測定可能となる」（Porter and Teisberg 2004, 22）と価値について定義を行っている。

　この価値定義を踏まえて，前述のようにポーター＆テイスバーグは「病院における根本的な誤りは競争形態がゼロ・サム競争になっていることであり，価値を生み出すよりもむしろ価値を奪い合っている」（p.18）と競争形態から病院経営の問題点を指摘し，従来の病院は患者に焦点を当てた経営を行ってこなかったと問題提起している。そこで彼らは，従来の競争形態から「ポジティブ・サム競争」という医療システム全体の原価を下げるような競争を行わせるために利害関係者（保険会社，病院，雇用主，政府等）の競争形態を変化させることを提案している。

　具体的には，疾病や診療行為レベルで病院間競争を行わせるために，病院情報の公表や透明な価格設定などを行うことを提案している。例えば，従来の病院は，様々な診療科を所有する総合病院形態を目指して水平合併を繰り返してきたが，そこでは医療資源の効率的な消費がされておらず，結果として医療システム全体の原価を引き上げることになっている（pp.26-29）。そして，高騰した医療費は連邦政府の財政予算を圧迫させ，結果，患者負担を増加させることになる。そこで，ポーター＆テイスバーグは，各病院に専門性をもたせて役割を明確化し，疾病や診療行為レベルで競争すれば医療資源の効率化が達成されるのではないか，と主張しているのである。

　以上，2010年のヘルスケア改革法（ACA）以前に病院「価値」を巡って議論している先行研究を，少数であるが簡単に紹介してきた。彼らのモデルの傾向として，原価と品質の他に，もう1つの項目を加えていることに特徴がみられる。これが，第2節で定義した「価値重視の病院経営（Value-Based Management）」ということになる。つまり，ロス＆フェンスターのTQM・CQIを用いた価値改善モデル，マイケルマンらの水平情報システム，ヤンらの

価値ベースのパートナーシップ，ベンソンらの価値の三者関係，そしてポーター＆テイスバーグのポジティブ・サム競争は，それぞれアプローチ方法を異にしているとはいえ，「原価と品質を巡る利害の対立関係を解消（緩和）させるためのメカニズム」になっているといえる[6]。つまり，マネジドケア・バックラッシュ（マネジドケアに対する反発）により保険者機能が再考される状況下で，病院は如何にして医療の質を維持しながらコスト削減に取り組むべきかという課題に直面している。その課題に対する解決策の1つとして，「価値重視の病院経営」が提示されているのである。

4 終わりに

　本章の議論は，次の2点に集約できる。まず，「価値重視の病院経営」登場の背景を，ポーター＆テイスバーグとヘルツリンガーの分析を手がかりにして明らかにした。そして，2010年のヘルスケア改革法（ACA）以前の病院「価値」の先行研究を整理して，「原価と品質を巡る（保険者，医師，患者間の）利害の対立関係を解消（緩和）させるためのメカニズム」と定義した「価値重視の病院経営」の内実を明らかにした。

　1983年以後，原価管理志向が強くなった病院経営においては，原価と品質を巡って保険者側と病院側の対立関係が強くなり，結果として患者負担を増大させている。価値重視の病院経営が求められてくるようになったのは，こうした病院経営を取り巻く環境変化が強く影響している。このような流れを受けて，1990年代後半から価値重視の病院経営について議論が行われるようになった。そのうち，本章ではRoss and Fenster（1995），Michelman et al.（1999），Young et al.（2001），Benson et al.（2003），そしてPorter and Teisberg（2004）を紹介した。先行研究から明らかにされたことは，原価と品質の他に，「もう1つの要素」を追加させて価値を定義していることである。つまり，ロス＆フェンスターのTQM・CQIを用いた価値改善モデルの提唱，マ

---

[6] 本章では取り上げなかったが，サリバン（Sullivan, S. 1996）も医療における価値について，「価値とは最小の価格で最大の品質が得られるもの」と定義している（p.58）。

イケルマンらの水平情報システムの導入，ヤンらの価値ベースのパートナーシップ概念の考案，ベンソンらの価値の三者関係の重視，そしてポーター＆ティスバーグのポジティブ・サム競争の実現である。これらは，価値重視の病院経営として定義した「原価と品質を巡る（保険者，医師，患者間の）利害の対立関係を解消（緩和）させるためのメカニズム」に他ならない。

では，こうして台頭した価値重視の病院経営に対して，病院原価計算はどのような位置づけになるのであろうか。次章では，アメリカ病院経営と病院原価計算の関係性について考察を加えていくことにしよう。

第6章

価値重視の病院経営を支援する病院原価計算

第Ⅱ部
価値重視の病院経営と時間主導型原価計算の関係性

1 はじめに

　前章では，医療における様々な利害関係者の対立関係を解消するために1990年代より議論されてきた価値重視の病院経営の実態を明らかにしてきた。米国の病院経営は，戦前からの品質管理重視の病院経営に始まり，1983年のメディケア（高齢者医療保険）を対象にしたDRG/PPS（診断群分類別包括支払い制度）導入や，1980年代後半のマネジドケア（民間医療保険）の規模拡大によって原価管理重視の病院経営にシフトしていった。そして，1990年代後半のマネジドケアへの信頼低下を受けて，病院経営では「価値」概念の議論が進められるようになった。これら病院経営の展開を踏まえて，本章では病院経営と病院原価計算との関係を考察することにしたい。

　本章で取り扱う病院原価計算の種類を確認しておくと，病院原価計算は診療科別原価計算と診療行為別原価計算に大別される。さらに，診療行為別原価計算は，診療報酬基準原価率法（RCC法），相対価値尺度法（RVU法），活動基準原価計算（ABC），時間主導型ABC（TDABC）に細分される。このうちRVU法は，RVUの値を設定する負担面を考慮すると，RVUを個々の病院で算定する独自見積に基づくRVU法ではなく，RBRVSのRVUを用いて原価計算を行う方が妥当であると考えられる。そこで，本章でRVU法を言及する場合は，RBRVSのRVUを用いることを前提としたRVU法として議論を進めることにしたい。ただし，実際の病院経営に合わせる形でRVUの値を適時更新する必要性については留意しておかなければならない。そして，これまで取り扱わなかったTDABCは第3節以降で詳細に取り扱っている。

　本章では，次頁に示した図表6-1を用いて，アメリカ病院経営と病院原価計算の関係性を整理することにしたい。第2節では，従来までの病院経営と病院原価計算との関係を説明し，第3節では価値重視の病院経営と病院原価計算の関係について説明する。そして第4節で，2010年に施行されたヘルスケア改革法（ACA）と病院原価計算の関連性をまとめ，第5節で議論を総括する。

第6章 価値重視の病院経営を支援する病院原価計算

図表 6-1 アメリカ病院経営と病院原価計算の関係

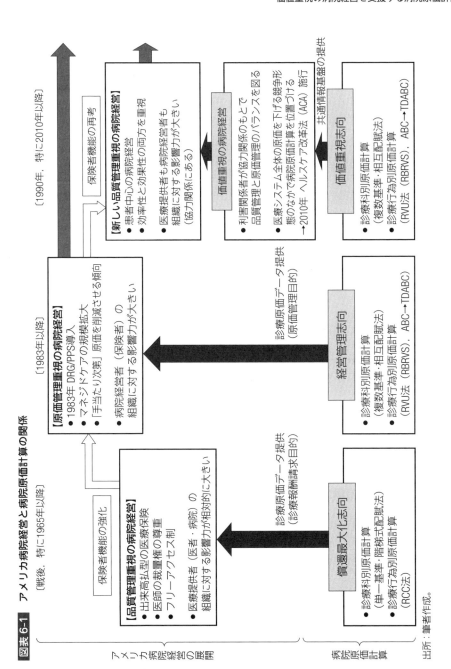

出所：筆者作成。

2 1990年代までの病院経営と病院原価計算

　アメリカ病院経営は，戦前からの品質管理重視の病院経営に始まり，1983年のメディケアを対象にしたDRG/PPSの導入や1980年代後半のマネジドケアの規模拡大によって原価管理重視の病院経営にシフトしていった。本節では，これら病院経営における病院原価計算について考察を加えることにしたい。

(1) 品質管理重視の病院経営で用いられる病院原価計算

　まず，診療報酬が出来高払い方式であった伝統的な病院経営では，提供した診療行為に対して支払われる診療報酬を最大化させるような経営戦略（償還最大化志向）をもつことになる。つまり，ここで用いられる病院原価計算は，医師の治療行為に制限をかけるような原価計算は望ましくないと考えられる。

　ゆえに病院原価計算は，原価計算の導入・運用コストを抑えるように計算合理性の側面だけを考慮すればよく，診療科別原価計算であれば単一基準・階梯式配賦法が採用され，診療行為別原価計算であればRCC法が選択されるようになる。とりわけRCC法は，基本的にコストに見合うだけの診療報酬が支払われると仮定しているため，診療報酬を軸に病院経営を考える品質管理重視の病院経営に適合する。ゆえに，病院原価計算は個別の資源消費量まで把握する必要性はなく，RVU法やABCといった診療行為別原価計算は導入・運用コスト面から当該病院経営になじむ手法とはいえない。

(2) 原価管理重視の病院経営で用いられる病院原価計算

　1983年以降，病院経営は原価管理を重視した経営方針を採用するようになる。原価管理を重視する病院経営では，マネジドケアとの契約交渉を有利に進めようとする病院や，コスト・ベネフィットの観点から医師や診療サービスを評価する病院が想定されている。すなわち，当該病院経営で用いられる病院原価計算は経営管理志向が強くなり，疾病別や患者別原価の配賦計算を行う際に，資源消費量を適切に反映した原価計算が検討されるようになる。

　ゆえに，診療科別原価計算であれば複数基準・相互配賦法が適用され，診療

行為別原価計算であればABCやRVU法が採用されることになる。これは，従来の単一基準・階梯式配賦法を適用した診療科別原価計算やRCC法では，個々の診療サービスの資源消費量を反映させた原価計算とはいえない可能性が高いためである。なお，この期間区分においても出来高払い型の医療保険に加入している患者を想定した場合には，従来型の病院経営（品質管理重視の病院経営）に沿った原価計算が適合することになる。また，2004年以降もマネジドケアとの契約交渉にあたって，資源消費量を反映させた病院原価計算を必要とする病院が存在していると仮定するとTDABCも選択肢に含まれることになる。

3 価値重視の病院経営で用いられる病院原価計算

　次に，価値重視の病院経営で用いられる病院原価計算について考察を加えることにしよう。1990年代後半から議論され始めた病院経営の特徴は，前章で紹介したウエストの組織変化マトリックス表でいう「アウトカム重視の組織」に該当し，病院経営者と医師が協力関係にあり，これまで以上に診療行為の効率性と効果性を重視して患者中心の病院経営を行うことになる。当該病院経営を前章では，「価値重視の病院経営（Value-Based Management：VBM）」と総称した。価値重視の病院経営は，病院経営者だけでなく，医療提供者である医師や病院の意向も反映したものであるため，原価管理を加味した「新しい」品質管理重視の病院経営として位置づけることができる。

　ここで，第5章で紹介した価値重視の病院経営に関する先行研究を整理してみると，West（1998a；1998b），Ross and Fenster（1995），Michelman et al.（1999）のモデルは，医療費上昇を背景にして，品質改善と原価削減の両面から圧力を受けた個々の病院（ネットワーク）を対象に価値概念を構築する必要性を訴えている。一方で，Porter and Teisberg（2004），Young et al.（2001），Benson et al.（2003）は医療費の高騰も原因と考えているものの，それ自体が根本原因ではなく，医療ビジネスのあり方そのものが間違っているとの見解を示している。つまり，彼らの価値重視の病院経営の対象は，個々の病院を含めた「医療システムそのもの」が対象とされている。

図表 6-2 価値重視の病院経営に関する先行研究

病院価値を議論している先行研究	問題意識	対象
West（1998a；1998b） Ross and Fenster（1995） Michelman et al.（1999）	品質改善とコスト削減の両方を意識した経営を行う必要性	個々の病院 （ネットワーク）
Porter and Teisberg（2004） Young et al.（2001） Benson et al.（2003）	医療システムを巡る競争原理そのものを改革する必要性	医療システム

出所：筆者作成。

　この分類に基づいて，価値重視の病院経営の問題意識や対象を整理すると図表 6-2 のように示すことができる。それぞれの立場から，価値重視の病院経営で用いられる病院原価計算の関係について考察を加えることにしよう。

(1) 価値重視の病院経営と病院原価計算（個別病院対象）

① 個別病院を対象とした価値重視の病院経営の特徴

　個々の病院（ネットワーク）を対象とした価値重視の病院経営は，品質管理と原価管理のバランスを目的として，利害関係者の対立関係を解消するものである。病院原価計算はコスト面でのプロセス変化の影響を提示することにより，医療提供者（主に医師）と病院経営者に患者情報を共有させることが可能となる。つまり，価値重視の病院経営に貢献する病院原価計算は，利害関係者に「共通情報基盤」を提供することが利用目的として考えられる。こうした利用目的で病院原価計算を用いることは，経営管理志向ではなく「価値重視志向」と捉えることができる。病院原価計算を価値重視志向で用いる場合，利害関係者の対立関係を解消する点でいえば，経済合理性は低いが社会的に維持する価値のあるサービスを存続させようとする行動をとる「相互扶助志向」や，採算性の異なる部門間の軋轢を和らげようとする「部門間融和志向」も含められると考えられる[1]。

　価値重視の病院経営においても「共通情報基盤」の一部をなすコスト情報は

---
1) 相互扶助志向・部門間融和志向については，荒井（2007, 266-274）を参照。

第6章
価値重視の病院経営を支援する病院原価計算

アウトカム指標と同様に重要であるため，資源消費量を反映させた病院原価計算が求められる。つまり，診療科別原価計算の配賦方法としては複数基準・相互配賦法が採用され，診療行為別原価計算には RVU 法や ABC, TDABC の採用を考えることができる。本項では，価値重視志向で病院原価計算を用いる必要性を論者ごとに説明することにしたい。

まず，ロス＆フェンスターは，TQM（総合的品質管理）と CQI（継続的品質改善）により顧客（患者）志向をもった組織ビジョンを構築する必要性を指摘している（Ross and Fenster 1995, 24）。そして彼らは，顧客志向をもった組織ビジョンを実現するには，多職種で構成される診療チームに医師を介入させる重要性を指摘していることから（pp.12-13），TQM・CQI の導入運用プロセスでコスト情報が提示されることになれば，コスト情報は共通情報基盤として診療チーム内で共有されることになる。

次に，ウエストは「アウトカム重視の組織」の位置づけを示した上で，ABC（活動基準原価計算）を用いた資源消費型損益計算書を提示している。この資源消費型損益計算書は，病院経営者と医療提供者が診療サービスの品質，コスト，アウトカムについて議論する際の共通情報基盤を提供することになる（West 1998a, 101）。

最後に，マイケルマンらは，水平情報システムを用いて顧客（患者）・保険者に関連する付加価値活動を明確化することを説明している。彼らの水平情報システムは ABM をベースにしたものとなっている。

このように個々の病院（ネットワーク）を対象とした価値重視の病院経営で用いられる病院原価計算は，コスト面でのプロセス変化の影響を測定することで，医療提供者と病院経営者の共通情報基盤の構成要素として存在意義が生じているのである。

では，実際にどのような病院原価計算が提案されているのか。ウエストの資源消費型損益計算書と，マイケルマンらの水平情報システムの設例を紹介することで，価値重視の病院経営における病院原価計算の特徴を整理することにしたい。

② 資源消費型損益計算書の活用

ウエストは，病院で作成される損益計算書が，医師や看護師などの臨床スタッフに有益な情報をもたらさないことを問題視して，病院原価計算の導入プロセスの留意事項と，ABCを用いて算定した資源消費量をベースにした損益計算書を紹介している。

製造業のABCと異なり，病院原価計算の導入には4段階のプロセスが必要となる（図表6-3）。つまり，製造業のABCでは，経営資源を個々のサービスに割り当てるために適切な活動ドライバーを選択すればよいが，病院ABCでは，医療資源を個々の診療サービスに割り当てるだけでは患者アウトカムに結びつかない可能性がある。

そこでウエストは，クリニカルパスを用いたプロセスを紹介している。具体的には，個々の診療サービスが最適な診療プロセスを構成しているかどうかについてクリニカルパスを用いて評価すること，そして，採用されたクリニカルパスが患者アウトカムに結びついているかを評価すること，これら2つのプロセスを追加することになる。こうした患者アウトカムに着目した病院運営を実行するためには，医師などの臨床スタッフのコンセンサスを構築しやすい環境

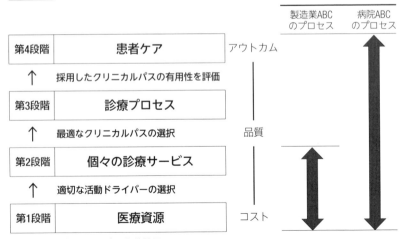

図表6-3　病院原価計算の4段階プロセス

出所：West（1998a, 105）に加筆修正。

づくりと，診療プロセスの標準化を「見える化」する経営管理スタッフの参加が必要になる（West 1998a, 104）。

そして，両者の共通情報基盤となるのが，資源消費型損益計算書である（図表6-4）。当該損益計算書の特徴は，医療資源を患者ケアと管理に区分した上で固変分解していることと，固定費のキャパシティの利用割合を測定していることである（図表6-5）。ウエストによれば，当該損益計算書は活動ごとに変動費が計算されているため，プロセス改善とコスト削減を他施設と比較分析することができ，キャパシティ利用割合の低い固定費はプロセス改善の優先事項となりうるとコメントしている（p.111）。

なお，荒井教授は，価値改善活動としての活動基準管理（ABM）を説明するなかでウエストの資源消費型損益計算書を紹介している。荒井教授によれば，日本における診療プロトコル（実施計画書）の開発活動は，医療材料を中心としたものや，スタッフ配置を変更することによる平均労務単価の低減企画（労務単価企画）が基本となっており，業務活動自体の効率化・スリム化による労務活動量の縮減（労務活動企画）にまで至っていないことを問題視している。そこで，活動に焦点を当てた質・原価統合管理手法である病院ABMが，労務活動企画を促進させる役割を果たす点に着目して，診療プロトコル開発と併用することの重要性を指摘している（荒井 2011, 95-115）。

図表6-4　資源消費型損益計算書

	金額		
診療報酬	100,000,000ドル		
医療資源（変動費）			
患者ケア	34,945,000ドル		
管理	4,195,000ドル		
貢献利益	60,860,000ドル	(60.86%)	
医療資源（固定費）		キャパシティ（利用）	キャパシティ（未利用）
患者ケア	51,555,000ドル	39,455,750ドル	12,099,250ドル
管理	5,505,000ドル	4,681,250ドル	823,750ドル
営業利益	3,800,000ドル	(3.8%)	

出所：West（1998a, 109）に加筆修正。

第Ⅱ部
価値重視の病院経営と時間主導型原価計算の関係性

図表 6-5　医療資源（変動費・固定費）の一覧表

変動費	金額	構成比
患者ケア		
医療材料費	9,450,000ドル	27.04%
看護スタッフ	7,600,000ドル	21.75%
薬剤	4,250,000ドル	12.16%
検査	3,360,000ドル	9.62%
投影	2,100,000ドル	6.01%
医師スタッフ	1,250,000ドル	3.58%
医療機器	1,095,000ドル	3.13%
施設	620,000ドル	1.77%
その他	5,220,000ドル	14.94%
合計	34,945,000ドル	100.00%
管理		
カルテ／情報システム	700,000ドル	16.69%
医療事務／購買	375,000ドル	8.94%
人事／教育	240,000ドル	5.72%
その他	2,880,000ドル	68.65%
合計	4,195,000ドル	100.00%

固定費	キャパシティ 利用	キャパシティ 未利用	合計	キャパシティ 利用割合
患者ケア				
看護スタッフ	25,840,000ドル	4,560,000ドル	30,400,000ドル	85.0%
医療機器	3,412,750ドル	2,792,250ドル	6,205,000ドル	55.0%
施設	2,790,000ドル	2,790,000ドル	5,580,000ドル	50.0%
投影	4,165,000ドル	735,000ドル	4,900,000ドル	85.0%
医師スタッフ	750,000ドル	500,000ドル	1,250,000ドル	60.0%
医療材料費	945,000ドル	105,000ドル	1,050,000ドル	90.0%
検査	588,000ドル	252,000ドル	840,000ドル	70.0%
薬剤	675,000ドル	75,000ドル	750,000ドル	90.0%
その他	290,000ドル	290,000ドル	580,000ドル	50.0%
合計	39,455,750ドル	12,099,250ドル	51,555,000ドル	76.5%
管理				
医療事務／購買	1,806,250ドル	318,750ドル	2,125,000ドル	85.0%
カルテ／情報システム	1,995,000ドル	105,000ドル	2,100,000ドル	95.0%
人事／教育	720,000ドル	240,000ドル	960,000ドル	75.0%
その他	160,000ドル	160,000ドル	320,000ドル	50.0%
合計	4,681,250ドル	823,750ドル	5,505,000ドル	85.0%

出所：West（1998a, 110-111）に加筆修正。

③ 水平情報システムの活用

マイケルマンらは，Hope and Hope（1996）のABMをベースにした水平情報システムを参考に，看護業務活動に応用した設例を紹介している。水平情報システムの特徴は，活動別に集計されたコスト情報を「活動元帳（activity ledger）」に記載し，各活動を患者ニーズ関連性と品質面で分類して，付加価値計算を行っているところにある（図表6-6）。

例えば，患者ケア活動は，患者ニーズとの関連性における非付加価値割合が0％であるため，非付加価値コストは算定されない。一方で，事務処理活動の患者ニーズとの関連性における非付加価値割合は85％であるため，非付加価値コストとして，990ドル×85％＝841ドルが計上されることになる。また，品質面での付加価値の評価基準は，「業務上，初回からミスが発生しなかった場合」には100％で付加価値を評価するようになっている。

そして，患者ニーズ関連性と品質面の非付加価値コストを除いたコストを「付加価値コスト」として集計している。例えば，事務処理活動の付加価値コストは，990ドル－841ドル－99ドル＝50ドルとなる。なお，品質面の非付加価値コストの264ドルは，患者ケア活動は検査報告書の遅延が原因であり（165ドル），事務処理活動はカルテのシステム上のトラブルが原因となっている（99ドル）。

そして活動元帳のコストを，付加価値と2種類の非付加価値に区分した結果，利益を3区分した損益計算書として水平情報システムが作成されることに

図表6-6　看護活動における付加価値業務指標

活動元帳	金額	非付加価値割合 患者ニーズ関連性	非付加価値割合 品質面	非付加価値コスト 患者ニーズ関連性	非付加価値コスト 品質面	付加価値コスト
患者ケア	1,650ドル	0％	10％	0ドル	165ドル	1,485ドル
訓練	330ドル	25％	0％	82ドル	0ドル	248ドル
会議	330ドル	65％	0％	214ドル	0ドル	116ドル
事務処理	990ドル	85％	10％	841ドル	99ドル	50ドル
合計	3,300ドル	34.4％	8.0％	1,137ドル	264ドル	1,899ドル

出所：Michelman et al.（1999, 50）に加筆修正。

図表6-7 非付加価値コスト情報を加味した情報システムの比較

従来の会計情報システム		水平情報システム	
勘定科目	金額	勘定科目	金額
収入	3,000ドル	収入	3,000ドル
費用	3,300ドル	付加価値コスト	1,899ドル
損失	△300ドル	実質利益	1,101ドル
		非付加価値コスト（患者ニーズ関連性）	1,137ドル
		損失（品質関連コスト控除前）	△36ドル
		非付加価値コスト（品質面）	264ドル
		会計上の損失	△300ドル

出所：Michelman et al.（1999, 52）に加筆修正。

なる（図表6-7）。利益を3区分すると，業務改善のポイントが明らかになる。設例では，非付加価値コストのうち「患者ニーズ関連性」に起因するコストの計上額が大きいため，損失を計上している。そこで，活動別に業務活動の見直しを行う必要性や，適切なコスト・ドライバーを再設定する必要性が生じているといえる。

（2）価値重視の病院経営と病院原価計算（医療システム対象）

続いて，医療システムを対象とした価値重視の病院経営に貢献する病院原価計算について，キャプラン＆ポーターの研究を用いて考察を加えてことにしよう。

ポーターは当初，「現在，診療にかかわる多くの医療機関や部門はその役割にのみ集中しがちで，上流や下流のユニットとはほとんど統合されていない」（Porter and Teisberg 2006, 207；邦訳312）として，医療提供の価値連鎖（Care Delivery Value Chain：CDVC）を用いた活動分析の必要性に触れていたものの，病院原価計算についてはほとんど議論に取り上げることはなかった。2009年に発表した論文においても，「価値ベースの医療システム」の実現のために，国民皆保険制度の導入や医療提供システムの再構築について，患者アウトカムの測定や競争形態の観点から問題提起を行っているが，コスト削減の具体策には触れていない（Porter 2009）。

しかしながら2010年頃から，ポーターは病院原価計算の議論も取り上げる

ようになっている（Porter 2010）。これは，医療における価値改善に原価測定は不可欠であることと，そしてハーバード大学の同僚のキャプランの研究に触れてTDABC（時間主導型ABC）の有用性を認識したことが背景として想像できる。では，なぜポーターはTDABCが価値改善に有用であると捉えたのであろうか。競争優位の源泉を分析するのに有用な価値連鎖（バリューチェーン）とTDABCから，価値改善に貢献するフローを整理してみたい。

① 製造業の価値連鎖

ポーターの価値連鎖は，当初は製造業を対象に考案されたものであった。そこで創造される競争優位は，企業が製品を設計し，製造し，マーケティングを行い，流通チャネルに送り出し，各種サービスを行うといった多種多様な活動から生まれてくると捉えられていた。そこで，企業が行うすべての活動とその相互関係を体系的に検討する価値連鎖こそが，その競争優位の源泉を分析するのに必要なものとして提示されていた（Porter 1985, 33；邦訳 45）。つまり企業は，製品の設計，製造，販売，流通，支援サービスに関して行う諸活動の集合体で捉えられ，次頁の図表6-8に示すような価値連鎖の形で描くことができる。

そして，実際に競争優位の診断を行うには，基本的な価値連鎖を定義することから着手して，会社独自の価値活動を定義しなければならない。ただ，活動を細分化しすぎて活動数が膨大になってしまっても，それは適切とはいえないとポーターは補足している。

ポーターによれば，次の特性をもつ活動は，分離して別のものとして扱うべきであると一定の目安を置いている。それは，①経済法則の違う活動，②差別化すれば影響力の大きくなりそうな活動，③全コストに占める割合が大きく，それがさらに増加しそうな活動である。例えば，分解すればするほど競争優位への重要性が際立つ活動は区分しても問題はなく，競争優位に影響を与えない活動や同類の経済法則が支配する活動はひとまとめにしてしまえばよい[2]。

また，図表6-8に示されている各活動は，個々の独立した活動の集合体ではなく，相互に依存した活動のシステムである。すなわち，競争優位というもの

---

2) 価値連鎖における活動の細分化については，Porter（1985, 45；邦訳 58-60）を参照。

図表6-8 価値連鎖の基本形

支援活動	全般管理（インフラストラクチュア）	マージン
	人事・労務管理	
	技術開発	
	調達活動	
購買物流	製造	出荷物流	販売・マーケティング	サービス

主活動

出所：Porter (1985, 37; 邦訳 49)。

は，個々の活動自体からも生まれるが，同時に，活動間の連結からも生まれることが多い。つまり企業は，価値連鎖の連結関係を理解した上で最適化と調整を行い，競争優位を創造することになる（Porter 1985, 48；邦訳 61-62）。この活動間の連結関係を描き出す点に，価値連鎖の有用性を見出すことができる。

② 医療提供の価値連鎖（CDVC）

ポーターによる競争戦略論の考え方を，今度は医療システムに応用した場合について整理することにしよう。ポーターは，医療の価値を向上させる競争へ移行する際に医療提供者が直面する戦略上かつ組織上の課題へ対処するには，CDVC が重要な成功要因として役立つと指摘している[3]。

このCDVCは，製造業の価値連鎖と活動内容が異なっている。これは，ポーターが「診療ユニット（practice unit）」という概念を用いているためである。「診療ユニット」という概念を用いると，疾病ごとに診療サービスが組織され，

---

[3] 他にも，IT の活用やノウハウの開発もあげられているが，中心的役割を果たすのは医療提供の価値連鎖である（Porter and Teisberg 2006, 202；邦訳 306）。

第6章 価値重視の病院経営を支援する病院原価計算

図表 6-9　統合型診療ユニットにおける医療提供の価値連鎖

ノウハウの開発	（診療実績の評価と追跡，スタッフ／医師の研修，技術開発，診察プロセスの改善）				
情報提供	（患者教育，患者へのカウンセリング，治療に先立つ教育プログラム，患者のコンプライアンスに関するカウンセリング）				
患者評価	（検査，画像診断，カルテ管理）				
アクセス	（外来受診，検査受診，入院加療，患者の搬送，訪問看護師，遠隔診療）				
モニタリング／予防 ・病歴 ・検診 ・リスク因子の特定 ・予防プログラム	診断 ・病歴 ・検査項目の特定と準備 ・データの解釈 ・専門家との相談 ・治療計画の決定	準備 ・チームの選択 ・介入前の準備 ・検査前 ・治療前	介入 ・投薬の指示および実施 ・処置の実施 ・カウンセリングセラピーの実施	回復／リハビリ ・入院患者の回復 ・入院患者と外来患者のリハビリ ・治療の微調整 ・退院計画の作成	モニタリング／管理 ・患者の病態のモニタリングおよび管理 ・治療へのコンプライアンスのモニタリング ・生活習慣改善のモニタリング

（医療提供者の利益）
（患者にとっての価値（単位コスト当たりの健康上の実績））

フィードバック・ループ

出所：Porter and Teisberg（2006, 204；邦訳 308）。

治療方法や専門性など医療サービス全体が長期的な視点で医学的に統合されるようになる。そして，患者のケア・サイクル内で提供される医療は密接に連携しつつ，「診療ユニット」専任の医療チームは，治療「価値」が最大化するように治療行為を提供することになる（Porter and Teisberg 2006, 203；邦訳 306-307）。

　図表6-9は，ある疾病をもつ患者を診療する場合の業務プロセスをまとめたCDVCである。CDVCにおける業務は，「診療関連業務」と「付帯的業務」のカテゴリーに大きく分類される。診療関連業務は，モニタリングと予防から始まり，診断，準備，介入（治療行為），リハビリの順で進行し，最後にモニタリングと管理で構成される。付帯的業務は，アクセス・患者評価・情報提供・ノウハウの開発の4つで終了する。なお，アクセスには，外来受診や院内移動といった直接的なアクセス方法のほか，遠隔モニタリングやインターネット診療などの間接的なアクセス方法も含まれる[4]。

---

[4] 医療提供の価値連鎖の各活動についての説明は，Porter and Teisberg（2006, 205；邦訳 309）を参照。

この価値連鎖の基本形に基づいて，利害関係者は協力しながら独自のCDVCを構築することになる。そして，同じ疾病を対象にしたCDVCやアウトカム指標であれば，他の医療システムと比較分析することができ，価値改善の機会を見出すことにつながる。また，CDVCは，製造業の価値連鎖と異なり，ケア・サイクルのプロセスが反復することは珍しくない。例えば，回復期に患者アウトカムが悪化したことで，新たな介入につながるフィードバック・ループが発生することもある。その他，疾病の進行をモニタリングすることで，診断へのフィードバック・ループや，診療プロトコル（実施計画書）の修正に至るフィードバック・ループが発生することもある（p.206；邦訳p.311）。

　しかし，多くのCDVCを構築していくと，どの疾病でも診療業務は図表6-9に示しているようないくつかの特徴的な活動から構成されていることに気づくだろう（p.398；邦訳p.604）。つまり，医療現場で提供されている通常の診療業務は「比較的安定的なプロセス」のもとで行われているのである。このことが，後述のTDABC導入につながっていると考えられる。

③ 価値重視の病院経営に対するTDABCの貢献

　これまでみてきたように，製造業に限らず医療においても価値連鎖を診断することで，活動間の連結による価値改善のプロセスを「見える化」することができる。価値連鎖を構築するには，各活動のフローチャートを記述したプロセスマップの作成が中心となるが，プロセスマップを作成したとしても，どの活動がどれだけ価値を生み出しているのかを定量化することは困難な作業となる。一方，TDABCは，コスト面でのプロセス変化の影響を捉えるのに適した原価計算である。特に，TDABCのメリットの1つである「未利用キャパシティの見える化」は，価値連鎖の分析に有用な情報を提供することが可能である。

　例えば，ノルウェーの国立精神病院で統合失調症の患者を対象にTDABCを実施しているWaago-Hansen（2013）によれば，精神病の治療は長期に及ぶことが多く，患者のアウトカムが最も重要な要素であると評価しつつも，ポーターのCDVCを引用した上で，コストを意識しなければならないとコメントしている。Waago-Hansen（2013）は，統合失調症の患者を，担当医などが途中で変更しない「統合患者ユニット（Integrated Patient Unit：IPU）」と，担

第6章
価値重視の病院経営を支援する病院原価計算

図表6-10 新規患者のプロセスマップ

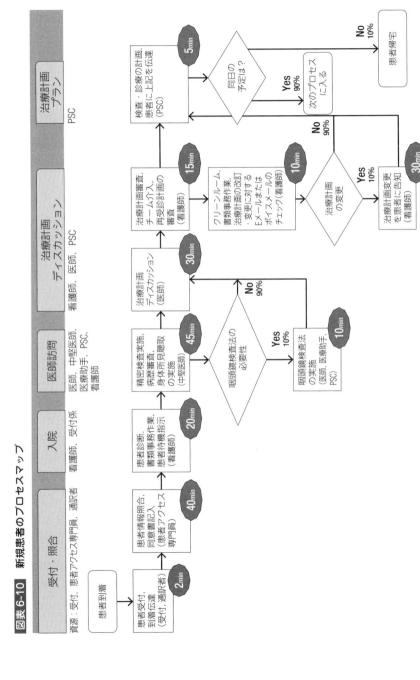

(注) PSCとは、患者サービス・コーディネーターの略語である。
出所：Kaplan and Porter (2011, 59).

当医が途中で変更する「非統合患者ユニット（Non-IPU）」に区分してTDABCを実施している。論文の調査結果では，IPUの患者の方がNon-IPUの患者に比べて平均コストが45.0％も削減し，平均在院日数も43.2％削減できたことが紹介されている（pp.37-38）。

また，新たな治療方法が開発された場合，価値連鎖のプロセスを改訂する必要がある。その治療方法にかかる作業時間が判明している場合，TDABCの時間方程式を用いれば即座に更新することができる。例えば，図表6-10に示しているように咽頭鏡検査法を別途必要とする患者を想定した場合，通常診療業務とは別に咽頭鏡検査法にかかる単位業務時間を計測すれば，TDABCに必要な時間情報が集計可能となる。

ここで実際の計算例を用いて，未利用キャパシティの見える化を示すことにしたい。当該プロセスマップに関与する医療スタッフの給与費が総額61,650ドルであり，業務時間が68,500分と仮定した場合（いずれも月単位），キャパシティ費用率は，

$$\text{キャパシティ費用率} = \frac{61,650 \text{ドル}}{68,500 \text{分}} (=0.9 \text{ドル／分})$$

と計算される。単純化のため，医療スタッフは当該プロセスマップだけに関与していると仮定する。未利用キャパシティの見える化を示すため，まず咽頭鏡検査法が加味されていない場合でTDABCを実施する。

前頁のプロセスマップでは，通常診療業務は1回につき167分[5]，治療計画の変更がある場合には1回につき30分が費やされている。通常診療業務の月間提供回数を400回，治療計画の月間変更回数を40回と仮定した場合，TDABCを実施すると以下のように計算できる（図表6-11）。例えば，通常診療業務の業務時間は，167分×400回＝66,800分であるため，配賦コストは，0.9ドル／分×66,800分＝60,120ドルと計算される。図表が示しているように咽頭鏡検査法が加味されていない場合では，すべての業務時間がアクティビティに関連しているわけではないため，未利用キャパシティの500分（450ド

---

[5] 図表における分岐点ですべてNoを選択した場合の業務時間合計である。

第6章 価値重視の病院経営を支援する病院原価計算

図表6-11 TDABCを用いた未利用キャパシティの測定（咽頭鏡検査法を実施しない場合）

アクティビティ	キャパシティ費用率	単位業務時間	提供回数	業務時間	配賦コスト	構成比
通常診療業務	0.9ドル／分	167分	400回	66,800分	60,120ドル	97.52%
治療計画の変更		30分	40回	1,200分	1,080ドル	1.75%
利用キャパシティ				68,000分	61,200ドル	99.27%
未利用キャパシティ				500分	450ドル	0.73%
合　計				68,500分	61,650ドル	100.00%

出所：筆者作成。

図表6-12 TDABCを用いた未利用キャパシティの測定（咽頭鏡検査法を実施する場合）

アクティビティ	キャパシティ費用率	単位業務時間	提供回数	業務時間	配賦コスト	構成比
通常診療業務	0.9ドル／分	167分	400回	66,800分	60,120ドル	97.52%
治療計画の変更		30分	40回	1,200分	1,080ドル	1.75%
咽頭鏡検査法の実施		10分	45回	450分	405ドル	0.66%
利用キャパシティ				68,450分	61,605ドル	99.93%
未利用キャパシティ				50分	45ドル	0.07%
合　計				68,500分	61,650ドル	100.00%

出所：筆者作成。

ル）が計上されている。

　次に，未利用キャパシティの500分を減少させるべく，咽頭鏡検査法を追加した場合のTDABCを実施する。新規患者のプロセスマップでは咽頭鏡検査法の単位業務時間は1回につき10分であるため，咽頭鏡検査法の月間提供回数を45回と仮定してTDABCを実施すると図表6-12のように計算できる。

　図表が示しているように，新たな活動として咽頭鏡検査法が追加された場合であっても，コスト・ドライバー（特に活動ドライバー）を新たに設定する必要はなく，単位業務時間が計測されたアクティビティを増やすだけでよいので，ABCに比べてTDABCは更新作業が容易であることがわかる。

　また，咽頭鏡検査法をアクティビティとして追加することで，未利用キャパシティの割合が低下していることがわかる。設例では，咽頭鏡検査法を加味することで未利用キャパシティが0.73%から0.07%に低下している。つまり，有

171

効な治療方法が開発され，スタッフが新たにその治療活動を行った場合であっても，その治療方法にかかるアクティビティとその所要時間をTDABCの時間方程式に追加すればよい。一方でABCは，新たに活動を追加する場合にはコスト・ドライバー（資源ドライバーおよび活動ドライバー）を別途設定する必要がある点で大きく異なる。

④ CDVCとTDABCの関係

これまでの議論をまとめ，CDVCとTDABCの関係を示すと図表6-13のようにまとめることができる。図表が示しているように，CDVCが競争優位を創造するためのフローは2つ存在することになる。1つは，CDVCを解析することで，価値連鎖の連結関係の理解を深め，価値改善に貢献するフローである。もう1つは，CDVCを修正して業務プロセスを更新した場合に，TDABCを用いてコスト面でのプロセス変化の影響を提示することによって，価値改善に貢献するフローである。前者は，価値連鎖の内部または外部との連結関係を理解することで，連結関係の最適化と調整を行う。後者は，業務プロセスの更新によって新たに追加・削除されたアクティビティをTDABCの時間方程式に組み込むことで，未利用キャパシティの弾力的運用が可能となる。

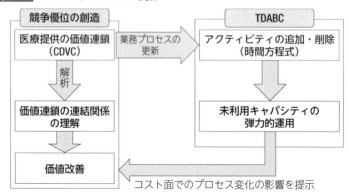

図表6-13　CDVCとTDABCの関係

出所：筆者作成。

第6章
価値重視の病院経営を支援する病院原価計算

4 医療保険制度改革下の「価値ベースの支払い方式」と病院原価計算

　医療提供の価値連鎖（CDVC）は，疾病ごとのケア・サイクルを対象としたものであるため，ポーターとキャプランは，2011年に発表した論文の結論において「ケア・サイクルを対象とした医療保険」の必要性に触れている。これは，現行の診療報酬制度をCDVCに従ったものにする「価値ベースの支払い制度（value-based reimbursement）」の実現を想定したものである（Kaplan and Porter 2011, 63-64）。

　同時期の2010年，オバマ政権下で成立したヘルスケア改革法（ACA）では，これまで紹介してきた「価値」概念を念頭に置いた医療保険の支払い方式（value-based payment）が考案されている。すなわち，民間のマネジドケアや個別病院だけではなく，メディケアなど公的な医療保険おいても病院「価値」が意識され始めてきたのである。本節では，オバマ政権の医療保険制度改革における「価値ベースの支払い方式」の特徴と，当該支払い方式と病院原価計算の関係性をまとめることにしたい。

(1) ヘルスケア改革法（ACA）における「価値ベースの支払い方式」の特徴

　本項では，Miller (2009) を用いて，ACAにおける「価値ベースの支払い方式」の対象範囲を説明し，Kaplan et al. (2013) の「価値ベースの報酬支払い方式（value-based physician compensation）」を紹介して，その特徴を明らかにすることにしたい。

① ケア・サイクル払い方式および包括ケア払い方式

　ミラー（Miller, H. D.）は，診療報酬の支払い方式が「量（volume）」から「価値（value）」にシフトしていることに着目して，診療報酬の支払い方式を，出来高払い，ケア・サイクル払い（episode-of-care payment），包括ケア払い，人頭払いの4つに区分して，それぞれの特徴を分析している。

　診療報酬の支払い方式が価値ベース（高品質・低コスト）にシフトする以前は，出来高払いと人頭払いのみであった。出来高払いは，診察に用いられた医療材

173

料費などすべての診療サービスが償還対象になっていた。一方で，人頭払いは，疾病別の患者数をベースに定額の保険料が支払われるものである。これらの支払い方式を採用した場合，症例数をコントロールするだけで採算がとれることになる。

そこで，ケア・サイクルを基準に一定額が支払われる「ケア・サイクル払い」と，患者重症度や通訳の必要性などを人頭払いに加味させた「包括ケア払い」の2つが，価値ベースの支払い方式として考案された。図表6-14の心臓病の例で説明すると，心臓病の患者数（人頭払い），心臓発作の患者数（包括ケア払い），心臓発作の患者に対する冠動脈バイパス移植術・ステント・血管形成術の提供（ケア・サイクル払い），患者に提供されたステントの種類（出来高払い）と，支払われる診療報酬は段階的に細分化することができる。図表が示しているように，ケア・サイクル払いと包括ケア払いが，出来高払いと人頭払いに挟まれる形になっており，両者の中間形態になっていることがわかる。

ミラーは，どの支払い方式を採用すべきかと主張しているのではなく，症例に応じて支払い方式を変化させるべきであると指摘している（p.1422）。例えば，ケア・サイクル1回にかかるコストが高い症例を取り扱う場合はケア・サイクル払いを採用し，病症にかかるケア・サイクルの頻度が多い場合は包括ケア払いを採用すべきであると指摘している。すなわち，ケア・サイクル払いは急性期医療が対象となり，包括ケア払いは慢性期医療が対象となる。そして，

図表6-14 診療報酬の支払い方式の変更時に医師が考慮すべき変数

患者1人当たりコスト	=	疾病数（患者1人当たり）	×	ケア・サイクル件数（疾病1件当たり）	×	処置タイプおよび回数（ケア・サイクル当たり）	×	プロセス数（処置1回当たり）	×	プロセス当たりコスト
（例）心臓発作		心臓病の患者数		心臓発作の患者数		冠動脈バイパス移植術・ステント・血管形成術		ステントの種類		

出来高払い
ケア・サイクル払い
包括ケア払い（人頭払い，重症度調整あり）
人頭払い（従来型）

保険リスク　　業務リスク

出所：Miller（2009, 1419）に心臓病の例を加筆。

第6章 価値重視の病院経営を支援する病院原価計算

急性期と慢性期の両方を加味しなければならない場合は、ケア・サイクル払いと包括ケア払いを混合した支払い方式を採用し、予防接種や軽症患者などは従来の出来高払いの採用を継続することになる（図表6-15）。

ミラーによれば、ケア・サイクル払いや包括ケア払いを採用する場合には、従来の医療システムでは不十分であると捉えている。そこで新しい支払い方式に対応させた、「価値ベースの統合ケア（value-driven health care）」に移行する必要がある。

しかしながら、医療システムを即座に変更することは容易でない。例えば、

図表6-15　診療報酬支払い方式とコスト・品質の関連性

ケア・サイクル当たりのコスト（差異）	ケア・サイクル払い	包括ケア払い＋ケア・サイクル払い
多額	例：股関節骨折、分娩	例：心臓病、背痛
少額	出来高払い	包括ケア払い
	例：予防接種、軽症患者	例：慢性閉塞性肺疾患（COPD）、慢性心不全（CHF）

疾病1件当たりのケア・サイクルの頻度（差異）　少ない⇔多い

出所：Miller（2009, 1422）.

図表6-16　診療報酬支払い方式と医療システムの共進化

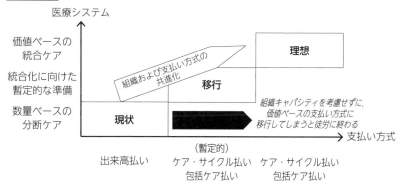

出所：Miller（2009, 1426）.

医師は従来の業務プロセスを見直す必要性が生じ，さらには病院の組織構造まで見直す必要がある。また，収益構造も変更させる必要性が高く，品質測定や報告システムも対象範囲を拡大させなければならない。そこでミラーは，価値ベースの統合ケアに向けた「移行期間」を設けることで，組織構造を段階的に順応させていくことが望ましいと指摘している（図表6-16）。すなわち，病院の組織キャパシティに配慮しつつ，診療報酬の支払い方式に対応させていくことが重要となる。

② 価値ベースの報酬支払い方式（value-based physician compensation）

医療コンサルティング会社DGAパートナー（現Veralon）に所属するキャプラン（Kaplan, K. C.）は，診療報酬の支払い方式が，医師の技術料を評価したRVUを用いたものから，品質評価を基準にしたものにシフトしていることに着目して，品質評価と医師への報酬支払額をリンクさせるため，「価値ベースの報酬支払い方式（value-based physician compensation）」を紹介している。品質評価に基づいた医師への支払基準としては，品質指標の改善，品質指標の絶対値，同僚比較の3種類をあげている（図表6-17）。キャプランもミラーと同様，どの基準を採用すべきであると議論しているわけではなく，それぞれの支払基準にはメリットとデメリットがあるため，病院経営者が自院の経営環境を考慮した上で意思決定を行うことになる。

また，キャプランは，従来の予算では品質改善に対するインセンティブが医師への報酬に反映されない可能性があるとして，品質改善に対するインセンティブに補正をかけることを提案している。図表6-18で説明すると，従来の予算では品質改善に対するインセンティブの割合は0.3％と僅かな影響しか与えないため，報酬合計の8％になるよう補正を加えるようにしている。当該支払い方式を採用することで，医師に品質改善のインセンティブを生じさせることになり，結果として新たな診療報酬の支払い方式に対応させた行動をとるようになる。

キャプランは，原価計算について具体的なコメントはしていないものの，患者ケア・サイクルに係るコスト情報や正確な決算書が当該議論の前提となっていること，そして，こうした変化を成功に導くためには，医師とのコミュニ

第6章 価値重視の病院経営を支援する病院原価計算

図表6-17　品質業績評価オプションのメリット・デメリット

支払基準	メリット	デメリット	用例	用例の基準値
品質指標の改善	●診療報酬の改善と同時に患者健康の向上に影響を与える	●導入初期は平均値を上回る数値を計上するとペナルティを受ける	再入院率	品質指標が改善→10% 改善なし→0%
品質指標の絶対値	●提示と理解が容易 ●金額ですべて認識可能	●ベンチマーク指標の設定が困難	血糖コントロール（HbA1c）	糖尿病患者の10%以上が9%を超えている→0% 誰も9%を超えていない→フルスコア
同僚比較	●実施が容易 ●同僚が目標値を達成していれば、目標値の未達の医師は反論しない	●目標値が全体の業績の影響を受ける ●変化への対応が遅延 ●評価時に優劣が発生	糖尿病患者診察血圧測定・悪玉コレステロール測定	第1四分位→10% 第2四分位→5% 第3・第4四分位数→0%

出所：Kaplan et al.（2013, 65）より一部抜粋。

図表6-18　品質改善インセンティブを加味させた予算報酬

	従来	構成比	見積修正モデル	構成比	差異
報酬（基本）	11,850,000ドル	96.7%	9,808,000ドル	80.0%	△2,042,000ドル
報酬（生産性関連）	370,000ドル	3.0%	1,471,200ドル	12.0%	1,101,200ドル
報酬（品質改善関連）	40,000ドル	0.3%	980,800ドル	8.0%	940,800ドル
報酬（合計）	12,260,000ドル	100.0%	12,260,000ドル	100.0%	0ドル
フルタイム勤務時間（FTE）	85時間			
勤務時間当たり報酬	144,235ドル／時間			

出所：Kaplan et al.（2013, 66）に加筆修正。

ケーションが重要になることを指摘している（Kaplan et al. 2013, 69）。

（2）医療財務管理協会（HFMA）の「価値プロジェクト・レポート」と病院原価計算

　ヘルスケア改革法（ACA）がアメリカの医療システムに浸透するなかで，医療財務管理協会（HFMA）は，価値ベースの支払い方式に対応させた「価値プロジェクト・レポート（Value Project Report）」を発表している。当該レポー

第Ⅱ部
価値重視の病院経営と時間主導型原価計算の関係性

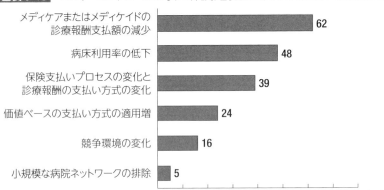

図表6-19 コスト・コントロールに対する外部影響要因に該当するものは？（複数回答可）

(注)「該当（rank1・rank2）」と回答した割合を集計。
出所：HFMA（2015a, 4).

トの構築にあたって会員向けに実施したアンケート調査によれば[6]，病院を取り巻く外部環境の変化として，「メディケアやメディケイドから支払われる診療報酬の減額の影響（62％）」が最も大きいことが明らかにされている（図表6-19）。その上で，価値ベースの支払い方式が適切であると想定した場合，病床利用率向上のために必要な投資として着目されているものは，「ITまたは臨床に関するデータウェアハウス（報告書）（71％）」であることが判明している（図表6-20）。

当該状況下での医療システムは，単にコストを削減するのではなく，ある特定の領域に対する支出を減額させて，その減額分を新たな投資対象へシフトするといった，いわゆる原価構造の再設計（reconfigure）が求められている（HFMA 2015a, 4）。つまりHFMAは，ポーター＆テイスバーグらが問題視した「ゼロ・サム競争」ではなく，「ポジティブ・サム競争」を念頭に置いていることがわかる。

HFMAの報告書では，コスト削減の側面と，テクノロジーや診療サービス，イノベーションへの投資戦略の側面の2つを視野に入れているところに特徴がある。しかしながら，HFMAの調査対象となった医療機関のうち，コスト削

---
[6] HFMA会員である病院CFOの146名を対象に実施（2014年3月実施）。

第6章
価値重視の病院経営を支援する病院原価計算

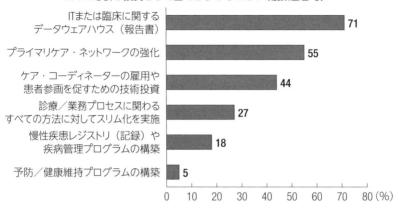

図表6-20 価値ベースの支払い方式が適切であると仮定した場合,病床利用率向上のために必要な投資として当てはまるものは?(複数回答可)

(注)「必要(rank1・rank2)」と回答した割合を集計。
出所:HFMA(2015a, 5).

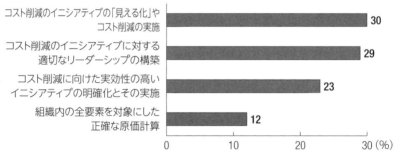

図表6-21 以下のコスト関連領域に関する院内の取り組みを自己評価してください(積極的・普通・消極的)

(注)「積極的」と回答した割合を集計。
出所:HFMA(2015a, 6).

減に対する組織的な取り組みを評価している病院は,全体の30%に過ぎない結果が報告されており(図表6-21),第3章の図表3-2(69頁)で紹介したHFMAの調査でも,RCC法の利用率は69%,RVU法は35%,ABCは30%であり,500床以上の病院に限定してもRCC法が58%,RVU法が54%,ABCが50%という結果が示されている。

179

第Ⅱ部
価値重視の病院経営と時間主導型原価計算の関係性

図表6-22 病院「価値」に関連した病院管理運営システムの活用状況

	測定せず	測定のみ	測定および改善策の実施
医療過誤関連コスト	43%	37%	20%
再入院が利益に与える影響額	38%	42%	20%
不必要な診療サービスに係るコスト	50%	29%	21%

出所：HFMA（2015b, 16）.

　加えて，実際の現場では病院原価計算に対する組織キャパシティが充実しているとはいえず，例えば調査対象病院のうち，医療過誤に対するコストの把握や再入院率に関する測定状況は前者が57%，後者が62%であるものの，重複検査など不必要な診療サービスにかかるコストの認識は50%にとどまっている（図表6-22）。

　そこでHFMAでは，ケアの品質とコストの両面を考慮する価値方程式を改善するためには，精緻で柔軟なデータが必要不可欠であるとして，病院原価計算の重要性と精緻化を指摘している（HFMA 2015a）。ただし，こうした病院原価計算の精緻化においてポイントとなるのは，完璧なデータではなく，あくまで価値を向上させるデータであることが重要であり，HFMAは「価値改善においてデータはあくまでツールであり，答えではない。」とコメントを付け加えている（HFMA 2015a, 18）。

　そして，病院原価計算の導入・運用にあたっては，医師や看護師など現場スタッフの協力が必要不可欠である。例えば，全米をカバーする非営利医療システムであるスペクトラム・ヘルス（Spectrum Health）では，臨床スタッフと財務スタッフが協力して，臨床データに関連させた原価計算システムを開発した結果，診察回数が多いケアの合併症や死亡率が劇的に減少したことが報告されている。その成果として，2つのマネジドケアとの契約交渉にあたり，P4P（Pay for Performance）のインセンティブ報酬を2300万ドル獲得している（HFMA 2015b, 18）。

　また，HFMAは，上述の病院原価計算を精緻化させる議論については，長

期間医療に関わってきたスタッフであれば，似たような状況が当時起こっていたことを感じることだろうと予想している。つまり，1980年代にマネジドケアと契約を交わすために，RCC法からABCへ原価計算を精緻化させることで採算性管理を行った時代を経験したスタッフを想定している（HFMA 2015b, 52-53）。しかしながら，当時の状況は，病院の価値を向上させるというよりもコスト負担を従業員（多くは無保険者）にシフトする結果につながっている。ゆえに，価値ベースの支払い方式に対応させた病院原価計算を精緻化させることは，ポーター&テイスバーグでいうところの「価値改善」に資する形で議論されなければならないのである。

(3) 医療保険制度改革下での「価値重視の病院経営」の実際

オバマ政権下のヘルスケア改革（ACA）のもと，HFMAなど学会の支援も受けて，「価値」概念が徐々に病院に浸透しつつある。そこで，「価値重視の病院経営」を実践したケースをいくつか紹介することにしたい。本章で紹介するケースは，Fifer（2015）のバナー医療ネットワーク，DeMarco et al.（2016）のブロンクス・レバノン病院，そしてBorgstrom et al.（2017）のイェール・ニューヘブン医療システムである。

① バナー医療ネットワーク

ファイファー（Fifer, J. J.）は，アリゾナ州フェニックスに本部を置くバナー医療ネットワーク（Banner Health Network）における価値ベースの支払い方式の取り組みを紹介している。価値ベースの支払い方式として採用しているのはメディケア所管のシェアド・セービング（Shared Savings：SS）である。SSを採用した支払い方式の場合，医療ネットワークで予め設定した目標コストを下回れば，その分の節約額はメディケアから医療ネットワーク内の構成員に等しく分配されることになる。こうしたインセンティブを与えることで，医療ネットワーク内の利害関係者にコスト意識をもたらすことになる。例えば，ファイファーが紹介している事例では，院内の業務プロセスや医療材料の標準化を進めることがコスト削減を可能にすると説明されている（図表6-23）。

ファイファーによれば，SSの保険料負担では，ネットワーク内部のプライマ

図表 6-23 医療システム内のコスト削減の機会

コスト削減の機会がどこに存在しているのか？	コスト削減の機会をどうやって実現させるのか？
【経営管理・サポート】 ● 医療材料費 ● ITおよび分析 ● 施設 ● その他 【施設（入院・外来）】 ● マネジメント ● 診療プロセス（入院） ● 診療プロセス（外来／救急） ● その他サービス 【契約医師の診療ネットワーク】 ● 病床利用率（ネットワーク内） ● 病床利用率（ネットワーク外） ● マネジメント ● ITおよび分析 【診療集団の管理】	【スタッフ業務の再定義】 ● 不要な役職の削減 ● 現在の役割に新たな役割を与える ● パートタイム制やフレックスタイム制の考慮 ● 外注（または内部化）が適合する業務 ● 管理サポートサービスの集約化 【規模の経済の実践】 ● 医師が使用する薬剤や器具の標準化 ● 複数組織でコストを集約させて交渉を行う ● 施設間の医療材料費の標準化 【臨床業務上の変化の促進】 ● 臨床チームの発足 ● 診療サービスの標準化 ● 業務改善や再入院率低下など予防モデルの実施 ● 手術室などのスケジュールの平準化 ● 医師のネットワーク加入に対するインセンティブ 【患者参加の重視】 ● ネットワーク内の医師を活用する収益構造の構築 ● 臨床スタッフがネットワーク内の医師情報を参照するよう促す ● 登録患者に対する集中治療管理の推進

出所：Fifer（2015, 44）.

リケア医や専門医の診療プロセスにかかるコストは固定的であるため，施設関連コストやネットワーク外での診療コストが削減対象として選択されると指摘している（図表6-24）。バナー医療ネットワークでは，無駄な検査を削減することで施設関連コストが削減でき，また，ネットワーク外の医師も参照できるアプリを開発したことで，ネットワーク外診療に係るコスト削減の機会が生じている（HFMA 2015a, 24）。

SSを用いた価値ベースの支払い方式のもとでは，ファイファーは「臨床と財務の統合的アプローチ」が必要不可欠であると強調している。すなわち，診療

図表 6-24　シェアド・セービング（SS）協定に対する報酬支払額の分配

目標：ケア関連コストが0.88ドルのベンチマークを下回れば，
　　　医療ネットワーク内のShared Savingsは，ネットワークの構成員に等しく分配される。

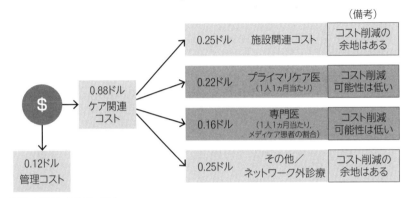

出所：HFMA（2015b, 247）．

部長は，経営上の意思決定が臨床面で与える影響を財務部長に教示すると同時に，財務部長は，ケアに関する意思決定が財務または戦略面で与える影響を診療部長に教示するといった「双方向型の意思決定プロセス」が構築されるようになる（Fifer 2015, 46）。

② ブロンクス・レバノン病院

デマルコら（DeMarco, V. G. et al.）は，ニューヨーク州のブロンクス・レバノン病院（Bronx-Lebanon Hospital）で導入された価値ベースの支払い方式（value-based payment system）の事例を紹介している（972床）。当該病院の執行役員（senior executive）は，院内の変動費や固定費に関する原価構成を既に理解していたものの，価値ベースにシフトしている経営環境に対応するために，2012年に価値ベースの支払い方式に経営をシフトしている。

価値ベースの支払い方式の実施にあたっては，診療材料費や契約サービスなどの変動費を対象にした取り組みと，スタッフの生産性向上を目的とした人件費を対象にした取り組みを，期間を分けて改善活動を行っている（図表6-25）。変動費を対象にした改善活動では，例えば薬剤部では，地域の薬局と協力して在宅処方箋を導入したり，服薬コンプライアンスを実施したりするなど，疾病

第Ⅱ部
価値重視の病院経営と時間主導型原価計算の関係性

図表6-25 価値ベースの支払い方式に基づいた業務改善とコスト削減額

対象	部署	調査概要	改善活動	コスト削減額	改善期間
診療材料費や契約サービスなどに関連した変動費	薬剤部	部門の方針などを再確認した上で通常業務を調査	●地域の薬局と協力して在宅にシフトや処方変更などを実施して退院患者のニーズに対応 ●再入院や（救急から）外来にシフトする患者数を削減させる貧困患者を対象にした服薬コンプライアンスの開発に着手 ●医師部と協力して診療スタッフが協力して、ジェネリック医薬品の使用やガイドラインに従うことで、コストの高い薬品の控えるよう啓蒙活動を実施	500万ドル	12カ月
	手術室関連材料費	手術室に関連する材料費を包括的に評価	●在庫を、①非使用（購入後12カ月間、非使用）、②週剰（1年分以上の在庫量）、③低使用（3カ月分以上の在庫量）、④正常の4つに区分。①〜③の在庫量を削減。	600万ドル	
	検査	試薬サプライや検査装置の利用回数や有効性を調査	●総数が多い検査は、契約交渉を実施 ●共同購入契約の最適化、有効性が確認できた医療設備を購入		
	補助サービス	機器メンテナンス・給食・リネンのコストを分析	●データの分析結果に基づいて、生体医療機器のメンテナンスは契約の範囲を拡大させ、給食はロスを減らすように見直しを実施		
スタッフの生産性向上	医師	ベンチマーキングや傾向分析（数量ベース）を実施	●外来患者のトレンドや専門性を考慮して、医師の院内配置や専門性に基づいて生産性を分析。医師レベルの診療実績を比較。 ●専門領域ごとにスタッフ実績のある医師を比較。診療スケジュールにおけるスタッフ構成を最適化するように指示することが重要	400万ドル	5カ月
	経営管理スタッフ	ベンチマーキングや傾向分析（数量ベース）を実施	●貢献利益の評価（固変分解）とコントロール領域の最適化（臨床スタッフ対経営管理スタッフ比率）を行い、コントロール領域と責任の集約化を実施	200万ドル	
	臨床スタッフ			100万ドル	
	その他			200万ドル	

出所：DeMarco et al.（2016）を基に筆者作成。

184

の予防に焦点を当てた活動を実施している。また，スタッフの生産性向上では，貢献利益の評価とスタッフのコントロール領域の最適化を図り，コントロール領域と責任の集約化を行っている。評価が難しい医師の生産性においては，専門領域ごとに診療実績のある医師によって，スタッフ配置が最適化されるように指示を与えることが重要であると言及している。こうした改善活動を約17ヵ月にわたって実施した結果，2000万ドル以上のコスト削減効果が報告されている。

　なお，デマルコらは，価値ベースの支払い方式の成功要因として，①診療サービスに対する診療部長の協力，②最新の業務モデルに精通しているスタッフ，③経営意思決定などマネジメントに関する複雑な問題を明らかにするための十分なコミュニケーション，④変化に対する組織の反発を抑えるためのセミナーや会議を通じたコミュニケーションの徹底，⑤執行役員のリーダーシップに支えられた強固なスポンサーの5つをあげている（DeMarco et al. 2016, 75）。

③ イェール・ニューヘブン医療システム

　ボーグストロムら（Borgstrom, M. P. et al.）では，コネティカット州に本部を置くイェール・ニューヘブン医療システム（Yale New Haven Health System）における「価値ベースの戦略（value-drives strategy）」の取り組みを紹介している。当該医療システムは，5つの病院グループで構成され，総病床数は2,500床以上，入院患者数は年間13万人，外来患者は250万人の巨大な病院ネットワークである。当該医療システムがあるコネティカット州では州立病院が存在せず，当該医療システムがセーフティネットとして機能している。こうした背景から，当該医療システムでは病院「価値」を以下のように定義している（Borgstrom et al. 2017, 4）。

$$価値 = \frac{品質 + 医療安全 + 患者経験}{保険者および患者に対するコスト}$$

　当該医療システムでは，価値ベースの戦略を実行する上で，「（診療サービスに対する）信頼性の高さ」と「臨床プロセスの再設計」の2側面から改善成果をあげている。例えば，「信頼性の高さ」を維持するために，会議体を巡回形式に

第Ⅱ部
価値重視の病院経営と時間主導型原価計算の関係性

図表6-26 「信頼性の高さ」を実現するための「価値ベースの戦略」

項目	実施内容	改善成果(重大インシデント報告割合)
訓練	●全スタッフを対象にしたプログラムを開発 ●現場の安全活動や業務上のミスなどを近況報告させる	グリーンウィッチ病院 →0.92%から0.22%に減少 ブリッジポート病院 →1.43%から0.37%に減少 イェール・ニューヘブン病院 →1.33%から0.60%に減少
患者経験	●患者とその家族に関する情報量を増加させる ●会議では患者1人のケースが紹介できるように指導	
医療事故報告プロセス	●システム・アクセスが容易で、匿名で提出できるものに変更 ●レポート数の増加が従業員報酬にリンクするように変更	
根本原因解析(RCA)	●医療事故をヒヤリハット・前兆あり・重大に区分 ●「重大」の医療事故は、院内の専門スタッフによりRCAを実施	
重大医療事故対応	●当該対応委員会では、医師と看護師長が共同で取り組み、他職種で構成される現場スタッフが担当する	
通常安全レポート	●早朝安全レポートを日課に設定	
重大医療事故報告	●1ヵ月ごとに重大インシデントの報告を受ける	
会議体を巡回形式に変更	●金曜午前は会議を入れずに、現場を巡回する機会にあてて、部門長が現場業務を確認するように変更	

出所:Borgstrom et al.(2017, 6-9)を基に筆者作成。

変更して、金曜日午前は会議を入れずに、現場を巡回する機会にあてることで、マネジメント層が現場業務を適時確認するように取り組んでいる(図表6-26)。その他、医療事故を防ぐための改善活動を推進して、すべての病院で重大インシデント報告割合が減少している。また、臨床プロセスの再設計においては、手術材料や検査方法を統一することでコスト削減を可能にしている。イェール・ニューヘブン医療システムが巨大な病院ネットワークであるため、改善プロセスが僅かであっても、そのコスト面に与える影響額は大きく、例えば、小児科医を対象にした手術材料の標準化を行うだけで、10万ドル以上のコスト削減が

第6章
価値重視の病院経営を支援する病院原価計算

図表 6-27 「臨床プロセスの再設計」を実現するための「価値ベースの戦略」

項目	実施内容	改善成果 （コスト削減額）
手術材料の標準化	● プロジェクトに参加した小児科医を対象に実施 ● 小児科医全員が手術材料の標準化に賛同したため、小児科だけで10,000の手術材料の削減が実現	10万ドル以上
遠隔測定法の利用	● 心臓病患者に対する遠隔測定法のガイドライン遵守を求めるにあたり、EpicのHER（電子健康記録）ベースのソリューションを実施 ● 結果、不要な遠隔測定法の利用量が25%減少し、当該患者の在院日数も15%減少	100万ドル以上
検査方法の統一化	● 多職種で構成された検査専門委員会を立ち上げ、検査方法の統一化を実施 ● 検査薬剤担当医師への相談を容易にできるように工夫	17万5000ドル以上
全体 （2016年度）	● 1,000人を超えるスタッフが参加 ● 対象診療科数18、臨床リデザイン数100以上 ● 在院日数は全体で25,000日減少 650の医療事故（アクシデント報告）を予防	2500万ドル

出所：Borgstrom et al.（2017, 11-12）を基に筆者作成。

実現している（図表6-27）。

そしてボーグストロムらは、柔軟かつ包括的に設計されたデータ構築と、臨床プロセスの改善を可能にさせる組織構造が備わっていれば、患者目線に立った業務上の信頼性の確保とコスト削減の両方が実現できるとコメントしている（p.12）。

5 終わりに

本章ではアメリカ病院経営の展開を踏まえて、病院経営と病院原価計算の関係を考察してきた。本章で議論した価値重視の病院経営と病院原価計算の関係性は、以下のように集約できる。

まず、価値重視の病院経営は、医療サービス提供者である医師や病院の意向も反映したものであるため、「新しい」品質管理重視の病院経営として位置づ

け，個々の病院（ネットワーク）と医療システムの2つに区分して病院原価計算の側面から考察を加えた。

個々の病院（ネットワーク）を対象とするウエスト，ロス＆フェンスター，マイケルマンらの価値重視の病院経営では，品質改善と原価削減の両面から圧力を受け，医療を提供する側と管理する側の協力関係を要請していることから，その共通情報基盤として原価データが求められることを説明した。そして費用対効果の観点から，時間を配賦基準とした病院原価計算，つまりRVU法やTDABC（若しくはABC）の採用を考えることができると結論付けた。

一方で，ポーター＆テイスバーグ，ヤンら，ベンソンらの価値重視の病院経営は，医療システムそのものを対象としている。ポーターの競争優位を高めるために構築される価値連鎖は，医療システムにおいても当てはめることが可能であり，患者のケア・サイクルを対象としたものである。本章では，その医療提供の価値連鎖（CDVC）が競争優位を高めるフローは2つ存在していることを明らかにした。1つは，CDVCを解析することで，価値連鎖の連結関係の理解を深め，価値改善に貢献するフローである。もう1つは，医療提供の価値連鎖を修正してプロセスを追加・改訂した場合に，TDABCを用いてコスト面でのプロセス変化の影響を提示することによって，価値改善に貢献するフローである。つまり，ポーターが病院の経営戦略において必要と判断したものは，「詳細で厳密な」原価情報ではなく，「経営判断を誤らせない」原価情報といえよう。これはフランスにおいて，同質セクション法やABCから，UVA法やTDABCが再考されるようになった，いわゆる「取引の収益性」を重視する背景と共通したものがある（足立 2012）。それゆえ，戦略的に原価情報を用いる際には，原価計算の「計算合理性」が重視されることになり，TDABCのような時間を配賦基準とした原価計算の有用性が高くなるのである。

このように競争優位を高めるためには，価値連鎖の連結関係の理解というラインの側面が存在する一方で，TDABCを用いた未利用キャパシティの弾力的運用というスタッフの側面も存在していることになる。つまり，未利用キャパシティの弾力的運用を可能にするTDABCこそが，価値重視の病院経営を支援する病院原価計算のあり方を体現したものとなっているのである。

また，2010年にオバマ政権下で成立したヘルスケア改革法（ACA）では，こ

第6章 価値重視の病院経営を支援する病院原価計算

れまで紹介してきた「価値」概念を念頭に置いた診療報酬の支払い方式（value-based payment）が組み込まれている。そこで第4節では，オバマ政権のACAにおける「価値ベースの支払い方式」の特徴と，当該支払い方式に貢献する病院原価計算の位置づけを明らかにした。具体的には，医療財務管理協会（HFMA）が提唱している価値ベースの支払い方式に対応させた「価値プロジェクト・レポート」や，価値重視の病院経営を実践したケースを紹介した。診療報酬の支払い方式が「価値ベース」になることで，医療システム内外に品質改善とコスト削減を両立させるインセンティブが生じ，当該インセンティブは「ゼロ・サム競争」ではなく，利害関係者の協力関係が要求される「ポジティブ・サム競争」を引き起こすことになる。

次章では，ポーターが提唱している「ポジティブ・サム競争」にコスト面の情報を提供することから貢献すると位置づけられている，病院TDABCの文献レビューを行うことで，その導入実態をまとめることにしよう。

第 **7** 章

Kaplan and Porter(2011)以降の病院TDABC研究

1 はじめに

　本章では，時間主導型ABC（TDABC）が，どのように病院に導入されているかについて，クリニカルパス（標準診療計画）やキャパシティ（業務遂行に用いられる資源量）との関連で考察を加えることにしたい。本章でクリニカルパスに着目した理由は，TDABCのプロセスマップとの関連性に由来する。つまり，TDABCを病院に導入する場合，疾病別に患者が入院してから退院するまでのプロセスマップを描く必要がある。そこで既存のクリニカルパスを用いれば，その活動にかかる時間を推計するだけでTDABCを実施することができる。この点については，キャプラン＆ポーターも指摘しており（Kaplan and Porter 2011, 51），クリニカルパスはTDABC導入プロセスにおける適切性の確保や負担軽減に貢献することができるといえよう。

　そこで本章では，次に示す構成となっている。まず第2節では，Kaplan and Anderson（2007）とKaplan and Porter（2011）を用いてABCからTDABCまでの流れを簡単にまとめた上で，病院ABCとクリニカルパスの関連性を明らかにする。第3節では，キャプランがポーターと共同でTDABCのアクションリサーチによる研究報告を数多く行っていることに着目して，病院TDABCの研究論文のレビュー結果を提示する。レビュー結果の考察については，第8章で詳細に説明することにしたい。

2 病院TDABCとクリニカルパス

　本節では，ABCからTDABCまでの流れや，キャプラン＆ポーターの研究論文を紹介することで，病院TDABC登場の背景を簡単にまとめていくことにしたい。そして，クリニカルパスがABC導入時にどのように用いられているのかを明らかにする。

(1) ABCからTDABCへ

　TDABC の前身といえる ABC は，活動を媒介としたコスト・ドライバーによる配賦計算を行うため，直接作業時間や機械稼働時間を配賦基準とする伝統的原価計算に比べ，実態に即した配賦計算が可能となることから発表当初は注目を集めていた（Cooper and Kaplan 1988）。

　しかしながら実際に原価計算を行う場合，データ集計や更新に係るインタビュー調査などに莫大な時間とコストを消費する結果となってしまうことや（Lievens et al. 2003, 534-535），原価計算の対象範囲が限定的なものになってしまうことが課題として指摘されてきた。

　確かに ABC は，システム設計に多額の経費を要し，モデルの更新手続きを実施することも容易ではない（図表7-1）。特に，様々な活動の遂行に必要な時間割合の計測が，個人の主観的予測に依存していることから，経営者は，費用の配賦方法の正確さ自体に疑問をもつことになる（Kaplan and Anderson 2007, 5-6；邦訳 7）。加えて，適切な配賦基準を設定できない費目については，関連する費目と合算した上で，インタビューとアンケート調査を行って配賦割合を決定するプロセスが採用される。つまり，ABC は実務上，製造間接費の費目（経済的資源）と，原価計算対象に跡付けるための活動が対応していない場合に問題が生じることになる。

図表7-1　ABC の実行上の問題点

- ABCに関するインタビューと調査には多くの時間と費用がかかる
- ABCモデルのデータは，主観的で有効性には疑問がある
- ABCモデルのデータの保存・処理・報告には多額のコストがかかる
- 大抵のABCモデルは独立的であり，全社的な収益性情報を一括して提供することはない
- ABCモデルは，経営環境変化への対応が困難である
- ABCモデルが未利用キャパシティの存在可能性を無視する場合，理論的正確性を欠くことになる

出所：Kaplan and Anderson（2007, 7；邦訳 9）。

病院にABCを導入する場合も同様であり，ローソン（Lawson, R. A.）が2004年に実施したABC導入に関するアンケート調査によれば，1994年に比べて2004年の方がABCの実施状況が低くなっている[1]。この背景には，①ABC実施にかかるコスト，②データ収集および処理を実施する新システムを導入する必要性，③当該システムに関する病院経営者（トップマネジメント）の関与の欠如があげられている（p.90）。

ABCの問題点が業種に関係なく指摘されるようになり，ABCの提唱者であるキャプラン（Kaplan, R. S.）は，当時ビジネススクールの受講生であったコンサルタントのアンダーソン（Anderson, S. R.）と共同で，2004年にTDABCを発表することになる。TDABCは，インタビューやアンケート調査を行わなければ判明しなかった活動別の資源消費額を，予め設定しておいたキャパシティ費用率と時間方程式を用いて算定することに特徴がみられる。第6章で，医療提供の価値連鎖（CDVC）と病院TDABCの関連性を既に説明したが，ここではTDABC発表当初の特徴を，キャパシティ費用率と時間方程式から整理していくことにしたい。

① キャパシティ費用率

キャパシティ費用率（Capacity Cost Rate）は，供給されたキャパシティに係る費用を，関連する活動の総作業時間（実際キャパシティ）で除して計算する（図表7-2）。分母の総作業時間には，現場スタッフの作業時間が考慮され，分子には現場スタッフの他に，監督者や支援スタッフに関連する費用が含まれる。そのため，キャパシティ費用率の分母と分子で整合性がないと指摘されることもあるが，これは監督者や支援スタッフを「現場スタッフの補助」として「設備」と同じようにみなし，現場スタッフが監督者や支援スタッフをどれくらい「使用」したかという考えに基づいている。

---

[1] 当該アンケートは，ニューヨーク州オールバニ大学のビジネススクール所轄の医療経営推進協会（The institute for the Advancement of Healthcare Management）のメーリングリスト宛に送信したものである。アンケート調査の有効回答数は52件（回収率14.5％）である（Lawson 2005, 80）。

Kaplan and Porter (2011) 以降の病院 TDABC 研究

図表 7-2 キャパシティ費用率と TDABC モデル

$$\text{キャパシティ費用率} = \frac{\text{供給されたキャパシティの費用}}{\text{供給資源の実際キャパシティ}}$$

$$\text{キャパシティ費用率} = \frac{567{,}000 \text{ドル}}{630{,}000 \text{分}} = 0.9 \text{ドル/分}$$

アクティビティ	単位時間	回数	総時間	費用合計	構成比
顧客注文処理	8分	49,000回	392,000分	352,800ドル	62.2%
顧客のクレーム対応	44分	1,400回	61,600分	55,440ドル	9.8%
与信審査	50分	2,500回	125,000分	112,500ドル	19.8%
利用キャパシティ			578,600分	520,740ドル	91.8%
未利用キャパシティ			51,400分	46,260ドル	8.2%
合計			630,000分	567,000ドル	100.0%

出所：Kaplan and Anderson（2007, 10-12；邦訳 12-14）に加筆修正。

② 時間方程式

時間方程式（time equation）は，活動別に必要な時間を計測し，if 分岐を用いることで複雑な作業工程であっても更新を容易にしたところに特徴がある。例えば，包装時間を計測するにあたって，新たに危険性の高い化学製品を取り扱うようになった場合でも，他の活動項目に修正を加えることなく更新が可能となる（図表7-3）。

ただ TDABC は，すべての活動を時間で測定するため，時間が短くても重要な作業が存在する可能性がある。つまり，TDABC の時間方程式を設定するにあたり，活動単位当たりの時間について「資源の消費量がすべて同質的」という点で問題を抱えている。ゆえに，キャプラン＆アンダーソンは，時間以外のドライバーによって測定した方が適切となる資源キャパシティの存在を考慮するために，「時間主導型ABC」というより「キャパシティ主導型ABC（Capacity-Driven ABC）」に変更した方がよいかもしれないと指摘している（Kaplan and Anderson 2007, 59；邦訳 75）。この点，高橋（2010）によれば，大部分のキャパシティ・コストは時間を計測することが可能であることから，コスト・ドライバーを時間に一本化することの合理性を認めているものの，当該合理性を支える前提として，「時間という１つの尺度で，活動による資源利用・消費や，原価計算対象による活動の利用・消費が合理的に説明できなければならない」

第Ⅱ部
価値重視の病院経営と時間主導型原価計算の関係性

図表 7-3　時間方程式

包装時間 ＝ 0.5分 ＋ 6.5分 {if 特別包装要請品} ＋ 0.2分 {if 航空便配送品}

危険性の高い化学製品を購入しようとしている顧客に対して，新たなサービスを提供する場合

包装時間 ＝ 0.5分 ＋ 6.5分 {if 特別包装要請品} ＋ 0.2分 {if 航空便配送品}
　　　　　＋ 30分 {if 危険性の高い化学製品}

出所：Kaplan and Anderson（2007, 14；邦訳 18-19）を基に筆者作成。

(p.135) と指摘している。こうした資源消費量の同質性の問題は，RVU法やフランスのUVA法の「計算単位」の設定においても同様の問題を抱えているといえる（足立 2012, 103-129）。

(2) Kaplan and Porter (2011) の発表

その後，キャプラン＆ポーターが，"How to solve the cost crisis in health care" をハーバード・ビジネス・レビューで発表して以来，多くの病院でTDABCが試験的に導入されるようになった。それゆえ，病院においてもABCではなく，TDABCの導入事例が報告されるようになっている。

ポーターとキャプランが共同で，高騰する医療費の問題を解決するために研究アプローチをかけている根底には，前章で明らかにしてきたように，医療システムそのものが「間違った方法で，間違ったものを測定している」実態が存在している。そのため，彼らは医療提供の価値連鎖（CDVC）とTDABCの2つを組み合わせることを改善策として提案している（Kaplan and Porter 2011, 47）。

キャプラン＆ポーターは，患者別に原価を配賦する際には，平均されたものではなく，資源消費量に基づく配賦を行うべきとして，ABCの重要性に触れつつも，TDABCを紹介している。ポーターが，病院「価値」に加えてTDABCの有用性に触れることになったのは，医療サービス提供にかかるコストの多くは共通原価（shared cost）であることが多く，TDABCを用いて，医師・スタッ

フ・施設に関するキャパシティ・コストを明確化することの有用性を認めていたからである（Porter 2010, 11）。

　論文内では，テキサス大学MDアンダーソンがんセンター（The University of Texas MD Anderson Cancer Center）でTDABCを導入した事例が紹介されており，麻酔センターに訪れる患者のプロセスマップの分析がパイロット・スタディとして選択されている。TDABCを導入した結果，工程作業時間の短縮の他，臨床スタッフや臨床工学士に係るコストも削減することができ，患者1人当たりコストを250ドルから160ドルまで下げることができたと報告している（Albright and Feeley 2011, 62）。このように，プロセス改善の優先順位を発見しやすくなったことや，その改善に基づくコスト面の影響を測定できるようになったことが，医療におけるTDABC導入のメリットとして紹介されている。

(3) クリニカルパスの果たす役割

　TDABCを病院に導入する場合，病院には「クリニカルパス」と呼ばれる標準診療計画があり，それを活用することでTDABC導入プロセスにおける適切性の確保や負担軽減ができると指摘されている（Kaplan and Porter 2011, 51）。例えば，TDABCの導入対象となる診療サービスを決定した後には，患者が入院してから退院するまでのプロセスマップを描く必要がある。そこで既存のクリニカルパスを用いれば，その活動にかかる時間を推計するだけでTDABCを実施することができる。こうした背景から，キャプランはポーターとTDABCのアクションリサーチを用いた研究報告を増加させている。なお，キャプラン＆アンダーソンによれば，TDABCの計算には次に示す4つが必要となる（Kaplan and Anderson 2007, 8-13；邦訳 10-17）。

(ⅰ) 部門ないし業務プロセスに必要とされるすべての資源にかかるコスト
(ⅱ) 部門のキャパシティ
(ⅲ) 個々の活動（アクティビティ）の推定単位時間
(ⅳ) 実際の活動使用量

そうすると TDABC を実施するためには，コスト情報以外に，対象部門で働くスタッフ全員の勤務時間合計と，業務ごとの標準作業時間，業務別の実際作業時間が揃っていることが条件となる。このうち TDABC のキャパシティ費用率の算定には，(i)〜(iii)が必要となる。そしてクリニカルパスは，(i)と(iii)の業務プロセスや個々の活動の認識・測定時に主に用いられることになる。

① クリニカルパスの概要

クリニカルパスは，日本クリニカルパス学会によれば「患者状態と診療行為の目標，および評価・記録を含む標準診療計画であり，標準からの逸脱を分析することで医療の質を改善する手法」と定義されている（副島2015）。なお，クリニカルパスという名称は，欧州クリニカルパス協会によれば，clinical/care pathway の他，care pathway, critical pathways, care paths, integrated care pathways, case management plans, clinical care pathways, care maps など，名称が統一化されていないことが指摘されている[2]。

このクリニカルパスを最初に導入したのはアメリカであり，1985年に工学系の知識を有する看護師のカレン・ザンダー氏が医療分野で最初に提唱したとされている（濃沼 2015, 25）。クリニカルパスは当初，クリティカルパス（critical pathways）やケアマップ（Care Map）と並行して，診療ガイドラインとしての役割を果たしていた。そして，医師が行う診療行為への介入は想定されておらず，現在のように医療業界に浸透する以前は，臨床上の教育ツールとして有用性を評価する医師もいれば，個々の患者を一元化して取り扱う「医療の料理本（cookbook medicine）」としてクリニカルパスを批判的に捉える医師も存在していた（Bergman 1994, 71-72）。アメリカでは，クリニカルパスの普及は DRG/PPS（診断群分類別包括支払い制度）導入の影響が大きい。すなわち，DRG/PPS が導入された結果，病院は無駄な検査や投薬を避けるような行動するようになり「医療の標準化」のツールとしてクリニカルパスに関心を向けるようになっている（副島 2015, 2）。

---

[2] European Pathway Association HP "care pathways"

② クリニカルパスとABC

　次に，クリニカルパスを ABC（活動基準原価計算）との関連で説明している Udpa（1996）と Baker et al.（1998）を紹介して，ABC 導入時にクリニカルパスがどのような位置づけで説明されているのかを簡単にまとめていきたい。

　まず Udpa（1996）では，ABC の計算対象となる疾病を決定した後に，当該疾病のプロファイル化を進める際にクリニカルパスを活用することに言及している。具体的には，ケース・マネジメント（症例管理）とクリニカルパス分析の 2 つを用いて，入院から退院までのすべての業務プロセスを対象に活動分析を行う（p.85）。活動分析の作業は，医師，看護師，理学療法士，それに診断専門士などで構成されるチームで行うことになる。

　そして，ケース・マネジメントやクリニカルパスを用いて活動分析を行う臨床チームと，ABC 導入に向けて別に組織されたチームの「つなぎ役」となりうるのは，両チームに所属する看護師（ケース・コーディネーター）およびケース・マネジメント責任者である。論文では，クリニカルパス分析を併用したケース・マネジメントがあれば，必要な医療資源の種類と数量に関するデータが入手できるため有用なツールになりうることが紹介されている（p.86）。

　次に，Baker et al.（1998, 256）では，「ABC は資源消費量を反映したものであるが，その資源消費量はクリニカルパスのレベルで明らかにすることができる」として，資源消費量を把握する際にクリニカルパスのデータが有用であると指摘している。そこで，クリニカルパスのレベルで資源消費量を集計するための「コスト情報を加味したクリニカルパス・モデル」を提案している。

　コスト情報を加味したクリニカルパス・モデルは，6 つの要素で構成される。①患者アウトカム，②タイムライン，③部門横断的な協力関係，④包括的なケア・サイクル，⑤ケース・マネジャー（症例管理士），⑥原価計算を実施するための基盤である（p.254）。特に，③部門横断的な協力関係と，⑤ケース・マネジャーの重要性が強調されている。これは，臨床以外の情報も入手する必要性から部門横断的な協力関係が求められていることと，ケース・マネジャーは，患者の症例管理を日常業務にしているため，医療資源の効果的な活用方法のほか，在院日数を適正水準に保ちつつ，患者アウトカムのコントロールを行うことができるためである。なお，論文では，コスト情報を加味したクリニカルパ

ス・モデルを説明した具体的な図表は示されておらず，クリニカルパスの概要やABCの関連性の説明にとどまっている。

クリニカルパスとの直接的な関連性はないものの，Udpa（1996）とBaker et al.（1998）はともに部門横断的チームを組織することを強調している。例えば，Udpa（1996, 84）は，ABC導入に向けて組織された部門横断的チームは，看護師（ケース・コーディネーター），ケース・マネジメント責任者，医師，医療事務，情報システム担当者，電子カルテ担当者，外部コンサルタント（任意）で組織され，医師をはじめとするスタッフのサポートが重要になると指摘している。Baker et al.（1998, 257）も，コスト情報を加味したクリニカルパス・モデルの導入において，部門横断的チームを組織することに言及しており，部門横断的チームで議論を進める際には，オープンで互いを尊重する関係性を維持することが重要であるとコメントしている。後述であるが，当該背景には，クリニカルパスの解釈に医学知識をはじめとした様々な情報が要求されていることを推測することができる。

なお，吉田（2003；2004）では，Baker et al.（1998）の議論に着目して，日本で包括評価制度としてDPCが導入された時期に，クリニカルパスを用いたABC/ABMの原価情報の分析が有用であることに触れている。例えば，「クリニカルパスが役立つ有効なツールとして認知される理由は，治療行為および看護行為が集約されているため，それらの活動原価を測定し集計すれば疾患医療で必要とされる消費資源の原価測定が可能となり，原価管理への道を開くのである」（吉田2003, 18）と説明している。

3 病院TDABCの文献レビュー

本節では，Kaplan and Porter（2011）以降を中心に病院TDABCの文献レビューを行い，TDABCを導入する病院の特徴や対象原価，利用目的などを整理することで，病院TDABC研究の現状を明らかにする。

(1) データサンプル

　病院 TDABC の文献調査方法の概要は，以下の通りである。まず Google Scholar の全文検索を行い（2018/4/12 実施），「Healthcare」と「Time-Driven Activity-Based Costing」の組み合わせと，「Hospital」と「Time-Driven Activity-Based Costing」の組み合わせで検索を行った。前者が 825 本，後者が 945 本の結果となった。次に，タイトルのリストを作成し，医療・病院に関するタイトルのみを選別した。また Google Scholar の全文検索では，抄録集やパワーポイント資料も検索対象となるため，研究論文として入手できるものに絞り込んだ。さらに，病院 TDABC の計算過程やプロセスマップが図表で明記されている研究論文を選別して，病院 TDABC を簡単に紹介しただけの論文は除外した。結果，62 本の論文がレビュー対象となった。

　なお，欧米で TDABC の文献レビューを実施している論文として，Siguenza-Guzman et al.（2013）や Keel et al.（2017）をあげることができる。前者は，TDABC を物流・製造業・サービス業・医療・非営利組織など業種別にレビューを行っており，後者は医療に限定したレビューを行っている。Siguenza-Guzman et al.（2013）のレビュー対象論文は 33 本であり，うち 9 本の論文が医療を対象にしているのに対して，Keel et al.（2017）の文献レビューは 25 本の研究論文が対象となっている。

　Keel et al.（2017）では，病院 TDABC の導入プロセスに関連させながら，年代，導入部門，国籍，導入背景，対象原価（直接費・間接費），キャパシティ，キャパシティ費用率などの側面からレビュー結果がまとめられている。Keel et al.（2017）と本書の分析の相違点は，Keel et al.（2017）の対象期間は 2016 年 1 月 21 日までであるが，本書の対象期間は 2018 年 4 月 12 日であるためサンプル数が 62 本と大幅に増加していることにある。

(2) レビュー結果

　レビュー結果の一覧は，図表 7-4 の通りである。以下，当該図表を項目別に集計した結果を簡単に紹介することにしたい。

第Ⅱ部
価値重視の病院経営と時間主導型原価計算の関係性

図表 7-4　病院 TDABC のレビュー結果

	先行研究	対象国	運営主体	病院名	導入対象	対象行為
1	Demeere et al. (2009)	ベルギー	民間病院	匿名	外来診療	消化器・皮膚・形成外科 耳鼻咽喉・泌尿器
2	Kaplan and Porter (2011)	アメリカ	—	—	規範研究	設例
3	French et al. (2013)	アメリカ	大学病院	テキサス大学MDアンダーソンがんセンター	検査部門	術前評価センター
4	Öker and Özyapici (2013)	トルコ	民間病院	マウサ・ヤシャム病院	外科(一般)	胆のう手術
5	Waago-Hansen (2013)	ノルウェー	国立病院	匿名	精神科	統合失調症治療
6	Hamid et al. (2014)	アメリカ	—	—	規範研究	整形外科(足関節手術)
7	Iacob and Constantin (2014)	ルーマニア	—	—	規範研究	外来診療
8	Kaplan (2014)	アメリカ	—	—	規範研究	設例
9	Kaplan and Witkowski (2014)	アメリカ	—	—	規範研究	設例(付録A)
10	Kaplan et al. (2014)	アメリカ ドイツ	—	—	規範研究	パイロットスタディ紹介(整形外科ほか)
11	Porter and Kaplan (2014)	アメリカ	—	—	規範研究	医療政策
12	Campanale et al. (2014)	イタリア	大学病院	匿名	病院全体	診療コードすべて
13	Donovan et al. (2014)	アメリカ	総合病院	クリーブランド・クリニック	心臓外科	心臓弁膜手術
14	McLaughlin et al. (2014)	アメリカ	大学病院	カリフォルニア大学病院	神経外科 泌尿器科	神経血管減圧術 良性前立腺過形成
15	Waago-Hansen (2014)	ノルウェー	精神病院	匿名	精神科	外来診療
16	Oklu et al. (2015)	アメリカ	—	—	規範研究	放射線科(IR)
17	Balakrishnan et al. (2015)	アメリカ	子供病院	シンシナティ小児病院	耳鼻咽喉科	手術室
18	Chen et al. (2015)	イギリス	大学病院	匿名	整形外科	人工膝関節置換術
19	Erhun et al. (2015)	アメリカ インド	総合病院 専門病院	匿名	心臓外科	多枝冠動脈バイパス移植手術
20	Inverso et al. (2015)	アメリカ	専門診療所	ボストン子供病院関連施設	形成外科	斜頭症治療
21	Kaplan et al. (2015)	アメリカ	大学病院	カリフォルニア大学病院	泌尿器科	良性前立腺過形成
22	Thaker, Orio et al. (2016)	アメリカ	—	—	規範研究	放射線科(前立腺小線源療法)
23	Yun et al. (2016)	アメリカ	—	—	規範研究	救急部門(胸痛/精神病)
24	Akhavan et al. (2016)	アメリカ	大学病院	カリフォルニア大学病院	形成外科	関節形成手術
25	Andreasen et al. (2016)	デンマーク	大学病院	匿名(2病院)	整形外科	人工膝関節全置換術ほか
26	Crott et al. (2016)	ベルギー	大学病院	モンゴダンヌ大学病院	がん科	頭頸部腫瘍の核医学検査
27	Devji et al. (2016)	アメリカ	子供病院	ボストン子供病院	麻酔科	手術室(留置ポート切除)
28	Hamid et al. (2016)	アメリカ	大学病院	ラッシュ大学病院	整形外科	人工膝関節全置換術
29	Laviana et al. (2016)	アメリカ	大学病院	カリフォルニア大学病院	泌尿器科	前立腺がん
30	McBain et al. (2016)	ハイチ	病院ネットワーク	セントニコラ病院 ラコリンヌ病院	婦人科	妊婦管理
31	Resnick et al. (2016)	アメリカ	子供病院	ボストン子供病院	外来外科	外来(口腔顎面手術)
32	Schutzer et al. (2016)	アメリカ	大学病院	バージニア大学病院	放射線科	胸部がん治療

出所:筆者作成。

第7章
Kaplan and Porter（2011）以降の病院TDABC研究

キャパシティ費用率の対象原価		キャパシティ費用率以外の対象原価		クリニカルパス		HBSからの支援	医療従事者の協力	利用目的			感度分析
対象原価	区分	計算対象	配賦基準	名称	記載箇所			キャパシティ・マネジメント	タスク・シフティング	医療政策への示唆	
全コスト（医師給与費は除く）	診療科別	—	—	—	—	—	—	—	—	—	—
全コスト	人員別／設備別	—	—	path	計算対象の選定	○	○	○	○	○	—
給与費	記載なし	—	—	pathway	計算単位	○	—	—	—	○	—
全コスト	人員別	—	—	—	—	—	—	○	—	—	—
全コスト	記載なし	—	—	—	—	—	—	—	—	—	—
記載なし	記載なし	—	—	care path	計算単位	—	—	—	—	—	—
記載なし	記載なし	—	—	—	—	—	—	—	—	—	—
全コスト	人員別	—	—	care paths	計算単位	○	○	○	○	○	—
全コスト	人員別	—	—	care path	診療プロセスの改善時（最適プロセスの選択）	—	○	○	○	○	—
給与費／設備費／フロア関連コスト	資源別	—	—	care paths	計算対象の選定	○	○	○	○	○	—
記載なし	記載なし	—	—	—	—	○	○	○	○	○	—
給与費／設備費	診療コード別	—	—	clinical pathways	プロセスマップ構築時	—	○	○	—	—	—
給与費／設備費	記載なし	—	—	clinical care process	プロセスマップ構築時	○	○	○	—	—	—
全コスト	人員別	—	—	care pathway	プロセスマップ構築時	○	○	○	—	○	○
全コスト	人員別	—	—	patient pathway	診療プロセスの改善時（キャパシティ管理）	—	○	○	○	—	—
給与費／設備費	人員別／設備別	医療材料費	実際消費額	pathway	計算単位	○	○	○	—	○	—
給与費	人員別	—	—	—	—	—	—	—	—	—	—
給与費／フロア関連コスト	人員別	医療材料費 全社間接費	実際消費額 全コスト×43%	patient pathway	計算対象の選定	—	—	○	—	—	—
給与費／設備費／フロア関連コスト	資源別	医療材料費	実際消費額	care pathways	プロセスマップ構築時	—	○	—	—	—	—
給与費	人員別	—	—	patient pathways	プロセスマップ構築時	—	—	—	—	—	—
給与費／設備費／フロア関連コスト	資源別	医療材料費	実際消費額	care pathway	計算単位	—	○	—	—	—	—
全コスト	記載なし	—	—	clinical pathway	プロセスマップ構築時	—	○	—	—	—	—
給与費／設備費／フロア関連コスト	資源別	—	—	clinical pathway	診療プロセスの改善時（差異分析）	○	○	○	○	○	—
全コスト	原価区分別	—	—	—	—	—	○	—	—	—	—
直接費	原価区分別	—	—	pathways	計算単位	—	—	—	—	—	—
全コスト	診療コード別	—	—	clinical pathways	診療プロセスの改善時（現場との関連性）	—	○	—	—	—	○
給与費／フロア関連コスト	資源別	全社間接費	記載なし	clinic procedure pathway	計算単位	—	○	—	○	—	—
全コスト	診療コード別	—	—	—	—	—	—	—	—	—	—
全コスト	原価区分別	—	—	pathway	計算単位	—	—	○	—	○	—
給与費	人員別	医療材料費 間接費	記載なし	—	—	○	—	○	○	—	—
全コスト	人員別	—	—	—	—	—	—	—	—	—	—
給与費／設備費／フロア関連コスト	資源別	医療材料費	実際消費額	—	—	○	○	—	○	○	—

203

第Ⅱ部
価値重視の病院経営と時間主導型原価計算の関係性

	先行研究	対象国	運営主体	病院名	導入対象	対象行為
33	Tan et al. (2016)	シンガポール	がん病院	国立がんセンター	がん科	がん遺伝子診断サービス
34	Thaker, Ali et al. (2016)	アメリカ	大学病院	テキサス大学MDアンダーソンがんセンター	がん科	前立腺がん
35	Thaker, Pugh et al. (2016)	アメリカ	大学病院	テキサス大学MDアンダーソンがんセンター	放射線科	前立腺小線源療法
36	Yu et al. (2016)	アメリカ	子供病院	テキサス子供病院	外科	小児虫垂炎
37	Kaplan and Haas (2017)	アメリカ	―	―	規範研究	整形外科・脳神経外科（脊椎治療）
38	Anderson et al. (2017)	イギリス	大学病院	グラスゴー王立診療所	整形外科	在宅遠隔診療
39	Anzai et al. (2017)	アメリカ	大学病院	ユタ大学病院	放射線科	腹部骨盤CTスキャン
40	Azar et al. (2017)	フランス	総合病院	プチ・サルペトリエール病院	循環器内科	体外フォトフェレーシス
41	Dang (2017)	アメリカ	総合病院	匿名	麻酔科	遠隔心肺検査
42	Doyle et al. (2017)	7ヵ国	16病院	匿名（豪，独，英，イスラエル，台湾ほか）	外来診療	糖尿病自己管理教育プログラム
43	El Alaoui et al. (2017)	スウェーデン	診療所	匿名	精神科	ネット認知行動療法
44	Garcia et al. (2017)	アメリカ	大学病院	マサチューセッツ感覚器病院（眼科・耳科）	耳鼻咽喉科	小児口蓋裂
45	Haas and Kaplan (2017)	アメリカ	29病院	匿名	整形外科	人工膝関節置換術
46	Helmers et al. (2017)	アメリカ	診療所	メイヨー・クリニック	検査部門	胃腸内視鏡検査
47	Isaacson et al. (2017)	アメリカ	大学病院	カリフォルニア大学病院	検査部門	軟性尿管鏡再利用プロセス
48	Mantellini et al. (2017)	イタリア	不明	ランダム化比較試験	検査部門	大腸CT検査
49	Noain et al. (2017)	スペイン	地域薬局（4ヵ所）	匿名	薬剤部	多剤投与高齢者の薬歴調査
50	Peng et al. (2017)	アメリカ	総合病院	クリーブランド・クリニック	外科（一般）	すい臓がん（腹腔鏡検査）
51	Ridderstråle (2017)	スウェーデン	大学病院	スコーネ大学病院	内分泌科	糖尿病I型（インスリンポンプ療法）
52	Sarwar et al. (2017)	アメリカ	大学病院	サウスカロライナ大学病院	放射線科	IR（ポート移植手術）
53	Schreyer and Martin (2017)	アメリカ	大学病院	匿名	救急部門	入院待機ユニット
54	Van Dyk et al. (2017)	カナダ	不明	4地域（収入区分別）	放射線科	放射線治療
55	Yu et al. (2017)	アメリカ	子供病院	テキサス子供病院	小児科	小児虫垂炎
56	Bauer-Nilsen et al. (2018)	アメリカ	大学病院	バージニア大学病院	放射線科	子宮頸がん治療
57	Dutta et al. (2018)	アメリカ	大学病院	バージニア大学病院	放射線科	前立腺小線源療法
58	Martin et al. (2018)	アメリカ	大学病院	バーモント大学医療センター	外科(心臓)整形外科	大動脈弁置換術／毛根管開放術
59	McBain et al. (2018)	ハイチ	5病院	匿名	外来診療	HIV、妊婦ケアなど9種類
60	Ruhumuriza et al. (2018)	ルワンダ	国立病院	ブタロー病院，キレーへ病院，ルインカブ病院	外科	腹部切開
61	Sowerby and Rudmik (2018)	カナダ	総合病院	匿名（3病院）	検査部門	鼻咽頭鏡再利用プロセス
62	Tseng et al. (2018)	アメリカ	大学病院	デューク大学病院	医事課	保険請求業務

出所：筆者作成。

第7章 Kaplan and Porter（2011）以降の病院 TDABC 研究

キャパシティ費用率の対象原価		キャパシティ費用率以外の対象原価		クリニカルパス		HBSからの支援	医療従事者の協力	利用目的			感度分析
対象原価	区分	計算対象	配賦基準	名称	記載箇所			キャパシティ・マネジメント	タスク・シフティング	医療政策への示唆	
給与費	人員別	—	—	pathway	診療プロセスの改善時（タスク・シフティング）	—	—	○	○	○	—
全コスト	人員別／設備別	—	—	care path	診療プロセスの改善時（パス選択）	○	—	—	—	○	—
全コスト	人員別	—	—	clinical pathway	プロセスマップ構築時	○	○	—	—	○	—
給与費	人員別	医療材料費 給食費	RVU基準 日割計算	—	—	○	—	○	—	○	—
給与費／設備費	人員別／設備別	医療材料費	実際消費額	care pathway	診療プロセスの改善時（プロセス改善）	○	○	○	○	—	—
給与費	人員別	—	—	pathway	プロセスマップ構築時	—	—	○	—	○	○
給与費／設備費／フロア関連コスト	資源別	医療材料費	実際消費額	—	—	○	○	—	—	○	—
給与費	人員別	設備費	実際消費額	—	—	—	—	—	—	○	—
給与費	人員別	—	—	—	—	—	—	—	—	○	—
全コスト	人員別	—	—	care pathway	診療プロセスの改善時（重複プロセスの排除）	—	—	—	—	○	—
全コスト	人員別	—	—	—	—	—	—	—	—	○	—
給与費／設備費／フロア関連コスト	資源別	—	—	care cycle maps	プロセスマップ構築時	○	—	—	—	○	—
給与費	人員別	医療材料費	実際消費額	—	—	—	○	—	—	○	—
給与費	人員別	医療材料費	実際消費額	—	—	○	○	○	—	—	—
給与費	人員別	医療材料費	実際消費額	care pathway	診療プロセスの改善時（コスト削減）	—	—	—	—	○	—
給与費	人員別	医療材料費	実際消費額	pathway	プロセスマップ構築時	—	—	—	—	○	○
給与費	人員別	設備費	実際消費額	—	—	—	—	—	—	—	—
給与費	人員別	医療材料費 設備費	実際消費額	clinical pathway	計算単位	—	—	—	—	—	—
給与費	人員別	医療材料費 間接費	記載なし	—	—	—	—	—	—	—	—
給与費	人員別	医療材料費 間接費	記載なし	—	—	—	○	—	—	○	○
全コスト	原価区分別	—	—	—	—	—	—	—	—	—	—
給与費	人員別	設備費 フロア関連コスト	実際消費額 面積比	care pathway	計算単位	—	—	—	—	—	—
給与費	人員別	医療材料費	実際消費額	pathway	プロセスマップ構築時	—	—	—	—	—	—
給与費／設備費	人員別／設備別	医療材料費	実際消費額	—	—	—	—	—	—	—	—
給与費／設備費	人員別／設備別	医療材料費	実際消費額	—	—	—	—	—	—	—	—
給与費／設備費	人員別／設備別	医療材料費	実際消費額	clinical pathway	診療プロセスの改善時（パス改訂）	○	—	—	—	○	—
給与費／設備費／フロア関連コスト	資源別	医療材料費 間接費	記載なし	clinical pathway	診療プロセスの改善時（差異分析）	○	—	—	—	○	—
給与費	人員別	医療材料費 間接費	実際消費額 外来入院比	—	—	○	—	—	—	○	○
給与費	人員別	医療材料費 設備費	実際消費額 修繕回数	—	—	—	—	—	—	—	—
給与費	診療プロセス別	間接費	給与費基準	path	プロセスマップ構築時	○	—	—	○	○	—

① 掲載年度

文献レビューの結果，キャプラン&ポーターによる2011年のハーバード・ビジネス・レビューの報告からTDABCに関する論文が増加傾向にあることが判明した（図表7-5）。そして，病院TDABCの計算過程や導入プロセスを説明した論文（以下，規範論文）は11本であり，とりわけ2014年に発表された論文に多くみられている。それ以降，試験的にTDABCを導入した病院を紹介したケース論文（以下，事例論文）が増加傾向にあり，一方で規範論文は減少傾向にある。事例論文は合計で51本であった。

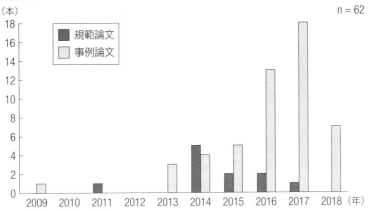

図表7-5　病院TDABCを対象とした研究論文

出所：筆者作成。

② 設立主体

事例論文を設立主体別に集計したところ，最も多い設立主体は大学病院であった（14本／38本，36.8％）。アメリカでTDABCを実施していた大学病院は，カリフォルニア大学病院，バージニア大学病院，テキサス大学MDアンダーソンがんセンター，サウスカロライナ大学病院，デューク大学病院，バーモント医療センター，ユタ大学病院，ラッシュ大学病院，マサチューセッツ感覚器病院であり，アメリカ以外の大学病院では，グラスゴー王立診療所（イギリス），スコーネ大学病院（スウェーデン），モンゴダンヌ大学病院（ベルギー）での事例報告が確認できている（図表7-6）。

第7章 Kaplan and Porter (2011) 以降の病院 TDABC 研究

図表 7-6 病院 TDABC を導入した病院の設立主体

設立主体	論文数
大学病院	14
子供病院	5
総合病院	5
複数病院	3
国立病院	2
診療所	2
民間病院	2

設立主体	論文数
がん病院	1
精神病院	1
専門診療所	1
地域薬局	1
病院ネットワーク	1
合計	38

(注) 重複している病院は除く。
出所：筆者作成。

③ 導入対象

事例論文のうち，病院全体に導入されたケースは1本のみであり，残りの事例論文は特定の診療科でのいくつかの診療サービスに限定したケースが大半である（図表7-7）。そして，事例論文で紹介されている診療科は，放射線科や検査部門，麻酔科といった直接患者の治療行為を行わない部門や，整形外科や形

図表 7-7 病院 TDABC の導入対象

診療科名	論文数
放射線科	7
整形外科	6
検査部門	5
外科（一般・外来）	5
心臓外科	3
精神科	3
泌尿器科	3
がん科	3
外来診療	3
形成外科	2
耳鼻咽喉科	2

診療科名	論文数
麻酔科	2
医事課	1
救急部門	1
小児科	1
内分泌科	1
病院全体	1
婦人科	1
薬剤部	1
神経外科	1
循環器内科	1
合計	53

(注) 診療科が2つ紹介されている論文は両方ともカウントした（2本）。
出所：筆者作成。

成外科[3]，精神科といった，いわゆる慢性疾患の患者に関連した診療科への導入が多くなっている。

④ 対象国

病院TDABCの対象国としてはアメリカが中心であるものの（40本／64本，62.5％），アメリカ以外の国でも病院TDABCの事例研究が確認されるようになっている（図表7-8）。具体的には，イギリス，ドイツ，フランス，ベルギー，スペイン，イタリア，スウェーデン，ノルウェー，デンマーク，カナダといった欧米諸国のほか，インド，シンガポール，トルコなど，アジア地域の事例報告も確認できている。また，発展途上国に医療支援を行っている米国の非営利団体パートナーズ・イン・ヘルス（Partners In Health）の協力のもと，ハイチやルワンダといった医療環境が整備されていない国を対象にTDABCを実施している事例も研究論文として公表されている。

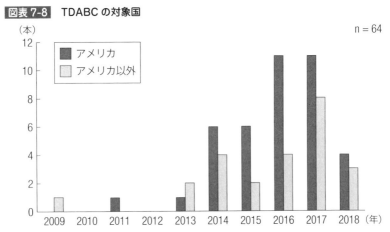

図表7-8　TDABCの対象国

（注）対象国が複数紹介されている論文がある場合は両方ともカウントした（2本）。
出所：筆者作成。

3）整形外科は関節に関する外傷や疾患など「身体運動に関する治療」を対象にしており，形成外科は美容形成や火傷など主に「身体表面に関する処置」を対象にしている点で異なる。

⑤ クリニカルパス

クリニカルパスの記載の有無は，図表 7-9 の通りである[4]。規範研究でクリニカルパスの記載が確認できた論文数は 9 本／11 本（81.8%），事例論文でクリニカルパスの記載が確認できた論文は 27 本／51 本（52.9%）であった。全体で 36 本／62 本（58.1%）のクリニカルパスの記載が確認できた。そして，図表 7-10 の研究論文へのクリニカルパス記載の推移をみてみると，クリニカ

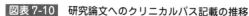

図表 7-9　研究論文とクリニカルパス記載の関連性

		クリニカルパス 記載あり	クリニカルパス 記載なし	合計
規範研究	度数	9	2	11
	総和の%	14.5%	3.2%	17.7%
事例研究	度数	27	24	51
	総和の%	43.5%	38.7%	82.3%
合計	度数	36	26	62
	総和の%	58.1%	41.9%	100.0%

出所：筆者作成。

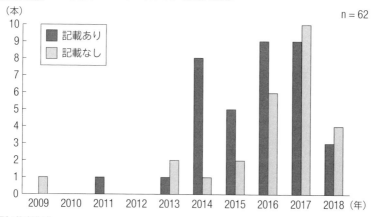

図表 7-10　研究論文へのクリニカルパス記載の推移

出所：筆者作成。

---

4) クリニカルパスと認識した記述は，care path, care pathway, clinic procedure pathway, clinical care process, clinical pathway, path, pathway, patient pathway である。

ルパスの記載が確認できなかった論文が増加傾向にあることがわかる。当該結果を踏まえて，病院TDABCとクリニカルパスの関連性が低くなったと判断するよりも，クリニカルパスは特段明記していなくても病院TDABCの導入時に用いられていると推測した方が妥当だといえよう。

クリニカルパスの記載箇所についても併せて確認したところ，図表7-11に示しているように，記載箇所として最も多かったものはプロセスマップ構築時であった（12本／36本，33.3％）。そして，病院TDABCを実施した結果，パス改訂やプロセス改善，最適プロセスの選択，重複プロセスの排除といった「診療プロセスの改善時」にクリニカルパスの記述が確認できた論文は11本であった（30.5％）。その他，計算単位や計算対象の選定のために活用されているものも確認できた（13本／36本，36.1％）。

図表7-11　クリニカルパスの記載箇所

記載箇所	論文数
プロセスマップ構築時	12
診療プロセスの改善時	11
計算単位	10
計算対象の選定	3
合計	36

出所：筆者作成。

図表7-12　クリニカルパスと医師の協力の関係性

			医師の協力		合計
			必要・重要	記載なし	
クリニカルパス	記載あり	度数	17	19	36
		総和の%	27.4%	30.6%	58.1%
	記載なし	度数	5	21	26
		総和の%	8.1%	33.9%	41.9%
合計		度数	22	40	62
		総和の%	35.5%	64.5%	100.0%

出所：筆者作成。

図表 7-13　病院 TDABC 導入時における医師の協力

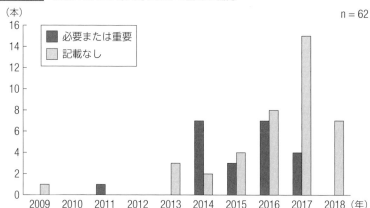

出所：筆者作成。

　次に，クリニカルパスの記載と医師の協力の関係は，図表 7-12 のようになった。クリニカルパスの記載と医師の協力の両方の記載がある論文は 17 本／62 本（27.4%）であった。一方で，クリニカルパスの記載がなく医師の協力の記載がある論文が 5 本／62 本（8.1%）であった。また 2016 年以降は，病院 TDABC の研究論文は増加傾向にあるものの，医師の協力の必要性にまで記載している論文は相対的に減少傾向にある（図表 7-13）。

⑥ ハーバード・ビジネス・スクール（HBS）の支援

　キャプランらが共著者である場合や，HBS の支援があったと謝辞で記載されている論文は 25 本／62 本（40.3%）であった（図表 7-14）。HBS の支援が記載されている論文数は増加傾向にないものの，毎期一定数の論文で HBS の協力が確認されている。また，対象国別に整理してみると，アメリカの病院での報告が 22 本／40 本（55%）であるのに対して，アメリカ以外の病院では 5 本／24 本（20.8%）と，アメリカの病院が大半を占めていることがわかる（図表 7-15）。

第Ⅱ部
価値重視の病院経営と時間主導型原価計算の関係性

図表 7-14 病院 TDABC 実施における HBS からの支援

出所:筆者作成。

図表 7-15 対象国と HBS からの支援の関係

			HBSからの支援		合計
			あり	なし	
対象国	アメリカ	度数	22	18	40
		総和の%	34.4%	28.1%	62.5%
	アメリカ以外	度数	5	19	24
		総和の%	7.8%	29.7%	37.5%
	合計	度数	27	37	64
		総和の%	42.2%	57.8%	100.0%

(注)対象国が複数紹介されている論文がある場合は両方ともカウントした(2本)。
出所:筆者作成。

⑦ 対象原価

病院 TDABC の対象原価は,全コストを対象にした論文は 19 本／58 本 (32.8%),給与費のみを対象にした論文は 23 本／58 本 (39.7%),給与費・設備費・フロア関連コストを対象にした論文は 16 本／58 本 (27.6%) であった[5]。対象原価の記載が確認できなかった論文 (3本),直接費 (1本) は除外し

---

5) 設備費は,医療設備など equipment に関連した費用であり,フロア関連コストは,建物の減価償却費など space に関連した費用である。

ており，給与費・設備費・フロア関連コストを対象にした論文には，給与費・設備費や，給与費・フロア関連コストを対象にした論文も含めている。また，医師の給与費以外の全コストを対象にした論文も確認しているが，当該論文は全コストを対象にした論文とみなして集計した。

また，対象原価の内訳をみてみると，給与費を対象にした論文は事例論文だけであった（図表7-16）。対象原価の年次推移をみてみると，全コストを対象にした研究論文は減少傾向にあり，その反面，給与費を対象にした論文数が増加している（図表7-17）。そして，給与費や設備費・フロア関連コストを対象にした論文では，キャパシティ費用率以外の配賦基準で原価計算を行う費用項目が存在している。その主要な内訳をみてみると，医療材料費が23本/38本（60.5％），間接費8本/38本（21.1％）となっている（図表7-18）。これは例え

図表7-16 対象原価の内訳

	全コスト	給与費	給与費／設備費／フロア関連コスト	合計
規範論文	4	0	4	8
事例論文	15	23	12	50
合計	19	23	16	58

出所：筆者作成。

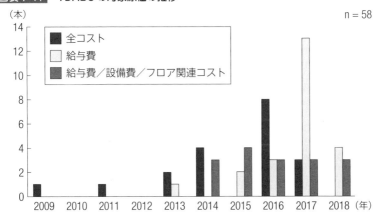

図表7-17 TDABCの対象原価の推移

出所：筆者作成。

第Ⅱ部
価値重視の病院経営と時間主導型原価計算の関係性

図表 7-18 キャパシティ費用率以外の対象原価と配賦基準

対象原価	論文数	配賦基準
医療材料費	23	実際消費額（直課），RVU基準
間接費	8	全コスト×43%，給与費基準，外来入院比
設備費	5	実際消費額（直課），修繕回数
給食費	1	日割計算
フロア関連コスト	1	面積比
合計	38	

（注）対象原価が2つ紹介されている場合は両方ともカウントしている（10本）。
出所：筆者作成。

ば，患者に直課することができる医療材料費はキャパシティ費用率を設定せずに，そのまま実際消費額で集計する方が効果的かつ効率的であることが推測できる。

⑧ 利用目的

病院TDABCの利用目的として，未利用キャパシティ（unused capacity）の計算過程や活用に関する記載について集計を行った結果，28本／62本（45.2％）の論文が，未利用キャパシティに関して何らかのコメントを記載していた。これを論文別に整理すると，規範研究では8本／11本（72.7％）であり，事例論文では20本／51本（39.2％）であった（図表7-19）。

また，タスク・シフティング（業務移管）にTDABCのデータが有益な情報をもたらすと指摘している論文も，増加傾向にはないが2014年以降，毎期一

図表 7-19 研究論文と未利用キャパシティに関する記載の関連性

		未利用キャパシティの活用		合計
		記載あり	記載なし	
規範研究	度数	8	3	11
	総和の%	12.9%	4.8%	17.7%
事例研究	度数	20	31	51
	総和の%	32.3%	50.0%	82.3%
合計	度数	28	34	62
	総和の%	45.2%	54.8%	100.0%

出所：筆者作成。

定数確認されている（図表7-20）。この点，タスク・シフティングの指摘をハーバード・ビジネス・スクール（HBS）の支援との関連で整理してみた場合，タスク・シフティングの言及が確認できた論文のうち，HBSの支援を受けている論文は，12本／16本（75.0％）であることは興味深い（図表7-21）。ヘルスケア改革法（ACA）の影響もあるとはいえ，当該背景には，HBSが推進する病院TDABCプロジェクトと関連性は否定できないだろう（第8章）。

そして，病院TDABCを実施するメリットを指摘する際に，キャプランらはRVU法を比較対象に用いることが多い（Helmers et al. 2017, 240；Kaplan and

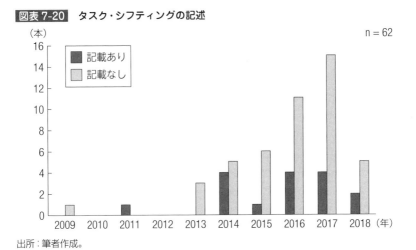

図表7-20　タスク・シフティングの記述

出所：筆者作成。

図表7-21　タスク・シフティングに対する示唆

			タスク・シフティング		合計
			言及あり	言及なし	
HBSの支援	必要・重要	度数	12	13	25
		総和の%	19.4%	21.0%	40.3%
	記載なし	度数	4	33	37
		総和の%	6.5%	53.2%	59.7%
合計		度数	16	46	62
		総和の%	25.8%	74.2%	100.0%

出所：筆者作成。

Haas 2017, 81)。論文では，現行の診療報酬体系が実務に即していないため，診療報酬の基準単位である RVU を配賦基準に用いることは妥当でないと指摘した上で，病院ごとの実情に合わせたキャパシティ費用率を設定する TDABC を用いて，より現実的な原価が算定できることを強調している。論文の結論では，病院 TDABC で算定される原価が診療報酬に対応していない場合，特に採算割れになる場合には，診療報酬の改定を促している。

こうした医療政策の示唆にまで言及している研究論文を集計した結果，全体で 36 本／62 本（58.1％）が確認できている（図表 7-22）。とりわけ，2010 年度のヘルスケア改革法（ACA）のもとで推進されている価値重視の病院経営（Value-Based Management：VBM）やケア・サイクル別の包括支払い方式（bundled payment），責任医療組織（Accountable Care Organization：ACO）などに触れておき，最終的に病院 TDABC が医療政策に資するツールであると結論付けている論文が多くなっている。

そこで，当該状況下に置かれたアメリカとそれ以外の国で区分整理してみると，アメリカの病院を対象にした論文では 24 本／40 本（60％）であるのに対して，それ以外の国では 12 本／24 本（50％）と，アメリカの方が診療報酬改定の必要性にまで触れていることが多くなっている（図表 7-23）。

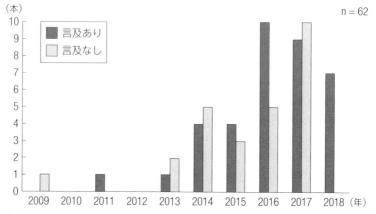

図表 7-22　医療政策への示唆（診療報酬改定）

出所：筆者作成。

第7章 Kaplan and Porter (2011) 以降の病院 TDABC 研究

図表 7-23 対象国と医療政策への示唆の関係

			医療政策への示唆		合計
			言及あり	言及なし	
対象国	アメリカ	度数	24	16	40
		総和の%	37.5%	25.0%	62.5%
	アメリカ以外	度数	12	12	24
		総和の%	18.8%	18.8%	37.5%
合計		度数	36	28	64
		総和の%	56.3%	43.8%	100.0%

(注) 対象国が複数紹介されている論文がある場合は両方ともカウントした (2本)。
出所:筆者作成。

⑨ 感度分析

2016年以降,病院 TDABC の研究論文では感度分析を実施して,損益分岐点まで計算する論文が確認されるようになっている (図表7-24)。これは単に原価計算を行うのではなく,感度分析を実施して,ABM (活動基準管理) を行うことが目的とされ始めていることがわかる。

図表 7-24 感度分析の実施状況

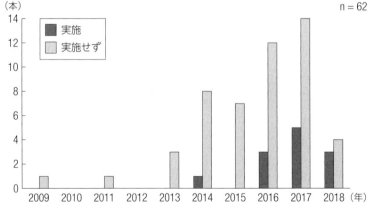

出所:筆者作成。

4 終わりに

　病院TDABCのレビュー結果から，以下のことが明らかにされている。まず，キャプラン＆ポーターによる2011年のハーバード・ビジネス・レビューの発表から病院TDABCに関する論文が増加傾向にあることが判明した。論文別に整理してみると，2014年までの研究論文は規範論文が中心であったのが，その後，事例論文が増加傾向にあることが判明している。そして論文を診療科別に分類してみると，整形外科や形成外科，泌尿器科，精神科といった，いわゆる慢性疾患の患者を対象にした診療科や，放射線科や検査部門，麻酔科といった直接患者の治療行為を行わない中央診療部門への導入が多いことが判明した。つまり，診療プロセスが比較的，安定的かつリスクの低い疾患を対象とする診療科の方が，病院原価計算の試験導入対象に選ばれやすい傾向があるといえる。

　次に，クリニカルパスの記載は約半数の論文で確認できており，クリニカルパスの記載箇所として最も多かったものは「プロセスマップ構築時」であった。つまり，病院全体でTDABCを導入するのは困難であるため，時間方程式のフローチャートを描きやすい診療サービスを選別する際に，既存のクリニカルパスを用いるのである。ただし，クリニカルパスを用いてもTDABC導入時には様々な課題が生じる。そのため，ハーバード・ビジネス・スクール（HBS）からの何らかの支援があったと謝辞で記載されていたり，キャプランらが共著者であったりする論文が毎期一定数存在していた。

　病院TDABCの対象原価を掲載年度別に整理してみると，全コストを対象にした研究論文は減少傾向にあり，その反面，給与費を対象にした論文数が増加していた。そして，給与費や設備費等を対象にした論文では，医療材料費を直課させている傾向がある。つまり，患者に直課することができる医療材料費についてはキャパシティ費用率を設定せずに，そのまま実際消費額で集計する方が効果的かつ効率的であると推測できる。

　また，2013年以降に急増している病院TDABCの研究論文では，価値重視の病院経営（VBM）やケア・サイクル別の包括支払い方式（bundled payment），

責任医療組織（ACO）など，オバマ政権下で施行されたヘルスケア改革法（ACA）に言及していた。すなわち，ヘルスケア改革法の下で決定された診療報酬が，実際のコストに見合ったものでない場合，病院の経営戦略を誤った方向に誘導させる可能性がある。そこで，病院TDABCを用いて算定したコスト情報が医療政策に資すると結論付けている論文が多くなっている。

　次章では，事例論文で紹介されている計算プロセスを示しながら，TDABC導入病院の特徴をまとめていくことにしよう。

第 8 章

病院経営における
TDABCの実態

1 はじめに

　本章では，前章の文献レビューに基づいて，TDABC が病院経営で用いられる際の特徴をまとめていくことにしたい。第2節では，病院 TDABC 導入時の傾向として，クリニカルパスや医師の協力が果たす役割，キャプランらの支援，導入部門の変遷をまとめていく。第3節では，病院 TDABC の対象原価や，利用目的として記載されていることが多いタスク・シフティング（業務移管）への活用や，未利用キャパシティの測定の内実を明らかにする。そして第4節では，診療報酬制度やアウトカム指標との関連性として，ポーターの医療提供の価値連鎖（CDVC）を包摂した診療報酬制度と病院 TDABC の関連性を中心にまとめていく。各節では，実際の計算プロセスを示しながら考察を加えている。

2 病院TDABC導入時の傾向

　本節では，クリニカルパスや医師の協力が TDABC 導入時に果たす役割や，キャプランらの支援，病院 TDABC の導入部門の変遷について順番にまとめていく。

(1) クリニカルパスがTDABC導入時に果たす役割

　病院 TDABC の導入時には，対象となる診療サービスのプロセスマップを構築することから開始する。RCC 法（診療報酬基準原価法）や RVU 法（相対価値尺度法）ではプロセスマップは作成されないが，プロセスマップ構築の利点をあげるとすれば，①保険点数が記載されていない活動を明確化できること，②診療プロセスに関与している関係者全員が明確になることの2点をあげることできる（Donovan et al. 2014, 88）。例えば，看護師の事前問診や，医師が行う患者からの電話対応，部門横断的な臨床チームのカンファレンスといった，患者の病状とその治療方法を決定するために費やされた時間は診療報酬として認められることはないが，TDABC のプロセスマップには明記されることにな

る（Kaplan and Porter 2011, 62）。

　しかしながら，プロセスマップ構築時のインタビュー調査に時間がかかってしまうのは，ABC のコスト・ドライバー設定や RVU 法の RVU 設定と同様である。そこで，既存のクリニカルパスを用いることで作業負担を軽減させる論理が生じる。例えば，クリニカルパスは，TDABC のプロセスマップ構築時や，調査対象となる診療行為を選別する際に用いられている（McLaughlin et al. 2014, 2；Campanale et al. 2014, 170-174）。イタリアの大学病院を対象に TDABC を導入している Campanale et al.（2014, 170）では，現行の原価計算システムの給与費や設備費の配賦方法がクリニカルパスに従ったものではなく，在院日数やフロア面積を基準にして配賦されていることに問題があることをインタビュー調査で確認している。論文では，ある病院の財務コントローラーが，「病院の組織構造がクリニカルパスに従っておらず，それゆえ，予算には医薬品や検査のコストしか含まれず，他のコストが含まれていない」と発言しているコメントが紹介されている。

　こうした TDABC とクリニカルパスの関係を考えた場合，医学知識をもたない財務コントローラー（経営企画室課長など）ではパス改訂などの手続きを迅速かつ適正に進めることは困難である。例えば，Iacob and Constantin（2014, 195）では，患者を直接診察する行為は「非技術的な診療行為（non-technical activities）」であり，循環器内科などで使用する心電図や，眼科で使用する眼内圧の超音波測定は「技術的な診療行為」であるため，診断方法の性質によってコストを区分すべきであると指摘している。しかしながら，こうした区分集計する方法が，経営上の意思決定に有用なデータを提供することができるといっても，当該作業を財務コントローラーが追加業務として行うことは時間を浪費してしまう可能性が高い。

　そこで，TDABC を導入する段階で医師の協力を取り付けることが重要となる。本項では医師の協力の必要性を，①システム開発時，②プロセスマップ構築時，③スポンサーおよびリーダーシップの 3 つの観点から整理することにしたい。

① 医師の協力（システム開発時）

　Eldenburg et al.（2010）は，会計システムの導入時に医師を参加させることによって，医師の行動に変化が生じているのか，また，在院日数は削減しているのかについて事例研究を行っている。当該事例は，台北の国立病院（2,900床）を対象に，眼科医をシステム開発に参加させた事例である（p.222）。論文内で紹介されている病院では，活動基準原価計算（ABC）をベースにした原価計算システムの開発に着手しており，医師に対するヒアリング調査をシステム開発に反映させている。システム開発に医師の意見を反映させた結果，当該医師は ABC に基づいた原価計算情報を用いて現行のクリニカルパスを分析するようになり，新しい原価効率的なクリニカルパスの構築に着手するようになっている（p.222）。

　Eldenburg et al.（2010）で取り扱っている原価計算は TDABC ではないものの，原価計算システムの開発プロセスに医師の意見を反映させることで，医師の行動に影響を与えていることは参考になる。この点，会計システムの開発に医師の協力を取り付けることは困難な作業となることが多く，事例対象の病院では，院長と診療部長がコスト情報の必要性を意識していたので協力を取り付けることに成功している（p.225）。

　現場責任者の協力の必要性については，クリーブランド・クリニックの心臓外科を事例対象にしている Donovan et al.（2014）も同様の指摘を行っている。クリーブランド・クリニックの心臓外科では，25 年間 RVU 法を実施してきたが，ハーバード・ビジネス・スクール（HBS）の協力のもと TDABC を試験導入して，RVU 法と TDABC の 2 つの原価計算を比較した計算結果が提示されている。そして，TDABC 導入プロセスの最重要事項として認識していたことは，TDABC 導入によって診療プロセスを修正することに対して診療部長の協力を予め取り付けていたことであるとコメントしている（p.85）。

② 医師の協力（プロセスマップ構築時）

　ノルウェーの精神病院の外来診療部門を対象に TDABC を実施している Waago-Hansen（2014）によれば，TDABC のプロセスマップ構築時に参照したクリニカルパスを TDABC がコスト面で「見える化」することに貢献したこ

とを紹介している。そして，原価情報を含めたクリニカルパスの検討を進めていくと，医師の非効率性が明らかになっている。例えば，研修医の未利用キャパシティが存在していたことや，医師が患者アンケートの配布を手渡しする作業は医療事務の担当に変更した方が効率的であることが提示されている (p.7)。筆者は上述の結果を踏まえて，調査対象病院の医師らに患者アウトカムの測定の必要性について尋ねたところ，全体の45％しか必要性を感じていなかったため，管理者がアウトカム指標の重要性についてコミュニケーションをとるべきであると指摘している (p.8)。つまり診療プロセスや原価情報に対する現場からの抵抗は，日常からのコミュニケーション不足も要因の1つとして捉えることができる。そこで，クリニカルパスを用いたプロセスマップの構築時に医師らを参加させることで，医師からの抵抗を最小限に抑えることに効果があると言及している (p.8)。

この点，前述のCampanale et al. (2014, 183-184) も，トップマネジメントの協力のほか，医師や看護師といった組織構成員 (organizational actors) の介入や，臨床現場で会計情報が利用されることの有用性について言及している。組織構成員の介入や実際に臨床現場で用いられることで現場からの抵抗を抑えることに着目していることは，Waago-Hansen (2014) と類似している。

現場スタッフの協力については，デンマークの2つの大学病院の整形外科を対象にしたAndreasen et al. (2016) の事例においても紹介されている。当該事例は，症例数の多い人工膝関節全置換術 (TKA) と人工股関節全置換術 (THA) に限定してTDABCを実施しており，TDABCの実施にはプロセスマップの構築が必要となるため，診療部長や現場スタッフの協力を取り付けている (p.1748)。

そして現場スタッフの協力については，特定の医師だけではなく診療プロセスに関わる全員で構成されるチームの協力を得ている場合の方が効果的である。例えば，カリフォルニア大学病院の泌尿器科でTDABCを導入しているKaplan et al. (2015, 44) のケースでは，専門医の他，総合医や看護師長，入退院のスケジュール管理者などで構成されるチームの協力を得た上で対象疾患のプロセスマップを構築している。

こうした診療部長と事務局の双方からの協力の必要性についてはHelmers

et al.（2017, 235）も指摘しており，彼らは胃腸内視鏡検査のプロセスマップ構築時に，両者の協力と取り付けることで，データの客観性が維持できていると報告している。臨床スタッフと事務スタッフの協力によるプロセスマップ構築については，脊椎治療を実施する整形外科・脳神経外科を対象にした規範研究（Kaplan and Haas 2017, 81）の他，カリフォルニア大学病院の泌尿器科（前立腺癌）の事例研究でも触れている（Laviana et al. 2016）。このうちカリフォルニア大学病院の泌尿器科では，当該治療のプロセスマップを構築するために，関連スタッフ全員で構成される専任チームが立ち上げられている（p.448）。

この他，Oklu et al.（2015, 1829）が，放射線科における画像下治療（IR）のプロセスマップ構築時に主治医，看護師，臨床技師などのチーム協力の必要性に触れている。Kaplan（2014, 78-79）においても，臨床スタッフと業務アナリスト（business analyst）で構成されるチームの協力を得て，段階的にプロセスマップを構築すべきと指摘している[1]。こうした部門横断的なTDABCのチーム編成において，臨床スタッフである医師や看護師を参加させることは，Anzai et al.（2017, 201）やCrott et al.（2016, 2622）でも同様の指摘を行っている。

また，Thaker, Orio et al.（2016, 70-71）では，TDABCの詳細な分析において，各クリニカルパスを統合したプロセスマップの構築が必要となるため，臨床部門，経営管理部門，経理部門の3部門を統合することが求められていると指摘している。そして経理部門が，臨床部門と経営管理部門の調整役に回り，医療資源別のキャパシティ費用率やケア・サイクル別のコストを算定することになる（p.67）。

③ 医師の協力（スポンサーおよびリーダーシップ）

Kaplan et al.（2014）では，TDABCプロジェクトのスポンサーとリーダーシップの必要性を整理している。TDABCプロジェクトのスポンサー（executive project sponsorship）は院長や理事長などが引き受けることになり，彼らは診療部長と事務局長をコーディネートしながら，TDABCプロジェクト運営に専

---

1) なお，Kaplan and Witkowski（2014, 371）も同様の指摘をしている。

念することになる。そして診療部長は，例えばプロセスマップの構築にあたって必要なデータを提供させるために，他の医師に働きかけることになる。こうした単独ではなくチームでプロジェクトに取り組ませることで，参加した医師にTDABCに対する「当事者意識」をもたせるように促す。一方，事務局長は，キャパシティ費用率やケア・サイクルに係るコストの測定に必要なデータを集計することになる（p.409）。

　上述の診療部長と事務局長の協力関係も重要であり，例えば，TDABCプロジェクトに対して高い意識をもつ医師がいたとしても，事務局の協力がなければコスト情報は入手することができず，TDABCを実施することができない。事務局側も，診療部長の知見がなければTDABCプロジェクトを完成させることは困難となる。例えば，Thaker, Pugh et al. (2016, 275) で紹介されているテキサス大学MDアンダーソンがんセンターの放射線科では，アウトカム指標のデータ収集は臨床スタッフまたは研究スタッフに担当してもらうように依頼している。

　ここで実際の取り組みとして，アメリカのカリフォルニア大学ロサンゼルス校附属医療機関（UCLA Health）の神経外科と泌尿器科のケースを紹介しておきたい（McLaughlin et al. 2014）。当該診療科ではTDABCを試験導入しており，その際，キャプランやポーターなどハーバード大学ビジネススクール（HBS）のサポートを受けてTDABCチームを編成している。チームごとに，臨床スポンサー（医師），経営スポンサー（部門管理者や診療部長など），TDABC指導者（TDABC coach）が配置される構成になっており，各チームを統括する臨床統括TDABCアドバイザー（clinical and executive TDABC advisor）が最上位に配置される組織形態となっている（図表8-1）。

　TDABC指導者の役割は，コミュニケーションの促進や，プロセスマップの構築などプロセス改善ツールの利用をサポートすること，それに院内横断的に影響力を有する職員同士をうまくつなぎあわせることである。一方で，臨床統括TDABCアドバイザーの役割は，TDABCを品質改善活動（QI活動）とリンクさせること，組織内の抵抗を抑えること，TDABC導入による臨床上の諸問題に対処すること，TDABC指導者の活動をサポートすることである。例えば，キャパシティ費用率の算定では，臨床統括TDABCアドバイザーが大枠のテン

図表8-1 TDABCチームの組織構造

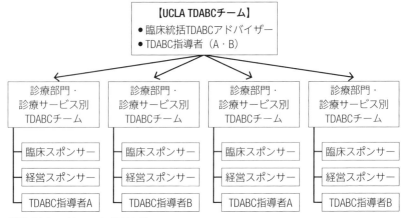

出所：McLaughlin et al.（2014, 3）.

プレートを作成し，実際の測定時にはTDABC指導者が現場のサポート活動に従事するようになる（pp. 3-4）。

また，放射線科のポート移植手術にTDABCを導入しているサウスカロライナ大学病院では，患者のリスク要因やステージに関する評価や，高額医療機器やケア・プロセスに係るコストの解釈において，診療部長の協力が必要となっていることを指摘している（Sarwar et al. 2017）。論文では，臨床スタッフの協力のもとで，責任医療組織（ACO）で採用されているシェアド・セービング（SS）のような医療政策が実施されるべきと結論付けている（p.1485）。

この点，ポーター＆キャプランは，ケア・サイクル別の包括支払い方式（bundled payment）に医師を関与させることの意義を強調している（Porter and Kaplan 2014）。彼らによれば，包括支払い方式は患者に関するプロセスやアウトカム，それにコストが反映されていなければならないものの，医事課職員や保険会社との契約交渉にあたるスタッフは，診療行為に関する処置内容やアウトカムについての専門知識を持ち合わせていない（p.20）。そこで，診療部長を包括支払い方式の導入時に関与させることで，診療行為に関する専門知識の共有化を図ることが重要であると指摘している。なお，関与した医師は，自らの専門分野など特定の診療行為を助長させることなく，あくまでも患者の視点か

ら考慮すべきである。なお，ポーター＆キャプランは，ケア・サイクル構築にあたっては，処置数が多く，診療プロセスの定義が容易な診察行為が選択されるべきと指摘している（p.21）。Yun et al.（2016, 771）も同様に，TDABC導入時の労働集約的な業務負担に言及した上で，電子カルテの利用と，クリニカルパスが既に存在していて，かつ，診察件数の多い診療サービスから着手すれば，診療部長は比較的容易にメリットを享受することができるとコメントしている。

このようにTDABCプロジェクトには，院長や理事長などのスポンサーの存在に加えて，診療部長や事務局長のリーダーシップが必要不可欠になっている。

（2）ハーバード・ビジネス・スクール（HBS）の支援

① 病院TDABCプロジェクト

医師の協力の必要性が指摘されている背景には，キャプランやポーターなどのハーバード・ビジネス・スクール（HBS）の支援が影響しているといえる。HBSの病院TDABCプロジェクトの概要については，Kaplan et al.（2014, 404-405）で背景が簡単に説明されている。HBSでは2010年より，TDABCの実行可能性や潜在的便益に関する調査プロジェクトチームを立ち上げている。TDABCプロジェクトチームは，個々の診療科の協力を取り付けることと，当該診療部長がTDABCに理解を示していることが条件となっている。それゆえ，プロジェクトチームのリーダーは診療部長であることが多く，そのうち，管理ポストなどに就いているリーダーも複数存在している。

キャプランらの支援については，例えば，HBSのセミナーに参加して「価値ベースの医療提供（value-based healthcare delivery）」が議論されていることに関心があったためTDABCの導入に至っているとコメントしている場合もあれば（Yu et al. 2016, 1962），ポーターの「価値」定義を参考にして，整形外科を巡る利害関係者間のShared Valueを示した上で，コスト情報の共通言語としてTDABCの重要性を指摘している論文も存在している（Hamid et al. 2014, 525）。ポーターの「価値」定義を参考にした当該研究は，その後，アメリカのラッシュ大学病院の整形外科にTDABCを試行導入し，人工膝関節全置換術を

第Ⅱ部
価値重視の病院経営と時間主導型原価計算の関係性

図表 8-2 外来診療担当者の腹部骨盤CT検査の業務フロー

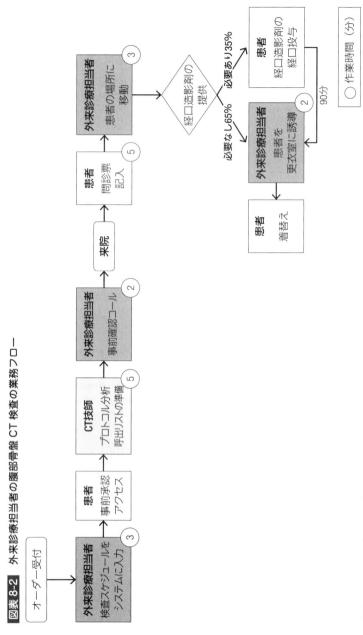

出所：Anzai et al. (2017, 202).

対象に通常レファレンスと専門病棟で比較分析を行っている。論文では，通常レファレンスに比べて専門病棟で患者を診察した方が863ドルのコストが削減可能と試算している（Hamid et al. 2016, 54）。

この他，キャプランらのHBSの研究チームから提供されたプロセスマップのテンプレートを用いたプロジェクトを実施しているケースも存在しているように（図表8-2），謝辞でHBSの協力について言及している論文も少なくない（French et al. 2013；Martin et al. 2018など）。このように，様々な角度からHBSは病院TDABCプロジェクトを進行させている。

② 発展途上国に対する病院TDABCの試験導入

次にHBSが関与している事例として，ルワンダ，ハイチといった発展途上国に対する病院TDABCの試験導入事例を紹介することにしたい。まず，アフリカのルワンダにおける3つの地方国立病院にTDABCを実施した事例論文では，急性腹症患者のうち開腹手術を行っているブタロー病院（Butaro hospital）の計算結果が紹介されている（Ruhumuriza et al. 2018）。ルワンダはアメリカと異なり，外科手術を実施するための医療設備が地域病院に整っておらず，また，それを実施する外科医のトレーニングも充実しているとはいえない。こうした状況に直面しているルワンダでは，開腹手術と開放骨折が実施できる地域の外科医の養成を推進している（p.26）。すなわち，外科手術に関連するコストを把握することは，アフリカの地域病院での外科手術の実施可能性や診療報酬の妥当性を検証する際に有益な情報をもたらすといえる。

こうしたアフリカの地域病院にTDABCを実施することができた背景には，ボストンの非営利組織であるパートナーズ・イン・ヘルス（PIH）のサポートを受けていたことがあげられる（p.26）。すなわち，先進国以外の多くの国では，外科的治療に必要なスタッフや設備が配備されていないことが多く，資金面を含めた様々な援助が必要となる。そこで，PIHのような非営利組織が，対象国の地域病院で外科治療が可能になるように援助を行っているのである。このうち病院TDABCは，病院運営を持続可能にさせるためのコスト情報を提供する役割を果たすことになる。

ブタロー病院におけるTDABCの計算対象となる急性腹症の患者は，閉塞12

名，穿孔5名，S状結腸捻転9名，腹膜炎2名，虫垂炎2名の計30名であり，うち19名が開腹手術を受けている（p.28）。開腹手術に関与したスタッフのキャパシティ費用率では，外科医が0.255ドル/分とスタッフのなかで最も高くなっている（図表8-3）。そのため，患者に多くの時間を費やしている手術室看護師や看護麻酔医，病棟看護師よりも，外科医の方が配賦コストは高く計上されている。

　ただし，給与費を含めた原価構成をみてみると，給与費はコスト全体の14.7%を占めるに過ぎず，抗生剤や麻酔薬といった医薬品費や，縫合糸や注射器，カテーテルなどの診療材料費の方が高くなっている（図表8-4）。原価プロセス別に整理してみると，術前プロセスに係る医薬品費の160.2ドルと，術中プロセスに係る診療材料費の228.0ドルが，全プロセスに係る給与費の150.4ドルを上回っていることがわかる。この計算結果から，筆者らは，現在ルワンダで進められている外科医の育成プログラムを評価する一方で，TDABCによる原価計算情報を踏まえた診療報酬の適正化を図るべきと主張している（p.31）。

　続いて，マクベインら（McBain, R. K. et al.）は，ハイチの病院ネットワークでの婦人科を対象にTDABCを実施しており，当該論文ではキャプランが共著者となっている。ハイチも医療環境が整備されていない途上国であるため，コスト差の主要因として，薬剤の在庫不足と検査設備の不備が指摘されている（McBain et al. 2016, 5-6）。論文では，病院ネットワーク内でコスト情報を比較分析して，臨床スタッフの最適配置を行うべきであると指摘している。その2年後に発表した論文では，ハイチの病院（外来診療）を対象にしたTDABCの導入事例が紹介されている。当該論文では，同一診療でも施設差が生じていることを問題視しており，クラウド型のデータベースの構築や，データ集計者（data collectors）の養成の必要性を指摘している（McBain et al. 2018, 12）。

　こうしたHBSの病院TDABCプロジェクトについては，株式会社メディカルノート代表取締役社長の木畑宏一氏が，米国の留学時代にキャプラン＆ポーターが進めていたTDABCを医療機関に持ち込むプロジェクトに参加したことについてコメントしているため，ここで紹介しておきたい（木畑2017, 868）。木畑氏が参加したTDABCプロジェクトは上述のルワンダやハイチの病院ではなく，インドのナラヤナ病院（Narayana Health）のケースが紹介されている。

第8章
病院経営における TDABC の実態

図表 8-3 開腹手術に関与したスタッフのキャパシティ費用率と配賦コスト

	キャパシティ費用率	術前プロセス 時間	術前プロセス 配賦コスト	術中プロセス 時間	術中プロセス 配賦コスト	術後プロセス 時間	術後プロセス 配賦コスト	合計 時間	合計 配賦コスト	構成比
外科医	0.255ドル/分	30.0分	7.7ドル	172.0分	43.9ドル	146.4分	37.3ドル	348.4分	88.8ドル	59.1%
救急医	0.080ドル/分	39.9分	3.2ドル	—	—	—	—	39.9分	3.2ドル	2.1%
救急看護師	0.049ドル/分	54.0分	2.6ドル	—	—	—	—	54.0分	2.6ドル	1.7%
手術室看護師	0.049ドル/分	—	—	232.0分	11.3ドル	—	—	232.0分	11.3ドル	7.5%
看護麻酔医	0.044ドル/分	15.0分	0.7ドル	232.0分	10.2ドル	—	—	247.0分	10.9ドル	7.2%
病棟看護師	0.049ドル/分	—	—	—	—	449.3分	21.9ドル	449.3分	21.9ドル	14.6%
検査技師	0.054ドル/分	187.5分	10.0ドル	—	—	—	—	187.5分	10.0ドル	6.7%
放射線技師	0.048ドル/分	29.0分	1.4ドル	—	—	—	—	29.0分	1.4ドル	0.9%
医療事務	0.036ドル/分	—	—	—	—	5.0分	0.2ドル	5.0分	0.2ドル	0.1%
合計			25.6ドル		65.4ドル		59.4ドル		150.4ドル	

出所：Ruhumuriza et al.（2018, 30）．

図表 8-4 手術プロセスの開腹手術に関する原価構成

	配賦コスト 術前	配賦コスト 術中	配賦コスト 術後	配賦コスト 合計	構成比
給与費	25.6ドル	65.4ドル	59.4ドル	150.4ドル	14.7%
設備関連費	29.4ドル	11.2ドル	48.6ドル	89.2ドル	8.7%
医薬品費	160.2ドル	121.2ドル	77.3ドル	358.8ドル	35.1%
診療材料費	3.0ドル	228.0ドル	111.1ドル	342.2ドル	33.4%
院内間接費	4.6ドル	1.3ドル	77.0ドル	82.9ドル	8.1%
合計	222.7ドル	427.1ドル	373.5ドル	1023.4ドル	

出所：Ruhumuriza et al.（2018, 30）より一部抜粋。

　当該病院は，心臓外科手術に特化した経営を行っており，このことが結果としてコスト削減につながっている。心臓外科手術は1日平均35件，バイパス手術は1日15～20件，心臓外科手術は年間で8,000～9,000件，バイパス手術は年間4,000件以上である。年間手術件数が増加すれば，手術室の回転率も上昇し，医療機器のサプライヤーに対する価格交渉力を高め，加えて，心臓外科医にとってもトレーニングになるため，多くの若手医師を比較的安い給料で集めることが可能となっている。結果，バイパスの手術コストが平均2,000ド

ルと，米国の十分の一，インドの平均的な病院の二分の一に抑えることが可能となっている（p. 869）。

こうした専門医療に特化して成功した事例は，ポーター&テイスバーグの主張と共通している。ただし，医療の生産性を向上させるためには，患者の利便性よりも医療の専門性に着目した取り組みの方が取り上げられやすい傾向があるため，患者満足度の測定も同時並行で行うべきといえよう。

（3）病院TDABC導入部門の変遷

病院TDABCは，放射線科や検査部門，整形外科などの導入事例が多いものの，2017年以降から様々な部門で事例報告がされるようになっている。そのうち，内視鏡の再利用プロセスを対象にした事例論文としてIsaacson et al.（2017）とSowerby and Rudmik（2018）を取り上げ，オンライン診療を対象にした事例論文としてEl Alaoui et al.（2017）を紹介することにしたい。

① 内視鏡の再利用プロセスへの適用

Isaacson et al.（2017）は，カリフォルニア大学病院の検査部門における軟性尿管鏡の再利用プロセスを対象にTDABCを導入している。TDABCの対象原価は給与費であり，人員別にキャパシティ費用率を算定している。キャパシティ費用率は，購買担当者が1.03ドル/分で，それ以外のスタッフは0.77ドル/分となっている。また，給与費以外の費用では，医療材料費を実際消費額で各診療行為に直課している（p.1027）。

軟性尿管鏡の再利用プロセスのフローチャートを作成した結果，スタッフが関与していない軟性尿管鏡の乾燥プロセスに大幅な時間（126分）がかかっていることが判明している（図表8-5）。さらに，当該乾燥プロセスは偏差も大きく（56分），改善の余地が残されていることも判明している。そこで，当該プロセスを短縮化するための訓練を行った結果，最大2時間の時間短縮が実現している（p.1030）。具体的には，内視鏡技師が軟性尿管鏡の動作部分を空気洗浄して，乾燥棚にセッティングする業務プロセスに改善を加えている。

また，軟性尿管鏡は壊れやすい構造になっており，故障原因は医師の操作ミスによる場合が多い。加えて，再利用プロセスにかかるコストは36.88ドルで

第8章
病院経営における TDABC の実態

図表 8-5 軟性尿管鏡の再利用プロセスに関するプロセスマップ

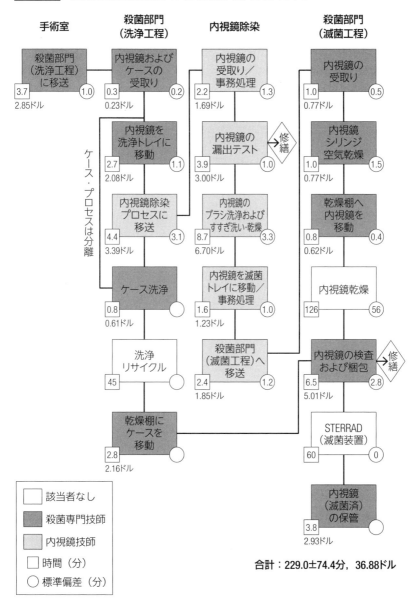

出所：Isaacson et al.（2017, 1028）.

第Ⅱ部
価値重視の病院経営と時間主導型原価計算の関係性

図表 8-6 軟性尿管鏡の修繕プロセスに関するプロセスマップ

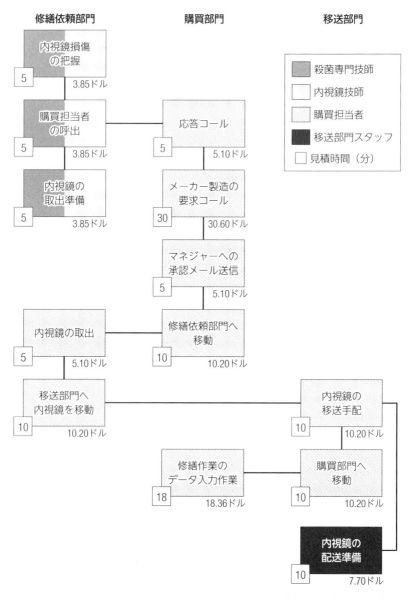

出所：Isaacson et al.（2017, 1029）.

あるが，故障時の修繕にかかるコストは139.39ドルも計上されている（図表8-6）。そのため，修繕プロセスの見直しも重要であるが，それ以上に尿管鏡の取り扱いマニュアルの徹底も検討すべきであろう。

次にSowerby and Rudmik（2018）は，カナダの総合病院（3病院，いずれも匿名）の検査部門を対象にTDABCを実施している。TDABCは，鼻咽頭鏡の殺菌消毒や修繕などの再利用プロセスを対象にしており，当該プロセスは年間4,153回を基準にして計算されている。殺菌消毒プロセスに係る給与費は，キャパシティ費用率を用いて配賦計算をしているが，医療材料費は実際消費額で直課させ，修繕費および設備費は再利用プロセス回数で配賦計算を行っている。TDABCでは，4種類の鼻咽頭鏡の再利用プロセスについて原価分析を行っている（図表8-7）。STERISは，一連の殺菌消毒を行う機材であり，Cidex OPAやRevital-Oxはボトル入りの殺菌剤，Tristel Trio Wipeは殺菌消毒キットである。Cidex OPAで殺菌消毒する際には専用のCidex Evotech ASP（殺菌消毒装置）を用いているが，Revital-Oxは殺菌消毒をトレイで行っている（p.67）。

論文では，再利用プロセスについて感度分析を行ったシミュレーション結果が提示されており，殺菌消毒装置の有無に応じて，単位当たりコストが変動している（図表8-8）。すなわち，殺菌消毒装置を用いているSTERISやCidex OPAは，再利用回数を増加させる，言い換えれば，殺菌消毒装置の回転率を上げることで「単位当たりコスト」が減少することになる。実際，再利用プロセスが年間1,040回の場合は，STERISは30.47ドル/回，Cidex OPAは

図表8-7　鼻咽頭鏡の再利用プロセスにかかるコスト

	STERIS	Cidex OPA	Revital-Ox	Tristel Trio Wipe
医療材料費	9.27ドル	4.60ドル	3.65ドル	7.31ドル
人件費	2.22ドル	2.59ドル	2.04ドル	2.04ドル
修繕費	5.86ドル	3.67ドル	3.79ドル	3.79ドル
設備費	3.23ドル	3.34ドル	0.09ドル	0.00ドル
単位当たりコスト	20.58ドル	14.20ドル	9.57ドル	13.14ドル
年間コスト合計	85,469ドル	58,973ドル	39,744ドル	54,570ドル

出所：Sowerby and Rudmik（2018, 68）.

図表 8-8 感度分析（再利用プロセス回数）

	STERIS	Cidex OPA	Revital-Ox	Tristel Trio Wipe
【年間1,040回, 5回／日】				
医療材料費	9.49ドル	9.44ドル	7.06ドル	7.31ドル
人件費	2.22ドル	2.59ドル	2.04ドル	2.04ドル
修繕費	5.86ドル	3.67ドル	3.79ドル	3.79ドル
設備費	12.90ドル	13.34ドル	0.38ドル	0.00ドル
単位当たりコスト	30.47ドル	29.04ドル	13.27ドル	13.14ドル
【年間6,240回, 30回／日】				
医療材料費	9.25ドル	6.55ドル	5.40ドル	7.31ドル
人件費	2.22ドル	2.59ドル	2.04ドル	2.04ドル
修繕費	5.86ドル	3.67ドル	3.79ドル	3.79ドル
設備費	2.15ドル	2.22ドル	0.06ドル	0.00ドル
単位当たりコスト	19.48ドル	15.03ドル	11.29ドル	13.14ドル

出所：Sowerby and Rudmik（2018, 69）．

29.04ドル/回であるが，再利用プロセスが年間6,240回の場合は，STERISは19.48ドル/回，Cidex OPAは15.03ドル/回にまで減少している。

　このようにキャパシティ費用率の計算対象外となる医療設備が存在している場合は，感度分析を行って損益分岐点を算定しておき，回転率を向上させるための経営方針を立てる必要がある。加えて，鼻咽頭鏡の再利用プロセスは直接患者に関与するプロセスでないため，患者アウトカムが評価対象にならず，鼻咽頭鏡の殺菌・修繕に係る品質を評価すればよいので，病院原価計算が実施しやすい領域といえよう。

② オンライン診療への適用

　El Alaoui et al.（2017）は，スウェーデンの精神クリニックにおける社会不安障害治療を対象にしてTDABCを導入している。従来の社会不安障害治療として採用されてきた認知行動療法は，グループ診療（CBGT）が一般的であったが，自宅で認知再構成法などを受講した上で，精神分析医からE-mailでフィードバックを受けて診療を行うインターネット認知行動療法（ICBT）が新たに導入されたため，TDABCを用いてコスト比較を行っている。認知行動療

第8章
病院経営におけるTDABCの実態

図表8-9 認知行動グループ療法（CBGT）を用いたケア・サイクルの原価見積

	看護師		精神科医		研修医		精神分析医		医療秘書		合計	
	平均時間	平均コスト	平均時間	平均コスト	平均時間	平均コスト	平均時間	平均コスト	平均時間	平均コスト	平均時間	平均コスト
受付・登録	11分	13€	–	–	–	–	–	–	–	–	11分	13€
診断評価	–	–	20分	43€	80分	112€	–	–	–	–	100分	154€
監視ミーティング/ディスカッション	–	–	3分	6€	3分	4€	1分	1€	–	–	7分	11€
心理的アセスメント（補定）	–	–	–	–	–	–	5分	7€	–	–	5分	7€
CBGT診察	–	–	–	–	–	–	470分	582€	–	–	470分	582€
外来通院準備	3分	3€	–	–	–	–	–	–	–	–	3分	3€
術後外来	–	–	–	–	–	–	24分	30€	–	–	24分	30€
退院	–	–	–	–	–	–	–	–	5分	5€	5分	5€
合計	14分	17€	23分	49€	83分	116€	500分	619€	5分	5€	625分	806€

出所：El Alaoui et al.（2017, 4）.

図表8-10 インターネット認知行動療法（ICBT）を用いたケア・サイクルの原価見積

	看護師		精神科医		研修医		精神分析医		医療秘書		合計	
	平均時間	平均コスト	平均時間	平均コスト	平均時間	平均コスト	平均時間	平均コスト	平均時間	平均コスト	平均時間	平均コスト
受付・登録	11分	13€	–	–	–	–	–	–	–	–	11分	13€
診断評価	–	–	20分	43€	80分	112€	–	–	–	–	100分	154€
監視ミーティング/ディスカッション	–	–	3分	6€	3分	4€	1分	1€	–	–	7分	11€
心理的アセスメント（補定）	–	–	–	–	–	–	5分	7€	–	–	5分	7€
事務手続	–	–	–	–	–	–	–	–	41分	41€	41分	41€
ICBT診察（オンライン）	–	–	–	–	–	–	82分	102€	–	–	82分	102€
ICBT診察（オフライン）	–	–	–	–	–	–	77分	95€	–	–	77分	95€
外来通院準備	3分	3€	–	–	–	–	–	–	–	–	3分	3€
術後外来	–	–	–	–	–	–	24分	30€	–	–	24分	30€
退院	–	–	–	–	–	–	–	–	5分	5€	5分	5€
合計	14分	17€	23分	49€	83分	116€	190分	235€	46分	46€	355分	463€

出所：El Alaoui et al.（2017, 4）.

法は，両方とも15週間ほどの治療期間を要することになる（p.2）。

　TDABCのキャパシティ費用率の対象原価は，給与費以外にフロア関連コス

第Ⅱ部 価値重視の病院経営と時間主導型原価計算の関係性

図表8-11 キャパシティ費用率

キャパシティ利用割合	看護師	精神科医	研修医	精神分析医	医療秘書
50%	1.67€/分	3.14€/分	2.02€/分	1.73€/分	1.38€/分
80%	1.21€/分	2.13€/分	1.40€/分	1.24€/分	1.02€/分
100%	1.06€/分	1.79€/分	1.19€/分	1.08€/分	0.90€/分

出所:El Alaoui et al.(2017, 5)に加筆修正。

トやIT関連コストなどが含められている。給与費以外のコストは、面積などを基準にしてスタッフ別に配賦している(p.3)。

結果、グループ診療(CBGT)に係るコストは806ユーロ/回であるのに対して(図表8-9)、インターネット認知行動療法(ICBT)に係るコストは463ユーロ/回が計算されている(図表8-10)。この違いは、精神分析医の負担が大きく影響している。すなわち、インターネットを用いたオンライン診療を導入することで、勤務時間は500分から190分に減少していることの影響が大きい。ただし、ICBTを導入することで医療秘書の事務負担が増えているので、診療プロセス全体に係るコストを把握しておく必要がある。彼らのケースでは、先行研究を参考にしてキャパシティ利用割合は80%に設定されていたものの、キャパシティ利用割合を高めること、言い換えれば回転率を上げることで、さらにコスト削減を行うことができると指摘している(図表8-11)。

また、ICBTを利用することによって、遠隔地からでも診療が可能となり、地理的な障害が克服することができることがメリットといえる(p.5)。ただし、インターネットを用いた認知行動療法では、実際に患者を長時間診察するわけではないので、術後アウトカムの測定も重要となる。それゆえ論文では、EuroQol(EQ-5D)を用いたアウトカム測定の結果も紹介されている(p.2)。

3 病院TDABCの対象原価と利用目的

本節では、病院TDABCの対象原価や、利用目的としてのタスク・シフティングへの活用や未利用キャパシティの測定についてまとめていく。

（1）キャパシティ費用率の対象原価

① 給与費

　キャパシティ費用率の対象原価は，給与費を対象にしたケースが増加傾向にある。当該ケースのキャパシティ費用率は，部門別ではなく人員別（スタッフ別）に算定されているのが特徴である。例えば，French et al.（2013, 140）で紹介されているテキサス大学MDアンダーソンがんセンターの検査部門を対象にしたケースでは，医師や助手，看護師などのキャパシティ費用率を人員別に算定している。

　Inverso et al.（2015）も，ボストン子供病院関連施設の形成外科の斜頭症治療にTDABCを導入する際に，時間によるキャパシティ計測との整合性を考慮して，給与費を対象にしてスタッフ別にキャパシティ費用率を算定している（図表8-12）。事例では，フェーズ1（観察期間）からフェーズ2（実施期間）と改善活動を行うことで，コストは8.22ドル増加しているものの，プロセス時間が7分29秒減少することで，患者を2名多く診察することができるとコメントしている。より多くの患者を診察することが可能となった結果，年間7,904ドルの利益が増加している（p.675）。なお当該事例では，矯正士のキャパシティ費用率がゼロであるが，その理由は論文では確認できなかった。

図表8-12　臨床スタッフ別の業務時間およびコストの変化

臨床スタッフ	フェーズ1（観察期間）業務時間	フェーズ1（観察期間）コスト	フェーズ2（実施期間）業務時間	フェーズ2（実施期間）コスト	差異 業務時間	差異 コスト
形成外科医	14分15秒	97.82ドル	15分34秒	107.57ドル	1分19秒	9.75ドル
看護師	6分10秒	6.40ドル	3分36秒	5.80ドル	△2分34秒	△0.60ドル
臨床助手	59秒	0.64ドル	59秒	0.64ドル	0秒	0.00ドル
救急サービス担当者	2分16秒	1.67ドル	1分00秒	0.74ドル	△1分16秒	△0.93ドル
矯正士	22分52秒	0.00ドル	17分54秒	0.00ドル	△4分58秒	0.00ドル
合計	46分32秒	106.53ドル	39分03秒	114.75ドル	△7分29秒	8.22ドル

出所：Inverso et al.（2015, 675）．

② 給与費および設備費・フロア関連コスト

　給与費の他に，設備費やフロア関連コストをキャパシティ費用率の算定対象に加えている論文もいくつか確認できている。例えば Anzai et al.（2017）は，アメリカ・ユタ大学病院の放射線科において腹部骨盤 CT スキャンの症例に対して TDABC を実施しているが，原価計算対象は，医療材料費や間接費を除いた給与費，設備費・フロア関連コストである。事例では，当該症例を入院・外来・救急の 3 部門に区分してプロセスマップを作成している（p.206）。計算結果から，外来よりも入院または救急のコストが高いことが判明している。論文では，この要因を分析した結果，医師以外の診療管理士，看護師，放射線技師，薬剤師などのスタッフの影響をあげている。この解決策として，研修医の関与の有無に関わらず，CT スキャン結果の解析作業のすべてを主治医が担当することや，患者運搬作業を看護師や放射線技師に担当させるのではなく，専任の患者搬送専門者を配置することでコスト削減できると結論付けている（p.206）。

　Kaplan et al.（2015）も，給与費と設備費・フロア関連コストでキャパシティ費用率を算定して，TDABC を実施している。当該事例では，カリフォルニア大学病院の泌尿器科を対象に，外来プロセスを 8 区分して，各活動に関連するスタッフ別のキャパシティ費用率を計算している（図表 8-13）。

図表 8-13 泌尿器科クリニックにおける原価情報

サブプロセス	スタッフ	場所	給与費 業務時間	給与費 キャパシティ費用率	給与費 配賦コスト	設備費・フロア関連コスト キャパシティ費用率	設備費・フロア関連コスト 配賦コスト	合計
予約応対	コールセンター	受付	15分	0.72ドル/分	10.74ドル	0.42ドル/分	3.14ドル	13.88ドル
予約認証業務	医療事務	受付	0.5分	0.72ドル/分	0.36ドル	0.42ドル/分	0.10ドル	0.46ドル
カルテ準備	臨床アシスタント	受付	10分	0.72ドル/分	7.16ドル	0.42ドル/分	2.09ドル	9.25ドル
来院および受付	医療事務	受付	10分	0.72ドル/分	7.16ドル	0.42ドル/分	2.09ドル	9.25ドル
診察	主治医	診察室	15分	2.95ドル/分	44.32ドル	0.06ドル/分	0.47ドル	44.79ドル
同意書の準備	准看護師	診察室	5分	0.75ドル/分	3.76ドル	0.06ドル/分	0.16ドル	3.92ドル
カルテ記入	主治医	診察室	5分	2.95ドル/分	14.77ドル	0.06ドル/分	0.16ドル	14.93ドル
退院	臨床アシスタント	受付	10分	0.72ドル/分	7.16ドル	0.42ドル/分	2.09ドル	9.25ドル
							合計	105.73ドル

出所：Kaplan et al.（2015, 45）に加筆修正。

その他，アメリカとインドの 3 施設において，多枝冠動脈のバイパス移植手術に TDABC を導入している Erhun et al.（2015）のケースでは，給与費とフロア関連コストをキャパシティ費用率の計算対象にしており，医療材料費や設備費（一部はフロア関連コストに算入）は診療サービスに直課している。なお，当該調査研究では，3 施設間の比較を正確に行うために，間接費は計算対象外とされており，診療カテゴリー別の所要時間やプロセスなどの調査にあたって，それぞれ少なくとも 3 人にインタビュー調査を実施している（p.4）。

　Chen et al.（2015, 642-643）の事例も，給与費とフロア関連コストのキャパシティ費用率を計算した上で，診療プロセスに関与するスタッフ別にコスト計算を行っている。加えて，バージニア大学病院の放射線科において子宮頸がん治療を対象にした Bauer-Nilsen et al.（2018）や，同一診療科の胸部がん治療を対象にした Schutzer et al.（2016）も，給与費以外に設備費を含めた計算過程が比較的詳細に説明されているので参照されたい。

③ 全コスト

　給与費，設備費やフロア関連コストのほか，医療材料費や間接費も含めた全コストを対象にした研究論文は，Crott et al.（2016）と Demeere et al.（2009）の 2 本が該当する。Crott et al.（2016）では，ベルギーのモン・ゴダンヌ大学病院（Mont-Godinne university hospital）の癌科において，頭頸部腫瘍のセンチネルリンパ節生検にかかる全コストを対象に TDABC を導入している。当該診療科は，核医学検査，手術室，病理解剖の 3 部門に区分され，核医学検査は SPECT（単一光子放射断層撮影），ハンドプローブ（身体電位測定器），ガンマカメラ（1 ～ 3 台）の検査種類別に細分化しているため，合計 7 種類のキャパシティ費用率が計算されている（図表 8-14）。

　核医学検査のうちガンマカメラを使用する計算プロセスを整理してみると，計算結果に相違が生じている原因として，①ガンマカメラの使用台数が増えるとキャパシティ費用率が高くなること，②重症患者を診察した場合は手術時間が長くなること，③注入トレーサー法が手術室で実施可能で術前画像が不要な場合には，業務プロセス時間が最も短くなること，以上の 3 点に集約できる（図表 8-15, 8-16）。このように患者の重症度のほか，医療機器の使用状況を考慮

第Ⅱ部
価値重視の病院経営と時間主導型原価計算の関係性

図表8-14 キャパシティ費用率

SPECT	ハンドプローブ	ガンマカメラ 1台	ガンマカメラ 2台	ガンマカメラ 3台	手術室	病理解剖
14.82€／分	13.13€／分	13.50€／分	13.68€／分	14.23€／分	9.33€／分	11.88€／分

出所：Crott et al.（2016, 2625）より一部抜粋。

図表8-15 センチネルリンパ節生検に係る業務時間（シナリオ別）

シナリオ	注入トレーサー	術前画像	重症度	核医学検査（ガンマカメラ）1台	2台	3台	手術室	病理解剖
1	核医学検査室	必要	軽症	94.0分	74.0分	74.0分	78.0分	132.5分
2	核医学検査室	必要	重症	94.0分	74.0分	74.0分	98.0分	132.5分
3	手術室	必要	軽症	84.0分	64.0分	64.0分	91.0分	132.5分
4	手術室	必要	重症	84.0分	64.0分	64.0分	111.0分	132.5分
5	手術室	不要	軽症	30.0分	30.0分	30.0分	85.0分	132.5分
6	手術室	不要	重症	30.0分	30.0分	30.0分	105.0分	132.5分

出所：Crott et al.（2016, 2625）を基に筆者作成。

図表8-16 センチネルリンパ節生検にかかるコスト（シナリオ別）

シナリオ	核医学検査（ガンマカメラ）1台	2台	3台	手術室	病理解剖	合計 1台	2台	3台
1	1,269€	1,012€	1,053€	728€	1,574€	3,571€	3,314€	3,355€
2	1,269€	1,012€	1,053€	914€	1,574€	3,757€	3,541€	3,541€
3	1,134€	876€	911€	849€	1,574€	3,557€	3,334€	3,334€
4	1,134€	876€	911€	1,036€	1,574€	3,744€	3,520€	3,520€
5	405€	410€	427€	793€	1,574€	2,772€	2,794€	2,794€
6	405€	410€	427€	980€	1,574€	2,959€	2,981€	2,981€

出所：Crott et al.（2016, 2626）を基に筆者作成。

して，TDABCの計算結果を比較する必要があるといえよう。

次に，ベルギーの民間病院における外来診療を対象にしたDemeere et al.（2009）のケースでは，医師の給与費を控除した全コストについてキャパシティ費用率を算定している。医師の給与費だけが計算対象外になっている背景には，ベルギーでは医師に支払われる診療報酬が出来高払いで支払われることがある（p.299）。つまり，出来高払いの診療報酬でカバーできない部分のコス

トを原価計算対象にしてTDABCを実施することが念頭に置かれている。

(2) キャパシティ費用率以外の対象原価

　時間以外の配賦基準が適用される原価には，医薬品費（drug / medicine）や診療材料費（supply），医療消耗器具備品費（consumable）のような「医療材料費」が対象となっていることが多い。これは医療材料費が診療行為に直課できるため，あえてキャパシティ費用率を用いた時間の配賦基準を設定する必要がないためだと思われる。

　例として，バーモント大学医療センターでの3種類の診療サービスで試験的にTDABCを実施しているMartin et al.（2018）の事例から紹介することにしたい。3つの診療サービスは，大腸内視鏡検査，大動脈弁置換術，それに手根管開放術である。大腸内視鏡検査はプロセスマップ作成にとどまっているが，大動脈弁置換術と手根管開放術はTDABCの計算結果が提示されている。大動脈弁置換術は，外科的大動脈弁置換術（SAVR）と経カテーテル的大動脈弁留置術（TAVI）の2種類の診療行為が計算対象となっている（図表8-17）。

　TDABCは給与費を対象にして，人員別にキャパシティ費用率を算定している。給与費以外では，医療材料費を実際消費額で各診療サービスに直課させている。TDABCの計算対象である給与費を整理してみると，麻酔科医を含む医師に係るコストではSAVRが1,822ドルで，TAVIが1,480ドルと，TAVIの方が少額となっている。しかしながら，臨床工学士にかかる給与費や，診療材料（大動脈弁）にかかるコストはTAVIの方が高くなっていることが判明している。とりわけ，TAVIに用いられる大動脈弁に係る診療材料費は32,000ドルとコスト全体の約8割を占めていることから，診療材料の購買管理の優先度が高くなっていることが判明している。

　同様にErhun et al.（2015, 5）も，給与費，設備費・フロア関連コストのそれぞれにキャパシティ費用率を算定しているが，医療材料費はキャパシティ費用率を算定せずに直課するようにしている。Anzai et al.（2017, 202）においても，シリンジや注射器，チューブや造影剤といった医療材料費は実際消費額を用いるようにして，キャパシティ費用率の計算対象としていない。Yu et al.（2016, 1964）も，医薬品費や検査，給食，請求可能な医療材料費など，病

第Ⅱ部 価値重視の病院経営と時間主導型原価計算の関係性

図表 8-17　外科的大動脈弁置換術（SAVR）および経カテーテル的大動脈弁留置術（TAVI）にかかるコスト

スタッフ	キャパシティ費用率	SAVR スタッフ数	SAVR 業務時間	SAVR 配賦コスト	TAVI スタッフ数	TAVI 業務時間	TAVI 配賦コスト
麻酔科							
麻酔主治医	2.85ドル/分	1名	270分	770ドル	1名	180分	513ドル
麻酔研修医	0.32ドル/分	1名	270分	83ドル	1名	180分	56ドル
心臓外科							
主治医（侵襲）	3.28ドル/分	0名	—	—	1名	120分	394ドル
フェロー（侵襲）	0.33ドル/分	0名	—	—	1名	120分	40ドル
主治医（非侵襲）	2.00ドル/分	0名	—	—	1名	30分	60ドル
フェロー（非侵襲）	0.32ドル/分	0名	—	—	1名	120分	37ドル
心臓胸部外科							
医療補助者	1.13ドル/分	1名	270分	305ドル	0名	—	—
外科医	3.17ドル/分	1名	210分	664ドル	1名	120分	380ドル
小計		4名		1,822ドル	7名		1,480ドル
その他							
製造責任者	1.63ドル/分	0名	—	—	1名	180分	293ドル
看護師（カテーテル処置室）	0.88ドル/分	0名	—	—	5名	144分	632ドル
看護師（手術室）	0.78ドル/分	1名	270分	211ドル	1名	180分	141ドル
手術室助手	0.32ドル/分	1名	90分	28ドル	0名	—	—
血液灌流技師	1.47ドル/分	1名	180分	263ドル	1名	120分	175ドル
臨床工学士	0.43ドル/分	1名	270分	117ドル	1名	180分	78ドル
技術サービス担当者	0.53ドル/分	1名	60分	32ドル	1名	60分	32ドル
小計		5名		651ドル	10名		1,351ドル
診療材料費（その他）				3,074ドル			3,419ドル
診療材料費（大動脈弁）				5,600ドル			32,000ドル
合計		9名		11,147ドル	17名		38,250ドル
原価差異（絶対値）							27,103ドル
原価差異（構成比）							70.9%

出所：Martin et al.（2018, 317）に加筆修正。

図表 8-18　人工膝関節置換術にかかる入院コスト

人工膝関節置換術パス	コスト	構成比
術前診断／術前学習	163.18£	3.0%
入院手術	658.37£	12.1%
回復期	176.70£	3.3%
手術関連材料費	1,862.32£	34.4%
病棟ケア（5.25日）	601.00£	11.1%
整形外科病棟ケア（5.25日）	308.91£	5.7%
小計	3,770.48£	69.5%
全社間接費（43.8%）	1,651.47£	30.5%
合計	5,421.95£	100.0%

出所：Chen et al.（2015, 643）．

院の財務データから患者の個人情報が入手できるものは直課対象にしている。

　また，イギリスの大学病院（匿名）の整形外科において，人工膝関節置換術にTDABCを導入しているChen et al.（2015）のケースでは，医療材料費と全社間接費はキャパシティ費用率に含めておらず，医療材料費は実際消費額を基準に診療行為に直課しており，全社間接費はトータルコストに一律43.8%を乗じることで負担させている（図表8-18）。彼らは，整形外科医や麻酔科医の他，手術室ナースや，回復病棟ナース，患者移動補助者などの給与費は人員別にキャパシティ費用率を算定している（p.642）。当該キャパシティ費用率を用いて人工膝関節置換術のクリニカルパスのフローチャートのうち，入院・手術プロセスや病棟ケアなどにコストを配賦している。なお，筆者らが当該事例を通じて強調していることは，パスのプロセス別に原価構成比率を計算して，どのプロセスにコストがかかっているのかを明らかにすることである。

　一方で，Öker and Özyapici（2013）のケースでは，医師，看護師，医薬品費，病室，手術および麻酔に関連して，診療行為に直接跡付けることができるコスト以外の間接費を対象にTDABCを実施している。後述であるが当該事例で間接費として集計されたコストは，9つの活動に区分され，それぞれの活動に人員別のキャパシティ費用率を乗じてコスト計算を行っている（pp.32-33）。

　しかしながら，Öker and Özyapici（2013）のような間接費を配賦計算対象

にした事例論文は少ない。例えば，Andreasen et al.（2016）のTDABCの対象原価には間接費が含まれていない。これはデンマークの公的病院では，病院の所有にかかるコスト負担が必要なく，維持管理などにかかるコストだけ負担すればよいため，民間病院と公的病院では原価構造が異なるため間接費を含めていないと説明している（p.1754）。すなわち，建物の減価償却費などの間接費を含めてしまうと公的病院と民間病院で差が生じてしまい，両者を比較分析できないため計算対象にしていないのである[2]。ランダム化比較試験により，大腸CT検査を対象にTDABCを実施しているMantellini et al.（2017, 742）の事例でも，イタリアの病院では間接費の測定が義務化されていないため，間接費を含めていないとコメントしている。間接費が病院TDABCの計算対象にされていないことについては，病院TDABCの文献をレビューしたKeel et al.（2017, 760）においても触れられている。

　この他，給与費をTDABCで算定しておき，建物や医療設備の初期投資額や維持管理コストを診療プロセスに負担させているスペインの地域薬局の事例や（Noain et al. 2017, 752-753），建物や設備に係る減価償却費は面積比で配賦しているカナダの地域医療圏の事例も存在している（Van Dyk et al. 2017, 179-180）。

（3）タスク・シフティング（業務移管）への活用

　病院TDABCでは，すべての医療資源を一括して計算対象にするのではなく，医療提供者の職種の違いを考慮して，人員別にキャパシティ費用率を算定することが推奨されてきた（Kaplan and Porter 2011, 51）。例えば，キャプラン＆ポーターの設例では，看護師のキャパシティ費用率の算定方法が紹介された上で，経営管理者と医師のキャパシティ費用率が提示されている。なお，それぞれのキャパシティ費用率は，看護師が65ドル/時間，経営管理者が45ドル/時間，医師が300ドル/時間となっている（p.52）。

　キャプラン＆ポーターが，スタッフ別のキャパシティ費用率を設定した背景には，専門性の高いスタッフを雇用することで，キャパシティ費用率の高いス

---

[2] Andreasen et al.（2016）の2病院が公的若しくは民間病院であるかの説明はないものの，間接費を含めていないことから，公的病院と民間病院で比較していることを推測することができる。

タッフ（多くは医師）の時間を有効活用することができ，そのことがコスト削減につながると考えているためである。こうしたタスク・シフティング（業務移管）に関するプロセス改善は，給与費を対象にしたTDABCを導入することで，その効果がコスト面で「見える化」できるようになる。

　その後，Kaplan（2014）においても，医師の専門性を生かすために，合併症などのアウトカム指標が悪化しない限りにおいて，日常業務の多くを他の医療スタッフに委任することを推奨している。そうすることで，患者にかかるトータルの時間は増えたとしても，当該スタッフのキャパシティ費用率が低く見積もられている場合にはコストを抑えることができる。TDABCは，こうしたレバレッジの最適化を「コスト面」から検証することができるのである（p.80）。本項では，タスク・シフティングの改善成果として取り上げられている専門スタッフの活用状況や，診療報酬制度や医療情報システムとの関連を丁寧に紹介することにしたい。

① 研修医・医療補助者

　医師の熟練度が作業時間に与える影響は，原価計算結果の解釈を複雑にする要素であるといえる。例えば，Andreasen et al.（2016）によれば，熟練度の高い医師（診療部長）は，相対的にコストの低い医師（研修医）に比べて作業時間が少なくて済む。ゆえに，キャパシティ費用率を人員別に算定し，熟練度と作業時間を組み合わせて原価計算を行うことで，診療行為別原価の比較検討を行うことができる（Andreasen et al. 2016, 1754）。

　この点，バージニア大学病院の放射線科を対象にTDABCを実施しているSchutzer et al.（2016）が，研修医と主治医のキャパシティ費用率の差についてコメントしている。つまり，大学病院のような大規模病院では，診療行為ごとに主治医と研修医の関与割合が異なり，両者のキャパシティ費用率の差が大きいためにコスト差が生じている。実際，当該放射線科の主治医と研修医の関与割合は，加速乳房部分照射（APBI）が39：61であるのに対して，全脳照射（WBRT）は42：58と異なっている（p.590）。それゆえ筆者らは，大学病院以外の施設で同様の結果が得られない可能性を認めつつも，TDABCの計算結果は利用することができると指摘している。このように，研修医と主治医がどれ

図表 8-19　職能別のキャパシティ費用率，平均作業時間および平均コスト

スタッフ	キャパシティ費用率	医療補助者なし		医療補助者あり	
外科医	7.33ドル／分	30.8分	225.8ドル	11.6分	85.0ドル
医療補助者	2.30ドル／分	―	―	29.6分	68.1ドル
手術スタッフ	1.43ドル／分	62.2分	88.9ドル	61.5分	87.9ドル
看護師	1.98ドル／分	82.2分	162.8ドル	81.5分	161.4ドル
合計		175.2分	477.5ドル	184.2分	402.4ドル

出所：Resnick et al.（2016, 2132-2134）を基に筆者作成。

だけ関与している診療行為なのかも認識しておく必要がある。

　キャパシティ費用率を人員別に算定し，熟練度と作業時間を組み合わせて原価計算を行うことについては，Resnick et al.（2016）の事例結果も参考になる。Resnick et al.（2016）では，ボストン子供病院の形成口腔外科の口腔顎顔面手術を対象にして TDABC を導入しているが，従来のプロセスマップに医療補助者（Physician Assistants：PA）を組み込むことの影響をコスト面から測定している（図表8-19）。医療補助者を組み込むことで，外科医が行っていた同意説明・局所麻酔・縫合処置を医療補助者が代替し，抜歯手術もサポートすることで，外科医の作業負担を軽減できたことが報告されている（pp.2130-2131）。外科医の作業を医療補助者が負担すると，トータルの作業時間は10分ほど増加するものの，キャパシティ費用率の高い外科医の作業負担が減る。結果，診療にかかるトータルコストは，477.5ドル－402.4ドル＝75.1ドルの削減が可能になったことが示され，合併症も増加しなかったことが報告されている（p.2134）。つまり，医療補助者のサポートによって未利用キャパシティが生じた外科医は，より多くの患者を診察することができ，それに対応させてスタッフを補充すれば収益性も向上することにつながるのである。

② 患者搬送専門者

　Yun et al.（2016）では，救急部門に原価計算を導入した場合の RCC 法と RVU 法，病院 TDABC の違いについて，計算例を用いながら説明している。救急患者として想定されているのは，胸痛患者（45歳男性，検査室検査・胸部レン

第8章 病院経営における TDABC の実態

トゲン・心電図）と過量服用の精神病患者（45 歳男性，検査室検査・鎮静剤投与）である（p.766）。TDABC は，給与費と設備費・フロア関連コストについてキャパシティ費用率を算定しており（図表 8-20），患者別にコストが計算されている（図表 8-21, 8-22）。

図表 8-20　キャパシティ費用率（費目別）

【人件費】

変数	救急医	看護師	レントゲン技師	事務職員
臨床コスト（給与＋給付）	390,000ドル	104,000ドル	71,500ドル	45,500ドル
年間キャパシティ	90,000分	90,000分	90,000分	90,000分
キャパシティ費用率	4.33ドル／分	1.16ドル／分	0.79ドル／分	0.51ドル／分

変数	臨床工学士	検査技師	放射線科医
臨床コスト（給与＋給付）	39,000ドル	45,500ドル	390,000ドル
年間キャパシティ	90,000分	90,000分	90,000分
キャパシティ費用率	0.43ドル／分	0.51ドル／分	4.33ドル／分

【設備費】

変数	レントゲン装置	血液分析装置	化学分析装置	心電図	モニタリング装置
取得原価	80,000ドル	1,200,000ドル	2,200,000ドル	6,000ドル	50,000ドル
耐用年数	5年	7年	7年	10年	7年
減価償却費	16,000ドル	171,429ドル	314,286ドル	600ドル	7,143ドル
維持管理費	12,000ドル	180,000ドル	330,000ドル	900ドル	7,500ドル
設備費	28,000ドル	351,429ドル	644,286ドル	1,500ドル	14,643ドル
年間稼働時間	440,000分	440,000分	440,000分	440,000分	440,000分
キャパシティ費用率	0.06ドル／分	0.80ドル／分	1.46ドル／分	0.003ドル／分	0.03ドル／分

【フロア関連コスト】

変数	救急治療室
建物関連コスト	350ドル
耐用年数	20年
維持管理コスト	35ドル
フロア関連コスト	52.50ドル
年間稼働時間	525,000分
キャパシティ費用率	0.01ドル／分

出所：Yun et al.（2016, 769）．

第Ⅱ部
価値重視の病院経営と時間主導型原価計算の関係性

図表 8-21 胸痛患者に対する TDABC 原価見積

【人件費】

変数	救急医	看護師	レントゲン技師	事務職員
キャパシティ費用率	4.33ドル／分	1.16ドル／分	0.79ドル／分	0.51ドル／分
診療時間	25分	35分	10分	5分
配賦コスト	108.25ドル	40.60ドル	7.90ドル	2.55ドル

変数	臨床工学士	検査技師	放射線科医
キャパシティ費用率	0.43ドル／分	0.51ドル／分	4.33ドル／分
診療時間	5分	15分	5分
配賦コスト	2.15ドル	7.65ドル	21.65ドル

【設備費／フロア関連コスト】

変数	レントゲン装置	血液分析装置	化学分析装置	心電図
キャパシティ費用率	0.06ドル／分	0.80ドル／分	1.46ドル／分	0.01ドル／分
稼働時間	5分	30分	30分	3分
配賦コスト	0.30ドル	24.00ドル	43.80ドル	0.03ドル

変数	モニタリング装置	救急治療室
キャパシティ費用率	0.03ドル／分	0.01ドル／分
稼働時間	130分	130分
配賦コスト	3.90ドル	1.30ドル

出所：Yun et al.（2016, 770）．

　Yun et al.（2016）は，キャパシティ費用率が相対的に高い看護師に患者搬送作業を行わせて搬送作業に遅れが生じていることを問題視しており，患者搬送専門者を追加雇用するアイディアを紹介している。そして，現場状況を把握している救急部門の責任者（診療部長）が，TDABCのコスト情報を考慮することで，業務効率を向上させることにつながるといえよう。その際，クリニカルパスが既に構築されていて，かつ，患者数が多い処置を対象とすれば，救急部門のリーダー（主任）は，その便益を比較的容易に享受することができると指摘している（p.771）。

　なお，計算結果は，胸痛患者は 264.08 ドルであるのに対して，精神病患者は 414.33 ドルとなっている（図表 8-23）。計算結果の違いは，救急医，看護師，臨床工学士の人件費が大きく影響している。例えば，臨床工学士のコスト

図表 8-22　精神病患者に対する TDABC 原価見積

【人件費】

変数	救急医	看護師	事務職員	臨床工学士	検査技師
キャパシティ費用率	4.33ドル／分	1.16ドル／分	0.51ドル／分	0.43ドル／分	0.51ドル／分
診療時間	35分	60分	5分	245分	15分
配賦コスト	151.55ドル	69.60ドル	2.55ドル	105.35ドル	7.65ドル

【設備費／フロア関連コスト】

変数	血液分析装置	化学分析装置	心電図	モニタリング装置	救急治療室
キャパシティ費用率	0.80ドル／分	1.46ドル／分	0.01ドル／分	0.03ドル／分	0.01ドル／分
稼働時間	30分	30分	3分	245分	245分
配賦コスト	24.00ドル	43.80ドル	0.03ドル	7.35ドル	2.45ドル

出所：Yun et al.（2016, 770）.

図表 8-23　TDABC 原価見積の比較

	人件費	設備費／フロア関連コスト	合計
胸痛患者	190.75ドル	73.33ドル	264.08ドル
精神病患者	336.70ドル	77.63ドル	414.33ドル

出所：Yun et al.（2016, 770）を基に筆者作成。

差は，所要時間が胸痛患者5分と精神病患者245分で大きく異なるためであるが，救急医のコスト差はキャパシティ費用率の高さ（4.33ドル/分）が影響しているといえる。

また，病院 TDABC のキャパシティ費用率の算定にあたっては，分母の年間キャパシティの算定に教育研究に係る時間を除くことが多く，さらに救急部門では，オンコール勤務のように急患に対応できる時間的余裕をもたせる必要がある。それゆえ論文では，救急部門では20％の未利用キャパシティは許容範囲であると指摘している（p.771）。

③ 遺伝診断士

Tan et al.（2016）は，シンガポール国立がんセンターのがん遺伝診断サービスを対象に TDABC を導入している。対象原価は給与費であり，人員別にキャパシティ費用率を算定している（図表8-24）。がん遺伝診断サービスの効率的

図表 8-24 スタッフ別の年間給与費, 平均時間給およびキャパシティ費用率

スタッフ名	年間給与費	平均時間給	キャパシティ費用率
医師	150,000ドル	64.10ドル	1.07ドル／分
遺伝診断士	89,800ドル	25.56ドル	0.43ドル／分
医療事務	38,400ドル	16.41ドル	0.27ドル／分
採血専門医	42,240ドル	18.05ドル	0.30ドル／分

出所：Tan et al.（2016, 330）.

運営を図るため，当該医療機関では，①遺伝診断士の雇用と，②診察予約の確認連絡を行うようにしている。遺伝診断士を雇用することは，従来は医師が行っていた親族病歴や遺伝診断に関するレクチャーを遺伝診断士に担当させることで，医師のキャパシティを効率的に活用することができ，結果，コストを低く抑えることができることになる。そして，診察予約の確認連絡を行うことは，医療事務の負担が増えるものの，予約キャンセル率を低く抑えることができ，より多くの患者を診察することが可能となっている。

すなわち遺伝診断士を雇用することは，医師の未利用キャパシティが増えることにつながり，当該未利用キャパシティが生じたことで，より多くの患者を診察することができるようになったため，診察予約の確認連絡を行うようになっている。実際，当該がんセンターでは，遺伝診断士を雇用した2014年8月5日と，診察予約の確認連絡をとるようになった2014年11月4日以降，診察患者数が増加傾向にある（図表8-25, 8-26）。こうした職員の有効活用の結果，初診にかかるコストは70.41ドルから52.76ドルに，再診（2回目）は24.45ドルから17.81ドルに，再診（3回目）は53.55ドルから49.71ドルに減少している（図表8-27, 8-28）。

しかしながら，Tan et al.（2016）では，がん遺伝診断サービスに対する診療報酬は十分であるといえないため，コスト削減努力を行ったとしても，患者の自己負担が大半であることを問題視している。当該状況下では，がん遺伝診断サービスが自己負担額を理由に受けられなかった場合に再診の必要性が生じるなど，事後的にコストがかかってしまう。そこで彼らは，TDABCを用いた定期的なデータ収集を行い，診療報酬の支払い方式を「価値ベースの支払い方式（value-based payments）」に移行すべきであると指摘している（p.324）。

図表 8-25 がん遺伝診断クリニックにおける予約キャンセル率

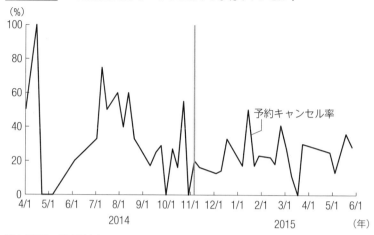

(注) 休暇中で患者が少ない 2014/12/23 と 2014/12/30 は除いている。
出所：Tan et al.（2016, 328）を基に筆者作成。

図表 8-26 がん遺伝診断クリニックにおける予約患者数および診察患者数

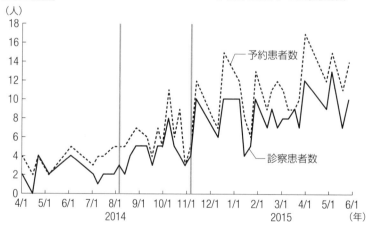

(注) 休暇中で患者が少ない 2014/12/23 と 2014/12/30 は除いている。
出所：Tan et al.（2016, 328）を基に筆者作成。

第Ⅱ部 価値重視の病院経営と時間主導型原価計算の関係性

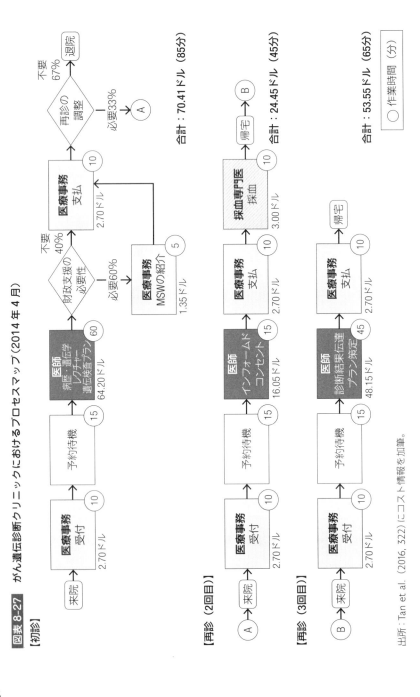

図表 8-27 がん遺伝診断クリニックにおけるプロセスマップ (2014年4月)

出所：Tan et al. (2016, 322) にコスト情報を加筆。

第8章
病院経営におけるTDABCの実態

図表8-28 がん遺伝診断クリニックにおけるプロセスマップ（2014年11月）

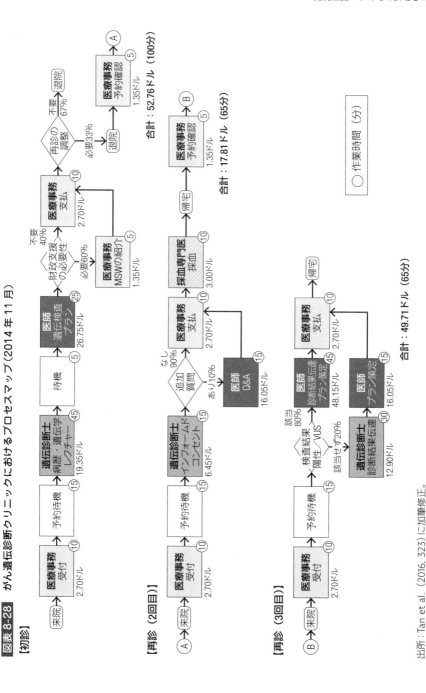

出所：Tan et al. (2016, 323) に加筆修正。

257

④ 専門栄養看護師

Doyle et al. (2017) は，豪，独，英，アイルランド，イスラエル，台湾，デンマークの7ヵ国の16病院を対象にして，糖尿病自己管理教育プログラムを実施している外来診療にTDABCを実施している。事例では，アイルランドの2病院のコストが他国の病院よりも高く算定されていることが判明している。計算過程を分析した結果，アイルランドでは，糖尿病自己管理教育プログラムを専門栄養看護師が担当しており，当該看護師のキャパシティ費用率が高く，診療時間も長いことが原因として分析されている (pp.4-5)。加えて，アウトカム指標に大きな差が生じていないことから，筆者らは，診療サービスの最適化を目的としたタスク・シフティングを検討すべきであると指摘している。ただ，専門栄養看護師が本当に不要であるかどうかは，患者満足度など他の調査項目を追加して検討すべきであろう。

⑤ 診療報酬制度とタスク・シフティング

オバマ政権下でのヘルスケア改革法 (ACA) が施行されてから，アメリカでは医療におけるパラダイムシフトを誘導するような傾向がみられ，そのなかには臨床チームに上級医療提供者 (Advanced Practice Providers : APPs) を含めることが明記されるようになっている (Resnick et al. 2016, 2135)。上級医療提供者には，医療補助者 (PA) やナース・プラクティショナー (Nurse Practitioner : NP) など，医師以外の専門的な医療を提供するスタッフが含まれる。

例えば，テキサス子供病院の小児虫垂炎を対象にTDABCを導入している事例では，外科医の医療補助者 (PA) を導入し，効率的な手術室運営が可能になったことを報告している (Yu et al. 2016, 65 ; Yu et al. 2017, 1046-1047)。ただし，上級医療提供者を介入させる際には，合併症や再入院率，死亡率などのアウトカムの指標の測定が必要となることと (Resnick et al. 2016)，医師以外の専門スタッフが業務を代替することで診療報酬が減額されることに注意しておかなければならない。そこで，ナース・プラクティショナー (NP) や医療補助者 (PA) など，医師以外の臨床スタッフの診療報酬について，第4章で紹介したRBRVS (資源準拠相対価値尺度) に基づく報酬支払額を用いて確認することにしたい (図表8-29)。

第8章 病院経営における TDABC の実態

図表 8-29　看護師および医療補助者の診療報酬支払い方式

実施者	メディケア（高齢者対象）	メディケイド（低所得者対象）	民間医療保険	メディケア監督要件
ナース・プラクティショナー (Nurse Practitioner：NP)	メディケアRBRVSの85%が支払われる。診察時や診療所でのインシデント請求であれば100%が支払われる。	すべての州が対象。医師の支払額の60%〜100%までが支払われる。うち、100%が支払われる州の数は19である。	種類が多様。州によっては、医師と同額で支払うことを義務化している。また、医師や雇用主に支払うようにしている場合もある。29の州が直接診療報酬を支払うように保険会社に要求。	監督要件は、州法によって異なる。NPは、自らの専門業務範囲内において、医師と共同開発されたガイドラインなどに基づいて臨床上の指示や監督が行われる。
臨床専門看護師 (Certified Nurse Specialist：CNS)	メディケアRBRVSの85%が支払われる。診察時や診療所でのインシデント請求であれば100%が支払われる。	36の州が対象。15の州では正看護師として扱われ、診療報酬の請求資格がない。	種類が多様。州によっては、医師と同額で支払うことを義務化している。また、医師や雇用主に支払うようにしている場合もある。37の州が直接診療報酬を支払うように保険会社に要求。	監督要件は、州法によって異なる。CNSは、自らの専門業務範囲内において、医師と共同開発されたガイドラインなどに基づいて臨床上の指示や監督が行われる。
認定看護助産師 (Certified Nurse Midwife：CNM)	メディケアRBRVSの100%が支払われる。	すべての州が対象。医師の支払額の70%〜100%までが支払われる。うち、100%が支払われる州の数は26である。	種類が多様。州によっては、医師と同額で支払うことを義務化している。また、医師や雇用主に支払うようにしている場合もある。37の州が直接診療報酬を支払うように保険会社に要求。	監督要件は、州法によって異なる。CNMは独立して業務を行うことができるもの、ほとんどの州で、医師と共同で業務を行うことが要求されている。
医療補助者 (Physicians Assistant：PA)	メディケアRBRVSの85%が支払われる。診察時や診療所でのインシデント請求であれば100%が支払われる。	すべての州が対象。医師の支払額の75%〜100%までが支払われる。うち、100%が支払われる州の数は34である。	診療報酬は、医療補助者の雇用主に支払われる。11の州が医療補助者の業務をカバーできるよう保険会社に要求。	監督要件は、州法によって異なる。PAは、通常、監督側の医師との伝達手段は電話やメールなどの利用が認められており、医師が現場にいることは要求されていない。

出所：Smith et al. (2017, 121)．

まず，ナース・プラクティショナー（NP）や臨床専門看護師（CNS）は，1997年の連邦均衡予算法（Balanced Budget Act）によって，医師が同席していなくても診療サービスを提供することが認められ，メディケア（高齢者医療保険）からの支払いも直接受けることができるようになっている。ただし，NPやCNSが医師と同様の業務を実施した場合であっても，医師に対する報酬支払額の85％しか支払われない。なお，現在では全米看護資格認定センターの認証や学位が要求されるなど，認証基準は拡大傾向にある（Smith et al. 2017, 120）。

医療補助者（PA）も，医師と同様の業務を実施した場合であっても85％しか支払われない。ただし，医療補助者の業務も医師の同席が必須ではなく，電話やメールなどの電子手段で医師とコミュニケーションを図ることが認められるようになっている。そして，認定看護助産師（CNM）は，ヘルスケア改革法によって，医師と同額の支払報酬が保証されているものの，未だほとんどの州で医師と共同で業務を行うことが要求されている。

このように業務の効率性を考慮した場合，収入の大部分を占める診療報酬が政策面から補正が加えられる点に留意して，病院（ネットワーク）は意思決定を行わなければならないのである。

⑥ 医療情報システムとタスク・シフティング

最後に，医療情報システムとタスク・シフティングの関連について言及しておきたい。例えば，放射線科の画像下診断（IR）を対象にTDABCの設例を示しているOklu et al.（2015, 1829-1830）によれば，医療コンサルタントに依頼せずとも，無線IDタグ（RFID）があれば詳細なプロセス時間が測定できるため，未利用キャパシティが認識でき，当該キャパシティの有効活用により，キャパシティ費用率の高いスタッフの利用を抑えることができると指摘している。

また，デューク大学病院の医事課における保険請求業務を対象にTDABCを実施している事例では，電子カルテの入力上，キャパシティ費用率の高い医師の診療時間が自動的に入力されていることを問題視している（Tseng et al. 2018, 695-696）。つまり，特定の診療サービスを提供するのは医師以外も可能である

ものの，医師だけしか関与できないようにシステムに制限がかけられていることは，タスク・シフティングを検討する余地がないことを意味する。そこで，スタッフの種類に応じた診療報酬の請求業務を可能にするような情報システムへの投資は，結果としてコストを増加させないことが論文で強調されている。

電子カルテ情報については，マサチューセッツ感覚器病院の事例を紹介しているGarcia et al.（2017）もコメントしており，大学病院で手術を行う医師の多くは複数の施設に所属しているため，電子カルテ情報を用いることで業務時間を集計することができると指摘している。言い換えれば，電子カルテが整備されていない病院のデータは集計できないため，その病院で手術を行っていたとしても未利用キャパシティと認識されてしまうことになる。

(4) 未利用キャパシティの測定

Öker and Özyapici（2013）で紹介されているトルコの民間病院であるマウサ・ヤシャム病院の一般外科を対象としたTDABCのケースでは，活動別に未利用キャパシティの計算結果が提示されている（図表8-30）。論文では，一般外科のうち，胆のう手術（腹腔鏡手術／開腹手術）の計算結果が提示されている。TDABCの計算は，減価償却費や水道光熱費をスタッフに配賦してから，当該スタッフのキャパシティ費用率を計算して，手術別にコスト計算をしている。当該病院のTDABC導入以前の原価計算では，医師や看護師にかかる給与費，医薬品費など，患者に直課することができる費用以外の間接費は在院日数で配賦していた（p.26）。しかしながら，患者ごとに医療資源の消費量が異なることを問題視してABCおよびTDABCを実施している。当該事例ではTDABCの計算プロセスは提示されているが，ABCの計算プロセスは示されていない。

マウサ・ヤシャム病院のTDABCのケースでは，活動を9つに区分し，さらに活動に関連したコストを人員別に集計した結果，14のキャパシティ費用率を算定している。計算結果から，3つの原価計算のいずれにおいても，開腹胆のう手術のコストが腹腔鏡胆のう手術に比べて高いことが判明している（図表8-31）。ただし，TDABCの配賦計算では未利用キャパシティの分が含まれないため，在院日数で配賦計算を行う従来型原価計算に比べて，5394.64ドル－4222.33ドル＝1172.31ドルが配賦されていない（図表8-32）。

第Ⅱ部
価値重視の病院経営と時間主導型原価計算の関係性

図表 8-30 キャパシティ利用状況

Ⅰ		Ⅱ	Ⅲ	Ⅳ	Ⅴ	Ⅵ=Ⅱ／Ⅴ	Ⅶ		Ⅷ=Ⅴ−Ⅶ	Ⅸ=Ⅵ×Ⅷ
活動		給与費	職員実際キャパシティ	フルタイム勤務率	キャパシティ合計	キャパシティ費用率	利用キャパシティ		未利用キャパシティ	
A1 受付・入院	受付担当責任者	611.75ドル	9,360分	40%	3,744分	0.1634ドル/分	1,470分		2,274分	371.56ドル
	救急担当者	394.03ドル	10,140分	20%	2,028分	0.1943ドル/分	1,750分		278分	54.01ドル
A2 診察	助手	1,875.65ドル	9,360分	60%	5,616分	0.3340ドル/分	2,490分		3,126分	1,044.03ドル
	外科医	2,475.65ドル	9,360分	60%	5,616分	0.4408ドル/分	1,890分		3,726分	1,642.50ドル
A3 検査	検査部門スタッフ	1,368.70ドル	10,608分	25%	2,652分	0.5161ドル/分	2,498分		154分	79.48ドル
A4 超音波診断	放射線医	2,160.50ドル	9,984分	75%	7,488分	0.2885ドル/分	1,715分		5,773分	1,665.67ドル
A5 術前看護	看護師	1,018.60ドル	10,608分	30%	3,182分	0.3201ドル/分	3,153分		29分	9.41ドル
	外科医	1,554.34ドル	9,360分	40%	3,744分	0.4152ドル/分	1,440分		2,304分	956.52ドル
	助手	1,154.34ドル	9,360分	40%	3,744分	0.3083ドル/分	1,440分		2,304分	710.36ドル
A6 手術	麻酔科医	1,054.34ドル	9,360分	25%	2,340分	0.4506ドル/分	940分		1,400分	630.80ドル
	看護師	150.00ドル	10,920分	15%	1,638分	0.0916ドル/分	1,590分		48分	4.40ドル
A7 術後看護	看護師	748.20ドル	10,920分	35%	3,822分	0.1958ドル/分	3,688分		134分	26.23ドル
A8 給食	カフェスタッフ	1,072.30ドル	10,608分	20%	2,122分	0.5054ドル/分	2,022分		100分	50.34ドル
A9 退院	看護師	644.90ドル	10,920分	10%	1,092分	0.5906ドル/分	994分		98分	57.88ドル

出所：Öker and Özyapici (2013, 32-33) に加筆修正。

第8章 病院経営におけるTDABCの実態

図表8-31　TDABCの計算結果

I		II	III	IV=II*III		V	VI=II/V		VII	VIII コスト合計
活動		キャパシティ費用率		開腹胆のう手術			腹腔鏡胆のう手術		開腹胆のう手術	腹腔鏡胆のう手術
A1 受付・入院	顧客サービス責任者	0.1634ドル/分	14分	2.29ドル		14分	2.29ドル		11.98ドル	11.98ドル
	救急担当者	0.1943ドル/分	50分	9.71ドル		50分	9.71ドル			
A2 診察	助手	0.3340ドル/分	30分	10.02ドル		25分	8.35ドル		21.05ドル	17.17ドル
	外科医	0.4408ドル/分	25分	11.02ドル		20分	8.82ドル			
A3 検査	検査部門スタッフ	0.5161ドル/分	96分	49.55ドル		96分	49.55ドル		49.54ドル	49.54ドル
A4 超音波診断	放射線医	0.2885ドル/分	35分	10.10ドル		30分	8.66ドル		10.12ドル	8.67ドル
A5 術前看護	看護師	0.3201ドル/分	75分	24.01ドル		60分	19.20ドル		24.00ドル	19.20ドル
A6 手術	外科医	0.4152ドル/分	120分	49.82ドル		90分	37.36ドル		134.72ドル	101.27ドル
	助手	0.3083ドル/分	120分	37.00ドル		90分	27.75ドル			
	麻酔科医	0.4506ドル/分	80分	36.05ドル		60分	27.03ドル			
	看護師	0.0916ドル/分	130分	11.90ドル		100分	9.16ドル			
A7 術後看護	看護師	0.1958ドル/分	600分	117.46ドル		120分	23.49ドル		117.60ドル	23.52ドル
A8 給食	カフェスタッフ	0.5054ドル/分	120分	60.65ドル		21分	10.61ドル		60.60ドル	10.65ドル
A9 退院	看護師	0.5906ドル/分	28分	16.54ドル		24分	14.17ドル		16.55ドル	14.18ドル
						合計			446.15ドル	256.18ドル

出所：Öker and Özyapıcı (2013, 32-33) に加筆修正。

図表 8-32 原価計算システムの比較

原価計算	開腹胆のう手術	腹腔鏡胆のう手術	合計
従来型原価計算	3,662.20ドル	1,732.44ドル	5,394.64ドル
ABC	2,826.16ドル	1,899.28ドル	4,725.44ドル
TDABC	2,546.15ドル	1,676.18ドル	4,222.33ドル

出所：Öker and Özyapici（2013, 34）に加筆修正。

　こうしたTDABCの計算結果を踏まえて，筆者らは，診療報酬（保険点数）の見直しに活用することや，未利用キャパシティを分析して人員削減につなげることができると指摘している（p.35）。本来ならば，未利用キャパシティの計算結果は事例論文で紹介されるべきであるが，Öker and Özyapici（2013）のような事例論文はほとんど確認できなかった。

　続いて，未利用のキャパシティの「見える化」に焦点を当てた研究として，Balakrishnan et al.（2015）のキャパシティ利用状況の図表を紹介しておきたい（図表8-33）。彼らの研究は，アメリカのシンシナティ小児病院の手術室を対象にTDABCを実施したものであるが，その研究目的に，手術室スタッフの未利用キャパシティの見える化と，その有効活用によるコスト削減を掲げている（p.684）。手術室スタッフの未利用キャパシティを見える化した結果，外科医のアイドルタイム（未利用キャパシティ）が手術1件に対して50％以上も存在していることが判明している。それゆえ，手術室スタッフを2倍に増やして外科医の担当手術室を2倍に増やした場合，1症例当たり23.2％の原価を削減することができたことが報告されている（p.687）。

　この他，未利用キャパシティを減らすために機会原価を算定している事例として，救急部門の空きベッドに係る機会原価を算定しているSchreyer and Martin（2017）や，1型糖尿病患者のインスリンポンプ療法にTDABCを導入しているRidderstråle（2017）をあげることができる。例えばRidderstråle（2017, 763）では，インスリンポンプ療法の最適なグループ診療の人数をシミュレーション分析しているが，論文では16人のグループ治療が最もコストを抑えることができることが紹介されている。

　逆に，超過キャパシティのケースも存在している。Campanale et al.（2014）では，診断コード別にキャパシティ利用可能額が設定されており，

図表 8-33　口蓋扁桃摘出術のケア・サイクルにおけるキャパシティ利用状況

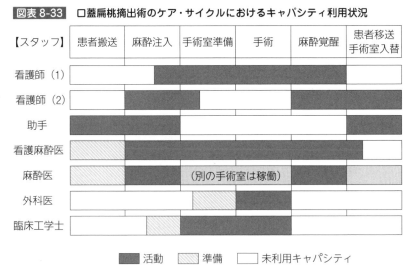

出所：Balakrishnan et al.（2015, 687）.

　TDABCにより配賦計算されたコストとの比較で，キャパシティ利用割合を活動別に測定している。そのうち，一般手術のキャパシティ利用割合が123.7％と，100％を超えた計算結果が提示されており，未利用キャパシティは－23.7％になっているが，これは残業によるものであると説明されている（pp.179-180）。

　キャパシティ費用率との関連で留意しておきたいこととして，Akhavan et al.（2016）の事例を紹介しておきたい。彼らのケースは，形成外科の関節形成手術にTDABCを導入したものであるが，ABCベースで計算していた従来の原価計算に比べて，すべてのカテゴリーにおいて原価が低く計算される結果が提示されている（pp.12-13）。この要因として，TDABCは未利用キャパシティの原価を配賦していないことがあげられる。つまり，当該計算結果の違いは，従来の原価計算が間違っているのではなく，単なる原価計算の計算方法の違いによるものであり（p.14），原価計算がコスト削減に直接貢献するわけでないことを念頭に置いておかなければならない。

　最後に，キャパシティの「調整（flat-rate adjustment）」について説明しておきたい。Donovan et al.（2014, 87）では，RVU法ではすべてのコストが配賦

対象になるため，未利用キャパシティの割合が算定されていないことを問題視しているため，TDABC の有用性を評価している。Yu et al.（2016）の小児科虫垂切除の事例でも，同様の指摘がされており，従来まで採用していた RVU 法では，全患者（入院患者，外来患者）の患者 1 人当たりコストは 3,303 ドルと計算されているものの，TDABC の計算結果では 2,753 ドルと計算されている。この 550 ドルの差額分が未利用キャパシティの割合と捉えることができる。

そこで，キャパシティ費用率の算定において調整を行うことになる。例えば，キャパシティ費用率の分母のキャパシティに最大利用量（実際的生産能力）を設定してしまうと，配賦されないコストが増加して，未利用キャパシティが最初から多大に計上されてしまう。そこで，キャパシティに調整を加えることで，未利用キャパシティの解釈が容易になる。こうした調整は，医師や看護師などの労働時間に適用されることが多く，例えば，休憩時間や研究時間を予め調整するために，80％の調整率が採用されることが多い[3]。なお，Kaplan and Porter（2011, 58）では，MRI などの高額医療設備の利用において，単一の医療施設でキャパシティ費用率を算定するのではなく，複数の医療施設で共同利用することで，未利用キャパシティを管理できるように検討することを提唱している。

このように TDABC では，配賦計算対象とならない業務時間は未利用キャパシティとして認識され，コストが低く見積もられることになってしまう。それゆえ，コスト情報と未利用キャパシティに係る時間情報を同時に注視しながら，戦略を策定する必要があるといえる。そしてキャパシティに係る時間については，対象となる人員の業務時間もしくは設備の稼働時間に「調整」を施してから，キャパシティ費用率を算定する必要がある。

---

[3] Keel et al.（2017, 760）のレビュー結果を参照。

4 病院TDABCの診療報酬制度およびアウトカム指標との関連性

　ポーターが当初，医療のマネジメントに着手した目的は，アメリカ医療の競争のあり方そのものが間違っているため，それを是正するための方策として価値連鎖などの理論を展開していた（Porter and Teisberg 2006）。その後，ポーターはコスト面の測定の重要性も認識して，キャプランと共同でTDABCとの関連で価値連鎖の議論を展開するようになっている。それゆえ，TDABCの計算結果を医療政策に反映させることや，bundled paymentなどの包括払い方式に活用すべきであるとした論文が増加傾向にある。例えば，Kaplan and Haas（2017, 82）は，整形外科・脳神経外科が関与する脊椎治療において，診療サービスの価値を向上させるためには，診療サービスの価値選択の適正化と，クリニカルパスごとに業務改善を実施することが必要であると指摘しているものの，実際には臨床スタッフの業務内容に多大な差異が生じていることを問題視している。そこで，業務内容の差異をコスト面から「見える化」するためにTDABCを用いることを進言している。

　本節では，TDABCと診療報酬制度との関係性を，事例論文をいくつか紹介しながらまとめることにしたい。診療報酬制度との関係については，小線源療法（BT）のケースを取り上げる。また，事例論文で確認されているTDABC導入における課題として，パスからの逸脱，すなわち合併症（complication）との関係に言及していることが多く，アウトカム指標の測定も重視されるようになる。そこで総合的な評価を行うために，レーダーチャートを用いた評価方式を実施している事例論文を確認しているため，当該事例も紹介することにしたい。

（1）医療資源投入量の診療報酬制度への反映

　Bauer-Nilsen et al.（2018）は，アメリカのバージニア大学病院の放射線科における子宮頸がん治療にTDABCを導入している。TDABCは，給与費と設備費を対象にキャパシティ費用率を算定しており，診療材料費は実際消費額で測定している（p.90）。当該診療科の医療スタッフのうち放射線腫瘍医や麻酔科医は，主治医と研修医に区分されており，また医学物理士や線量測定士，放射

第Ⅱ部
価値重視の病院経営と時間主導型原価計算の関係性

線療法士といった放射線科の専門スタッフも存在しているため，多様なスタッフ構成となっている。そして，子宮頸がんの治療には，外部照射療法と小線源療法が用いられており，それぞれに係る時間を計測して，スタッフごとのキャパシティ費用率を乗じて，給与費を計算している（図表8-34）。

図表8-34　子宮頸がん放射線治療における給与費の計算プロセス

	放射線腫瘍医（主治医）	放射線腫瘍医（研修医）	医学物理士	看護師	線量測定士	放射線療法士	麻酔科医（主治医）
給与費	556,400ドル	58,255ドル	192,000ドル	85,000ドル	110,000ドル	83,000ドル	496,600ドル
年間勤務日数	217日	240日	217日	230日	217日	230日	217日
年間勤務時間	1,736時間	1,920時間	1,736時間	1,840時間	1,736時間	1,840時間	1,736時間
キャパシティ費用率	5.34ドル/分	0.51ドル/分	1.84ドル/分	0.77ドル/分	1.06ドル/分	0.75ドル/分	4.77ドル/分

診療内容	放射線腫瘍医（主治医）	放射線腫瘍医（研修医）	医学物理士	看護師	線量測定士	放射線療法士	麻酔科医（主治医）
診察	26分	68分	―	21分	―	―	―
初期シミュレーションおよび計画	13分	38分	30分	―	85分	90分	―
外部照射療法（3DCRT/IMRT）	67分	28分	16分	56分	―	878分	―
小線源療法（HDR-BT）	423分	371分	415分	605分	0分	120分	145分
合計	529分	505分	461分	682分	85分	1,088分	145分

診療内容	放射線腫瘍医（主治医）	放射線腫瘍医（研修医）	医学物理士	看護師	線量測定士	放射線療法士	麻酔科医（主治医）
診察	138.8ドル	34.7ドル	―	16.2ドル	―	―	―
初期シミュレーションおよび計画	69.4ドル	19.4ドル	55.2ドル	―	90.1ドル	67.5ドル	―
外部照射療法（3DCRT/IMRT）	357.8ドル	14.3ドル	29.4ドル	43.1ドル	―	658.5ドル	―
小線源療法（HDR-BT）	2,259.6ドル	189.2ドル	763.6ドル	465.9ドル	0.0ドル	90.0ドル	691.7ドル
合計	2,825.6ドル	257.6ドル	848.2ドル	525.1ドル	90.1ドル	816.0ドル	691.7ドル

出所：Bauer-Nilsen et al. 2018, online only（www.redjournal.org）より一部抜粋。

設備費・フロア関連コストや診療材料費を考慮した結果から，コスト全体の65.1％を小線源療法が占めていることが判明している（図表8-35）。これは，給与費と診療材料費の大半が小線源療法に割り当てられているためである。一方，外部照射療法は，設備費・フロア関連コストの配賦割合が高くなっている。給与費の相違は，放射線腫瘍医である主治医の処置時間が大きく影響している。しかしながら，主治医の処置時間が多い小線源療法に対する診療報酬の支払額は相対的に少なく，外部照射療法にはコストに見合うだけの診療報酬が支払われている（図表8-36）。これは，診療報酬の支払額が，医師への技術料よりも，使用する医療設備など医療技術の側面の方が高く評価されているためである。実際，小線源療法にかかるコスト合計は8,609ドルであるが，支払われる診療報酬は6,753ドルであるため，1,856ドルの損失を計上している。一方で，外部照射療法は，IMRTと3DCRTの両方とも利益を計上している。

筆者らは，当該状況を問題視しており，TDABCのデータを用いて，放射線腫瘍医である主治医が多く関与していることを適切に診療報酬に評価することで，放射線治療のインセンティブを適正化することができると言及している（pp.92-93）。

小線源療法（BT）に対する診療報酬が低く見積もられていることに触れている論文は，Bauer-Nilsen et al.（2018）以外にも存在しており，例えば，Dutta et al.（2018）は，同じくバージニア大学病院の放射線科を対象にして，小線源療法を高線量率（HDR）と低線量率（LDR）に区分した上で，外部照射療法（IMRT）を含めて，診療報酬からコストを差し引いた利益額を比較している。両者の利益額を比較してみると，低線量率小線源療法（LDR-BT）の利益額が最も低く計上されていることが判明し，この背景には，診療報酬が低く抑えられているために，小線源療法の利用が少なくなっていることが指摘されている（p.561）。

また，診療報酬を組み合わせた比較は行っていないものの，Laviana et al.（2016）でも，カリフォルニア大学病院の泌尿器科を対象にして，小線源療法（BT）と外部照射療法（IMRT）などの放射線治療にTDABCを実施している。彼らの計算対象には，BTやIMRT以外に，ロボット支援前立腺全摘除術（RALP）や監視療法（active surveillance）が含められており，術後診断のコス

第Ⅱ部
価値重視の病院経営と時間主導型原価計算の関係性

図表 8-35 子宮頸がん放射線治療における原価情報

診療内容	給与費	設備費・フロア関連コスト	診療材料費	合計	構成比
診察	195.77ドル	—	—	195.77ドル	1.5%
初期シミュレーションおよび計画	290.83ドル	29.89ドル	—	320.72ドル	2.4%
外部照射療法（3DCRT／IMRT）	1,517.80ドル	2,572.46ドル	—	4,090.26ドル	30.9%
小線源療法	4,797.35ドル	1,592.39ドル	2,219.50ドル	8,609.24ドル	65.1%
合計	6,801.75ドル	4,194.74ドル	2,219.50ドル	13,215.99ドル	100.0%

出所：Bauer-Nilsen et al.（2018, 92）より一部抜粋。

図表 8-36 子宮頸がん放射線治療における診療報酬および原価情報

様式	診療報酬 包括評価	診療報酬 医療設備	診療報酬 医師技術	診療報酬 合計	コスト合計	損益
小線源療法（HDR-BT）	4,593.7ドル	1,994.2ドル	165.3ドル	6,753.2ドル	8,609.2ドル	△1,856.0ドル
外部照射療法（IMRT）	2,019.5ドル	10,926.0ドル	1,091.9ドル	14,037.4ドル	4,090.3ドル	9,947.1ドル
外部照射療法（3DCRT）	1,337.7ドル	5,331.0ドル	1,091.9ドル	7,760.5ドル	4,090.3ドル	3,670.2ドル

出所：Bauer-Nilsen et al.（2018, 92）に加筆修正。

ト情報にも着目した研究となっている。論文では，RALPは早期に行わないと，監視療法（active surveillance）以上にコストがかかることが図表で示されている（p.452）。

（2）アウトカム指標

事例論文で確認されている今後の研究課題として，パスからの逸脱，すなわち合併症との関係に言及していることがある。例えば，Andreasen et al.（2016, 1754）で紹介されている整形外科のケースでは，合併症や再入院，死亡率は考慮せず，標準的な患者を想定したデータサンプルでTDABCを導入している。つまり，パスでは想定していなかった症例が生じた場合に，TDABCのプロセスマップに修正が加えられるのか，それとも異常値として計算対象外

とするのかといった議論はされていない。それゆえ，Andreasen et al.（2016）の他，Yu et al.（2016）でも，論文で測定できなかった課題として再入院率や死亡率をあげている。この点，クリーブランド・クリニックの外科の腹腔鏡検査に TDABC を実施している Peng et al.（2017, 1425）のケースでは，アウトカム指標として術後生存率が紹介されている。ボストン子供病院の麻酔科（小児科手術）を対象に TDABC を導入した Devji et al.（2016, 1893）のケースでも，手術室よりも診療科で行った方が時間やコスト面で節約が可能であることと，それがアウトカム指標への影響もないことが示されている。

　上述の Bauer-Nilsen et al.（2018）では，小線源療法の診療報酬支払額の問題点を取り上げていたが，小線源療法の導入を検討する際には，アウトカム指標も同時に考慮する必要があることに言及しておきたい。例として，テキサス大学 MD アンダーソンがんセンターにおける前立腺癌を対象に TDABC を導入している Thaker, Ali et al.（2016）のケースを取り上げる。彼らのケースでは，Bauer-Nilsen et al.（2018）と同様，低線量率小線源療法（LDR-BT），陽子線がん治療（PBT），それにロボット支援前立腺全摘除術（RALP）の 3 種類の放射線診療を対象にしている。TDABC は全コストを対象にしており，人員別と設備別にコストを区分してキャパシティ費用率を算定している（Thaker, Ali et al. 2016, Appendix）。

　当該事例では，TDABC で算定されたコスト情報の他，QOL 関連尺度（EPIC-50）で定義されている 5 つのアウトカム指標を測定できるようにレーダーチャートを作成している（図表 8-37）。論文では，TDABC のコスト情報をレーダーチャートにプロットするために指標化する際，相対原価で指標化する方法の他に，上限値基準スケーリング法や，最大最小値スワップ法を用いた計算結果を紹介している。ただし，いずれの手法を用いたとしても，陽子線がん治療（PBT）のコストの高さを補正することにはなっていない。

　レーダーチャートを用いて指標間の関係を「見える化」した場合，アウトカム指標間，若しくはアウトカム指標とコスト情報でトレードオフが生じることがある。例えば，ロボット支援前立腺全摘除術（RALP）は，便通負担感のアウトカム指標は 3 つの診療方法のなかで一番高い数値を計測しているが，性機能のアウトカム指標は一番低い数値を計測している。また，相対的にコストが低

第Ⅱ部
価値重視の病院経営と時間主導型原価計算の関係性

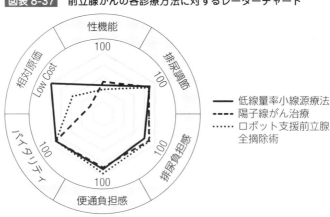

図表 8-37　前立腺がんの各診療方法に対するレーダーチャート

出所：Thaker, Ali et al.（2016, 816）．

いと評価されている低線量率小線源療法（LDR-BT）は，排尿負担感のアウトカム指標が相対的に低くなっている。このような指標間のトレードオフ関係が生じる場合，意思決定プロセスが複雑になりやすい。そのため，Thaker, Ali et al.（2016）では，利害関係者間でレーダーチャートの測定結果について議論を行い，診療方法がもたらす「価値」についてコミュニケーションを図るべきであると結論付けている（p.815）。

なお，セーカー（Thaker, N. G.）は，他の論文でも前立腺がん治療に関するアウトカム指標およびコスト指標のレーダーチャートを紹介している。当該レーダーチャートは，陽子線がん治療（PBT）の結果が提示されており，上述のアウトカム指標やコスト指標の他，合併症に関する指標と，生存率および病勢コントロール率に関する指標も加えられ，合計 12 の指標で構成されている（Thaker, Pugh et al. 2016, 279）。

患者アウトカムの観点からすれば，フランスのプチ・サルペトリエール病院の循環器内科に TDABC を導入した Azar et al.（2017）もコメントを加えている。原価計算対象は，体外フォトフェレーシス（循環式光化学療法）であり，当該治療は血液を体内から抜き取り，紫外線の照射および光によって活性化する薬を用いて治療する方法である。論文では，CELLEX と呼ばれる全自動浄化装

置を用いることでコストが抑えられることが示されているものの，CELLEX の注射針は，強皮症の患者や肘関節の不自由な患者は不快に感じることが報告されている（p.477）。つまり，複数の診療方法を比較する際には，上述のレーダーチャートを用いて，患者アウトカムの視点を含めた総合的な判断が必要になるといえよう。

　最後に，アウトカム指標と「規模の経済」の関係を示すことにしたい。規模の経済がコスト削減に貢献することは，これまでもポーター＆テイスバーグをはじめ，Haas and Kaplan（2017, 34-36）でも言及されているが，アウトカム指標にも好影響を与えることになる。例えば，Kaplan and Witkowski（2014, 368）では，医療現場における臨床またはマネジメントのプロセスの非効率をなくすことや，未利用キャパシティを減らすためには，「規模の経済」を働かせるべきと指摘している。論文では，整形外科において大腿骨骨折治療に観血的整復固定術を対象に TDABC を導入した結果が紹介されており，当該処置が年間 5 回未満のみの医師と，年間 15 回以上の手術を行っている医師ではアウトカム指標に差異が生じている（図表 8-38）。図表では，観血的整復固定術が年間 5 回未満である場合の死亡率は 0.7％，合併症は 1.3％を計測しているのに対して，年間 15 回以上手術を行っている場合には，死亡率は 0％，合併症は 0.5％にまで減少している。

　このように手術回数が多い医師は，手術回数が少ない医師に比べてアウトカム指標が優れていると報告されていることから，医師の専門性を生かせるように手術室を効率的に運営する必要があるといえよう。

図表 8-38　整形外科手術（大腿骨骨折・観血的整復固定術）におけるアウトカム指標

年間手術回数	症例数	死亡率	合併症	平均在院日数
5回未満	8,972件	0.70%	1.30%	5.3日
5〜14回	1,102件	0.20%	1.00%	3.2日
15回以上	416件	0.00%	0.50%	2.8日
合　計	10,490件			

出所：Kaplan and Witkowski（2014, 368）より一部抜粋。

5 終わりに

　本章は、キャプラン&ポーターが"How to solve the cost crisis in health care"をハーバード・ビジネス・レビューで発表して以来、多くの病院でTDABCが試験的に導入されていることに着目して、病院TDABCの文献レビューの結果から、米国を中心とした病院TDABC導入における現状を明らかにしてきた。

　まず、クリニカルパスと医師の協力がTDABC導入時に果たす役割をまとめた。医学知識をもたない財務コントローラーではパス改訂などの手続きを行うことはできない。そこで、TDABCを導入する段階で医師の協力を取り付けることが重要となる。医師の協力の必要性については、①システム開発時、②プロセスマップ構築時、③スポンサーおよびリーダーシップの観点から整理を行った。導入がスムーズに進んだTDABCプロジェクトには、院長や理事長などのスポンサーの存在に加えて、診療部長や財務責任者のリーダーシップが必要不可欠になっている。

　こうした医師の協力の必要性が指摘されている背景には、キャプランやポーターなどのハーバード大学経営大学院（HBS）のサポートも少なからず影響している。そこで、HBSの支援状況を整理したところ、先進国以外に、途上国に対するTDABCの試験導入も進められており、アフリカのルワンダや、ハイチの事例を紹介した。そして病院TDABCは、放射線科や検査部門、整形外科などの導入事例が多いものの、近年では内視鏡の再利用プロセスやオンライン診療を対象にした事例論文が増えている。内視鏡の再利用プロセスは直接患者に関与するプロセスでないため、患者アウトカムではなく、内視鏡の殺菌・修繕に係る品質を評価すればよいので、病院原価計算が導入しやすい領域といえよう。

　次に、キャパシティ費用率の対象原価を費目別に整理した。なお、キャパシティ費用率以外の配賦基準が適用される原価には、医療材料費が対象となっていることが多い。これは医療材料費が診療行為に直課できるため、あえてキャパシティ費用率を設定する必要がないためだと思われる。

そして，病院TDABCの利用目的の1つにタスク・シフティング（業務移管）に関するプロセス改善があげられているが，これは給与費を対象にしたTDABCを導入することで，その効果がコスト面で「見える化」できることになる。事例論文でタスク・シフティングの選択肢として紹介されていたのは，研修医・医療補助者，患者搬送専門者，遺伝診断士，専門栄養看護師である。こうした専任スタッフは，診療報酬の支払い額が医師に比べて少ない場合もあるため，TDABCを実施して採算性を確認しておく必要があるといえよう。

　また，タスク・シフティングに関するプロセス改善に関連して，未利用キャパシティの測定について事例論文をいくつか紹介した。TDABCが抱える計算構造上の問題点として，「配賦計算対象にならない時間」が未利用キャパシティに含まれることがあげられる。そこで多くの事例論文では，キャパシティ費用率の算定時点で，トータル時間に調整を行っていた。つまり，病院（ネットワーク）では，コスト情報と未利用キャパシティの時間情報を同時に注視しながら戦略を策定する必要性が生じているといえる。

　最後に，TDABCの計算結果を医療政策に反映させることや，bundled paymentなどの包括払い制度に活用すべきであるとした論文が2011年以後に増加傾向にあることに着目して，病院TDABCと診療報酬制度やアウトカム指標との関連性について整理した。診療報酬が医療資源投入量を適切に評価していればよいが，そうでない場合は誤った経営方針を採用する恐れがある。そこで，TDABCを用いて医療資源投入量を診療報酬支払い方式に反映させる必要がある。本章では小線源療法（BT）のケースを取り上げて，TDABCと診療報酬制度の関連性を明らかにした。

　そして，病院TDABCの事例論文の研究課題には，パスからの逸脱，すなわち合併症との関係に言及していることが多く，アウトカム指標の測定も軽視できない。すなわち，「価値重視の病院経営」のもとでは，診療サービスのコスト情報だけでなく，アウトカム指標の測定も含めた総合的な評価を行う必要がある。本章では，TDABCで算定したコスト情報含めたレーダーチャートを用いた総合的な評価方式を実施している事例論文を紹介した。

第 9 章

病院原価計算の観点から医療システムを考察する意義
―日本への示唆―

第Ⅱ部
価値重視の病院経営と時間主導型原価計算の関係性

1 はじめに

　最後に，アメリカ病院原価計算の観点から病院経営を考察する意義を日本に示唆するために，医療・社会保障改革との関連性を示した「価値改善モデル」を提案することにしたい。

　日本で議論されている医療問題を概観すれば，医療・社会保障改革を背景に，診療報酬改定と医療提供体制の改革の2つの側面から捉えることができよう。例えば，2003年に特定機能病院等で導入されたDPC（診断群分類）に基づく包括評価の背景には，診療報酬改定による公的医療費の抑制が関連しており，地方の公立病院が抱える医師不足問題は，2004年から導入された新臨床研修制度による医療提供体制の改革が顕在化させている（東北大学大学院医学系研究科地域医療システム学（宮城県）寄付講座編 2008）。また，2018年からスタートした新専門医制度は，卒後研修における系統的な専門研修の仕組みがなかったことや，各学会が独自の方針で専門医制度を運用していたため，内科・外科系以外の比較的専門医が取りやすい領域への懸念が生じていたり，指導医の確保が有利な都市部の基幹病院に若手医師が集中してしまう恐れが生じていることから（最新医療経営PHASE3 2018, 16-17），新臨床研修制度と同じく，医療提供体制の改革が引き起こした医療問題といえよう。

　そして，2002年から2006年までの社会保障費抑制を今後5年間継続するとした「経済財政運営と構造改革に関する基本方針2006」をはじめ，主要な経営指標について数値目標を掲げ，経営の効率化を図ることが明記されている「公立病院改革ガイドライン（旧ガイドライン）」は，まさに医療を経済に合わせたものとなっている。例えば，旧ガイドラインでは，病床利用率70％を3年連続で下回る公立病院には，病床数の削減，病院の診療所化（20床未満）など改革案を各自治体に提出させるよう指示した内容が記載されている（総務省 2007, 8）。旧ガイドラインがもたらした影響としては，経常収支比率の改善や，一般会計からの繰入金が増えたこと，公立病院の地方独立行政法人化が進んだことがあげられる。その後，2015年に総務省から，「新公立病院改革ガイドライン（新ガイドライン）」が発表され，地域医療構想を踏まえた役割の明確化や，

それを裏づける財政措置が実施されることになった（松本2017, 89-90；総務省2015）。新ガイドラインの財政面でのインセンティブとしては，病院の新設・建て替えにかかる元利償還金の地方交付税措置があげられる。具体的には，旧ガイドラインでは元利償還金のうち30％を地方交付税で措置していたものが，新ガイドラインでは，「再編・ネットワーク化」に伴う整備の場合には40％に引き上げられ，それ以外の老朽化による建て替えなどの場合は元利償還金の25％に引き下げられている（伊関2017, 10）。

　このように，医療技術の進歩や医療制度の複雑化，高齢化の進展による社会保障費の上昇と相まって，上述の医療を取り巻く環境は，厚生労働省を中心とした国の予算の側面からも，地方の自治体や民間が経営する個々の病院のマネジメントの側面からも，組織内外の改革の必要性を迫っていることが推測できる。

　言い換えれば，診療報酬改定や医療提供体制の改革を継続している医療・社会保障改革の下では，従来の医療供給体制を維持することが困難となっている。そのため，現行の医療・社会保障制度が抱える問題を考えるにあたっては，医療供給体制の適正化を目指す必要がある。そこでは，医師をはじめとする臨床スタッフの確保および適正配置は当然ながら，不採算な産科や救急医療，へき地医療などを担ってきた公立病院の存在意義などを再検証すべく，医療機関の役割分担と連携が要求されてくる。

　こうした診療報酬改定の必要性や，臨床スタッフの確保および適正配置，医療機関の役割分担といった医療・社会保障改革の議論は，医師の働き方改革を巡る「時間外労働」の問題や，地域医療連携推進法人の制度立案などに関連させて，医療経済・政策の論点から進められることが多い。しかしながら病院経営の改善には，医療経済・政策の視点から改革を推進する方法の他に，これまで本書で取り扱った病院原価計算や病院経営の視点から，業務プロセスの最適化と戦略的意思決定に資するデータに基づいて組織の内部プロセスを改善することによっても対処できる。この組織の「内部プロセス」を議論しているところが，アメリカの病院原価計算を議論してきた本書において重要なポイントとなる。すなわち，日本の医療システムは，病院経営に関しては市場経済の特徴をもち，診療報酬に関しては中央集権的な計画経済の特徴をもっているため

（吉田 2009, vi），アメリカ型の医療システムをそのまま導入することは容易ではない。実際，2014年6月に閣議決定された「日本再興戦略」に盛り込まれた「医療・介護等を一体的に提供する非営利ホールディングカンパニー型法人制度の創設」といったアメリカのメイヨークリニックをモデルにした統合ヘルスケア・ネットワーク（Integrated Healthcare Network：IHN）は，日米の診療報酬の価格決定主体の違い等の批判により導入に至らず（二木 2015, 78-81），個々の病院の主体性を認める連携・協定（アライアンス）に基づく地域医療連携推進法人に議論が収束している。

一方で本書は，あくまでも病院原価計算からのアプローチであるため，結果として組織構造を変革することになったとしても，本来の目的は，組織の内部プロセスの改善に焦点を当てているため，IHN のようなアメリカ型の医療システムの導入は想定していない。

そこで本章では，診療報酬改定や医療供給体制の改革を伴う医療・社会保障改革に資する「価値改善モデル」を提唱することを目的として，アメリカ病院原価計算の先行研究から得られた示唆をまとめていく。当該価値改善モデルは，「医療の質」の測定を伴う，効果的かつ効率的な医療提供体制の構築を実現するための，医療資源投入量に基づく評価を行うモデルである（図表9-1）。それゆえ，組織の「内部プロセス」の改善を主体にした政策を提案して，医療・社会保障改革に貢献する位置づけとなる。医療資源投入量に基づく評価を行うモデルに限定されるのは，病院原価計算システムを用いた業務プロセスの最適化および戦略的意思決定に資するデータ提供を前提としているからである。

以上を説明するために，本章は次のような構成をとっている。第2節は，価値改善モデルに貢献する病院原価計算を説明するために，これまで紹介してきた病院原価計算の活用方法を費目別に整理して，病院経営に与える影響についてまとめる。そして，医療資源投入量に基づく評価を軸にした「価値改善モデル」を提唱し，日本の医療・社会保障改革との関連性を説明した上で，病院原価計算と「価値改善モデル」の関係性をまとめて，これまでの議論を総括することにしたい。

第9章
病院原価計算の観点から医療システムを考察する意義

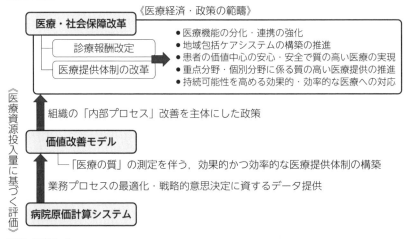

図表 9-1　医療・社会保障改革と病院原価計算の関係

2 「価値改善モデル」に貢献する病院原価計算

　病院原価計算をはじめとする病院「マネジメント」が，臨床スタッフに受け入れられない要因の1つとして，人員削減や診療材料の見直しなどによりコスト削減を行った結果，「医療の質」の低下をもたらす恐れが生じることがあげられる。これは，「患者が必要とする医療が，必要とする場所に，適時適切な方法で提供されていない」ことを意味する。こうした「医療の質」の確保とコストのバランスを考慮する経営は，アメリカで議論されている「価値重視の病院経営」に他ならない。すなわち，「医療の質」の測定・評価を伴う病院原価計算であれば，コスト情報を加味した診療報酬制度の進展により，質向上のインセンティブを取り入れた価格と原価の関係のモデル化・透明化を実現できるといえよう（今中2006）。

　そこで本節では，病院原価計算の利用方法と，コスト情報が病院経営に与える影響をまとめた上で，医療資源投入量の適正評価を行う「価値改善モデル」の概要を示すことにしたい（図表9-2）。

281

第Ⅱ部
価値重視の病院経営と時間主導型原価計算の関係性

図表9-2 「価値改善モデル」と病院原価計算の関係性

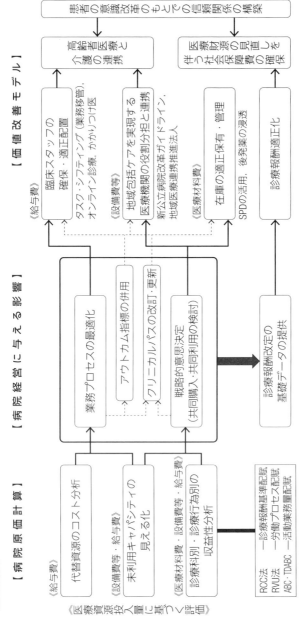

出所：筆者作成。

（1）病院原価計算データの活用方法

まず，これまでのアメリカ病院原価計算の研究成果が，どのように病院経営に用いることができるのかを簡単に整理しておきたい。

① 病院原価計算の利用目的

病院原価計算の利用目的は，以下に掲げる3つをあげることができる。まず1つ目は，給与費を対象にした代替資源のコスト分析である。この背景には，外科医などキャパシティ費用率の高いスタッフを有効に活用するために，多少時間がかかってもキャパシティ費用率の低い専門スタッフを雇用することで，トータルのコストを抑える論理が存在している。例えば，Resnick et al.（2016）の外来外科の口腔顎顔面手術のケースでは医療補助者の導入が改善策として取り上げられ，Yun et al.（2016）の救急外来部門のケースでは患者搬送専門者を追加雇用する案が紹介されている。Tan et al.（2016）も，遺伝診断士を雇用することで，がん遺伝診断をスムーズに行うことができると，プロセスマップを提示しながら説明を加えている。

2つ目は，設備費等・給与費を対象にした未利用キャパシティの見える化である[1]。例えば，Kaplan et al.（2015）では，設備費・フロア関連コストに関するキャパシティ費用率が算定されているが，キャパシティ費用率が業務時間を基準に配賦している以上，配賦されないコストも存在する。給与費も同様で，プロセスマップに記載されない活動をスタッフが実施している場合は，当該活動は配賦計算の対象にならないため，未利用キャパシティが生じることになる（Öker and Özyapici 2013）。こうしたプロセスマップに記載されない活動に多くの時間が割り当てられている場合は，当該プロセスマップの見直しのほか，業務の効率化を図るべきである。

最後に3つ目は，医療材料費・設備費・給与費など全コストを対象にした診療科別・診療行為別の収益性分析である。例えば，診療報酬とコストが対応関係にあり，比較的簡単に間接費の配賦計算を行いたい場合は，RCC法を実施

---
1) 設備費等は，設備費およびフロア関連コストを意味している。

すれば，診療行為別の収益性を計算することができる（Herkimer 1989）。また，RVUは医師の技術料に対する評価指標であるため，RVU法を用いることで医師別の収益性を比較分析することができる（Berlin, Budzynski et al. 1997; Shackelfold 1999）。またABCでは，活動の種類別にコスト・ドライバーを設定できることから，X線撮影の撮影種類別の収益性分析（Zelman et al. 2001）や検査の種類別の収益性を分析することができる（Chan 1993）。加えて，ABCで配賦したコストを固変分解して，貢献利益区分を設けることで損益分岐点分析も可能となる（West 1998a）。

ここで日本における診療科別・診療行為別の収益性分析に関する導入事例として，平井ほか（2007）および水野（2018）を紹介しておきたい。平井ほか（2007）では，南海病院（大分県佐伯市）を対象にして，レセプトデータから得られる情報を基に「レセプト規準原価」を計算し，当該原価を部門別に集計することで部門別の収益性を認識する独自の手法を紹介している。レセプト規準原価を配賦する際には，医師・看護師・医薬品・医療機器などの貢献率を部門別に測定したシェアリング表を用いている。

水野（2018）は，民間A病院を調査対象として，「レセプト電算処理コード1件当たり費用」を算定して，MDC（主要診断群）別の診療報酬と患者別費用の相関関係を分析している。レセプト電算処理コード1件当たり費用は，電子カルテのEF統合ファイルと損益計算書の勘定科目を組み合わせた対応表を用いて「診療行為回数」を算出し，それを各診療行為に振り直して合計した金額である。このレセプト電算処理コード1件当たり費用は，ABCのコスト・ドライバー率に該当する。なお，医薬品費や診療材料費は，患者別に標準価格と使用量が識別可能であるため計算から除外されている。2つの事例に共通することは，電子カルテのデータ区分と損益計算書の勘定科目を対応させるシステムを開発して，収益性を測定している点にあるといえよう。

診療科別の収益性情報の活用方法については，島ほか（2017）で紹介されている亀田メディカルセンター（KMC）における診療科別損益計算を活用した予算管理の仕組みが参考になる。KMCでは，次年度の予算策定のために実施している理事長ヒアリングにおいて，診療部長を対象に，月次の診療科別損益計算の結果と患者数推移や手術件数推移を比較しながら，採用予定医師数や新規

設備投資について意見交換を行っている（pp. 126-127）。つまり，医師である診療部長を予算編成プロセスに巻き込むことも，診療科別の収益性情報を用いた予算見積もりの正確性向上や実現可能性を向上させる点で考慮すべき事項となりうる。

② 病院原価計算が病院経営に与える影響

上述のような病院原価計算を実施した結果，測定されたデータだけでは「価値改善モデル」に直接貢献することはできない。そこで，病院原価計算が病院経営に与える影響をいったん整理する必要がある。本章では，「業務プロセスの最適化」と「戦略的意思決定」，それに「診療報酬改定の基礎データの提供」の3つにまとめている。

1）業務プロセスの最適化

まず，病院原価計算が病院経営に与える影響の1つに，業務プロセスの最適化をあげている。これは，給与費を対象にした代替資源のコスト分析や未利用キャパシティの見える化によって実現可能となる。業務プロセスの最適化には2つの方法がある。

1つ目は，上述の医療補助者や患者搬送専門者といった特定の専門スタッフを雇用することで従来の業務プロセスの効率化を図るといったものである。専門スタッフの雇用以外の方法としては，インターネットを用いた遠隔診療をあげることができる。例えば，スウェーデンの精神クリニックを対象にしたTDABCでは，E-mailを用いたオンライン診療を導入することで精神分析医の業務負担が大幅に減少している（El Alaoui et al. 2017）。また，イギリス・グラスゴー王立診療所の在宅遠隔診療（virtual fracture clinic）にTDABCを導入したAnderson et al.（2017）のケースでは，救急患者のうち在宅治療が可能な患者を退院させたことで，業務プロセスにかかる時間とコストが節約できたことが報告されている。遠隔診療の業務プロセスの最適化についていえば，遠隔心肺検査を実施する麻酔科にTDABCを導入した総合病院を紹介しているDang（2017, 3-4）は，麻酔業務のチェックリストを作成するなどQI（品質改善）活動を実施した結果，業務時間の短縮につながり，コスト削減を実現して

いることを報告している。

2つ目は，既存スタッフの生産性をあげて業務効率化を図ることである。これは，アメリカ医療改革の阻害要因の分析者として紹介したヘルツリンガーが提唱する「医療フォーカスト・ファクトリー（Focused Factory）」が参考になる。医療フォーカスト・ファクトリーを導入することは，既存の総合病院を買収または合併するといった垂直・水平統合で巨大化するのではなく，専門分野に特化させた専門病院に移行することを意味している。こうした医療フォーカスト・ファクトリーを実践した病院は，取り扱う症例数を増加させ，結果として医療原価を下げている（Herzlinger 1997, 178；邦訳 247）。つまり，各病院の特性を反映させた医療機関の計画的配置を行うことで，既存スタッフの業務効率が向上し，結果，業務プロセスの最適化がもたらされるのである。

2）戦略的意思決定

病院原価計算が病院経営に与える影響の2つ目には，戦略的意思決定をあげている。これは，設備費等を対象にした未利用キャパシティの見える化のほか，全コストを対象にした診療科別・診療行為別の収益性分析によって可能となるものである。病院原価計算に関連した戦略的意思決定としては，高額医療機器の共同利用や，医薬品や診療材料の共同購入をあげることができる。

まず，高額医療設備の共同利用は，例えば，癌検査にガンマカメラを用いる場合のコストのシミュレーション分析や（Crott et al. 2016），内視鏡の殺菌プロセスに専用機械を導入した場合のコスト分析に基づいて（Sowerby and Rudmik 2018），意思決定を行うことが想定される。医薬品や診療材料の共同購入は，病院原価計算を用いて，コスト全体に占める医療材料費の割合を提示することで意思決定の優先順位を決めることができる。例えば，Martin et al.（2018）では，心臓外科を対象にした大動脈弁置換術で用いられる診療材料（生体弁）に係るコストが全体の80％を超えていることが紹介されている。こうした高額な診療材料は，他の医療機関との共同購入によってコストを抑えることを検討すべきである。

3）アウトカム指標の併用とクリニカルパスの改訂・更新

　病院原価計算の提示するデータだけでは，医療・社会保障改革に資する「価値改善モデル」に十分な情報を提示することは困難である。それは，病院原価計算が「医療の質」に関するデータを提示することができないためである。そこで，アウトカム指標とコストデータを1つにまとめたレーダーチャートの利用が有用となる (Thaker, Ali et al. 2016 ; Thaker, Pugh et al. 2016)。すなわち，アウトカム指標の測定は，業務プロセスの最適化が行われる際に併用すべきである。

　また，業務プロセスの最適化や戦略的意思決定が行われると，従来のクリニカルパスを改訂・更新する必要性が生じてくる。クリニカルパスは，業務プロセスの標準化を組織内に浸透させるために必要不可欠なツールであるため，アウトカム指標の測定と同様，軽視すべきではない。

4）診療報酬改定の基礎データの提供

　最後の病院原価計算が病院経営に与える影響には，診療報酬改定の基礎データの提供をあげている。これは，上述の業務プロセスの最適化や戦略的意思決定，それにアウトカム指標やクリニカルパスに関するデータを集約して，医療資源投入量に基づく評価を診療報酬改定に反映させることを意味する。例えば，Bauer-Nilsen et al.（2018）では，放射線治療のうち，小線源療法（BT）に支払われる診療報酬が，TDABC で算定されるコストに対応していないことを問題視している。当該診療報酬が低く見積もられている背景には，小線源療法にかかる主治医の処置時間が適正に評価されていないためである。

　医師の技術料評価の低さについては，社会的共通資本の提唱者である宇沢弘文氏も，日本の保険点数制度に基づく診療報酬制度では，①技術料に相当するものが極端に低く評価されていることと，②個々の医師の経験や技術水準などが無視されていることの2点を問題点としてあげていることから（宇沢 2000, 72-75），診療報酬改定の基礎データの提供は「価値改善モデル」を支える意味で重要な位置づけとなる。

（2）病院原価計算と「価値改善モデル」をつなぐマネジメント手法

① 病院BSC

次に，病院原価計算を用いた医療資源投入量に基づく評価を，病院組織内に浸透させるにあたって，職員間の共通情報基盤を提供する管理手法の一例として，病院バランスト・スコアカード（Balanced Scorecard：BSC）を紹介しておきたい。BSCとは，企業のビジョンと戦略から導き出された目標と業績評価指標を，財務の視点，顧客の視点，社内ビジネス（業務）プロセスの視点，学習と成長の視点という4つの視点から企業の業績を捉えるものである（Kaplan and Norton 1996, 2；邦訳 2）。そしてBSCは，長期的財務目標の設定から始まり，財務プロセスや社内ビジネス・プロセスで採用しなければならない一連の行動に長期的財務目標をリンクさせ，最終的には従業員やシステムが長期経済的に業績を向上させるように働きかけるという戦略マネジメント・ツールである。

BSCが，なぜ病院組織で有効に機能するのかについては，例えば，「BSCの非財務的データは，財務データよりも，職員の動機付けが強く，ある意味で個人の目標と業績評価がリンクしやすいので，動機付けしやすい」といった動機付けの側面から説明できる。加えて，「これまで戦略の理解もされてこなかった医師を含む現場の人々に，わかりやすく現場の言葉で戦略を伝えることができるので，行動の指針としてのビジョンと戦略が自分のものとして行動に活きてくる」と現場からの理解も得られやすい特徴をもつ（髙橋 2004, 8）。

加えてBSCは，顧客の視点を「患者の視点」というアウトカム指標に置き換えることができるため，「医療の質」とコスト効率性の両方の共通情報基盤を職員に提供することができる点で，病院原価計算と「価値改善モデル」をつなぐ有用なマネジメント手法となりうる。なお，我が国における病院BSCの事例報告をレビューした結果では，設立主体（公的・民間）や，導入レベル（全体・部門），および外部専門家の指導などが，その形成要因として一定の関連性をもっていることが明らかにされている[2]。

---

[2] 丸田・足立（2015a；2015b）；Suemori et al.（2017）．また，病院BSCの戦略マップが形成されていく過程では，①参照した戦略マップの種類のほか，②医師や看護師が抱く医業倫理観の強さ，③新臨床研修医制度の導入を背景とする医師の人手不足問題が影響を与えている（足立・末盛 2015）。

② マグネット・ホスピタル

　BSC以外に，地域医療の中核的役割を果たし，医師不足医療圏で有効に機能すると想定されている「マグネット・ホスピタル」の配置も，「価値改善モデル」に資するマネジメント手法としてあげることができる。マグネット・ホスピタルとは，約20万人の圏域人口における医師の教育環境が整備されている病床数が500床前後の病院を指す（伊藤2008, 100-101）。マグネット・ホスピタルは元々，米国の看護協会の「マグネット・ホスピタル（看護師数が激減するなか，労働環境が整って看護師を引きつける優秀な病院）」から借用して使い始めたものである（伊藤2008, 8-9）。日本でも病院経営環境の変化により，自院の機能を明確化させ，患者中心の医療への実質的な変換が求められているという共通した背景のもと，その有効性について議論がなされているように（高橋2004, 4；松山・河野2005, ⅲ），地域包括ケア実現のための医療機関の役割分担と連携を実施するためには，マグネット・ホスピタルのような概念が重要になるだろう。

③ 臨床スタッフの協力

　マネジメント手法ではないが，病院原価計算と「価値改善モデル」をつなぐ際に重要な概念としてあげられるのが「医師の協力」である。病院原価計算は，コスト情報のみを提供するため，医師や看護師などの臨床スタッフの抵抗を受けやすい。それゆえ，「価値重視の病院経営」の一例として紹介した，Young et al.（2001）の価値ベースのパートナーシップ（VBP）や，Benson et al.（2003）の真価（worth）概念を用いて，経営幹部と現場スタッフの信頼関係を構築する必要性がある。

　日本においても，同様の概念を荒井教授は「倫理」を用いて説明しようとしている。荒井教授の指摘する「倫理」は，医療者と経営管理者，医療の原価・利益・質管理のすべてに関わることであり，伝統的な医療職の思考枠組みでは対立すると考えられてきた各要素を関連させるものである。すなわち，「医療者と経営管理者は対立関係ではなく，相互支援しつつ一体となって，原価と利益と質の管理を倫理によって統合的に実践する」（荒井2009, 73）ことになる。この倫理を用いた病院経営のあり方は，価値重視の病院経営の議論と同様，臨床

スタッフの協力なくしては，病院経営の改革を進めることができないことを意味している。それを裏づけるように，荒井・尻無濱（2015）が実施した，医療法人における予算管理実態の違いと管理者業績評価での予算利用との関係性についての質問票調査によれば，業績評価側対象者（法人本部）の予算活用に対する強い意思のほか，業績評価対象者（現場医療系管理者）の納得性の高さが，予算を業績評価で活用することに影響を与えていることを示している。

(3)「価値改善モデル」の概要

　以上を踏まえて，次に病院原価計算を用いた医療資源投入量に基づく評価が，如何に「価値改善モデル」に貢献するかを説明していくことにしたい。議論の前提として，日米の医療保険制度に違いはあるものの，当該モデルは医療制度改革に資する組織の「内部プロセス」改善に焦点を当てたものであることを強調しておく。

① 臨床スタッフの確保および適正配置

　病院原価計算を用いて医療資源投入量に基づく評価を行い，業務プロセスの最適化を行うことで，「価値改善モデル」における「臨床スタッフの確保および適正位置」が可能となる。具体的には，給与費を対象にした代替資源のコスト分析により，業務プロセスの最適化が可能となるため，臨床スタッフの確保および適正配置が実現されることになる。これを日本の医療・社会保障改革と関連させた場合，医師の働き方改革や，オンライン診療，かかりつけ医制度から説明することができる。

　まず，厚生労働省の「医師の働き方改革に関する検討会」では，医師の勤務時間対策としてタスク・シフティングが提言されているが[3]，これは病院TDABCのキャパシティ費用率の関連で議論してきたことである。例えば，病院コンサルティング業務を提供している中友美氏（シンカナース株式会社）によれば，医師の業務を看護師に移管し，看護師の業務を看護助手に移管すればよいとして，看護師も麻酔業務に携わることが可能となる横浜市立大学の周麻酔期看護

---
3) 厚生労働省HP「医師の働き方改革に関する検討会」。

師の養成講座を紹介している。具体的には，看護師が行っている「物品管理」を看護助手に業務移管することで，看護師が本来業務に専念することができ，職員満足度も向上すると指摘している（中 2018, 80-111）。

　次に，オンライン診療や AI 技術を用いた画像診断を行うことは，専門医の業務負担が減少すると同時に業務効率が向上し，医師の適正配置が可能となる。加えて，かかりつけ医制度の導入や，400 床以上の病院を受診する際に制限をかけることは，病院機能の専門性を向上させることにつながり，専門医の適正配置が可能になる。当該専門医は，患者診察数を増加させることで，アウトカム指標にもプラスの影響をもたらすことになる。

② 地域包括ケアを実現する医療機関の役割分担と連携

　第二に，地域包括ケアを実現する「医療機関の役割分担と連携」を，「価値改善モデル」の柱にあげている。これを病院原価計算による医療資源投入量に基づく評価の関連で説明すると，高額医療設備の未利用キャパシティの測定や，診療科別・診療行為別の収益性分析により，戦略的意思決定が可能となり，そこで集約されたデータを用いて，地域包括ケアを実現する医療機関の役割分担や連携を実現することになる。

　これを日本の医療・社会保障改革との関連で説明すると，例えば，地域医療構想の実現に向けた「新公立病院改革ガイドライン」で掲げられている「地域医療の再編・ネットワーク化の推進」や，地域医療連携推進法人の制度化をあげることができる。病院組織形態の改革では病床削減や組織再編を伴うため，当然，医療設備の共同利用の検討も議論されてくる。そこで，病院原価計算が提供するコスト情報を用いた感度分析を実施することで，当該データを医療設備の共同利用の検討資料として役立てることができる。

　そして，臨床スタッフの確保および適正配置と，医療機関の役割分担と連携を実現することで，個々の病院が自院の役割を再認識して，「高齢者医療と介護の連携」を可能にさせる。医療機関と介護施設の連携にあたっては，保険制度の違いのほか，臨床現場に精通した「つなぎ役」が必要となる。この点，社会医療法人財団董仙会恵寿総合病院（以下，恵寿総合病院）の神野正博院長は，医療機関と介護施設の「つなぎ役」は，医療ソーシャルワーカー（Medical

Social Worker：MSW）ではなく，理学療法士（Physical Therapist：PT）や作業療法士（Occupational Therapist：OT）が適任であると指摘しているのは興味深い（神野 2018, 51-52）。MSW を選任しなかった理由には，MSW には社会福祉系学部出身者が多く，医療の知識においては PT や OT に劣ることをあげている。

③ 在庫の適正保有・管理

　第三の「価値改善モデル」の柱には，「在庫の適正保有・管理」を掲げている。これは，医療材料費を対象にした病院原価計算のデータ情報と関連している。すなわち，診療行為別の収益性を分析した結果，医薬品費または診療材料費のコスト全体に占める割合が高い場合，病院は共同購入を検討することになる。

　これを日本の医療・社会保障改革に関連させた場合，院内物流管理システム（Supply Processing Distribution：SPD）の利用を例としてあげることができる。SPD は，1994 年に三菱商事が ICT（情報通信技術）とバーコードを利用した診療材料の管理システムであり，現在では子会社の日本ホスピタルサービス，エム・シー・ヘルスケアの事業として提供している（神野 2018, 4）。SPD 導入により，診療材料の在庫削減や期限切れの把握，ジャスト・イン・タイム（JIT）の納品が可能になり，医療材料の管理を本業としない看護師や医師の業務負担を軽減することが可能となる。なお，SPD 導入を最初に導入した病院は，上述の恵寿総合病院である。

　また，医薬品や診療材料のなかには高額なものも存在しているため，メーカーや卸業者との価格交渉や後発薬の検討は重要である。そこで，遠藤誠作氏（北海道大学大学院）では，ある公立病院では，価格交渉時に医師を同席させることで，診療材料費の収益に与える影響額を認識させるとともに，値下げに結びつけた取り組みを紹介している。加えて，消耗品の選択の鍵を握る「看護師の協力」を得るために，感染対策収支を提示してコスト意識を醸成させることの有用性に触れている（遠藤 2017, 83）。医師を中心とする現場への配慮は重要であり，恵寿総合病院の神野院長も，SPD 導入時には医師や現場職員が「使いたい商品」をできるだけ安価で仕入れる仕組みづくりに尽力したとコメントし

ている（神野 2018, 49-50）。

④ 診療報酬適正化

最後に，前述の診療報酬改定の基礎データの提供による診療報酬適正化を「価値改善モデル」に位置づけている。すなわち，病院原価計算を用いた医療資源投入量に基づく評価により，医師をはじめとする臨床スタッフの技術評価はもとより，高額な医療設備や医薬品・診療材料に関連した診療報酬が適正に評価されていなければ，アメリカと異なり，日本は価格決定主体が病院にないため，病院原価計算に基づく議論が根底から否定されてしまう。加えて，適正な社会保障費が算定され，その金額に相当する財源が確保されなければならない。そこで価値改善モデルでは，「医療財源の見直しによる十分な社会保障費の確保」を掲げている。

⑤ 患者の意識改革とアウトカム指標・クリニカルパスの併用

医療供給体制の適正化が達成された場合でも，それが患者に焦点を当てたものでなければならない。そして，医療供給体制の適正化が患者に対してなされたものになれば，患者との信頼関係が構築される。患者との信頼関係が構築されれば，患者の医療改革に対する理解も深まると考えられる[4]。

そして，「価値改善モデル」は医療資源投入量に基づく評価データで判断するものであるため，「医療の質」を損なわないためにもアウトカム指標を併用する必要がある。そして，業務フローの標準化を進めるためにはクリニカルパスが積極的に用いられるべきであり，地域包括ケアのネットワーク構築においては地域連携パスも有用なツールとなりうる。これらは「価値改善モデル」の柱には掲げていないものの，「価値改善モデル」をサポートするツールとして有効活用することで，現場に受け入れやすい「価値改善モデル」の構築が可能となるだろう。

---

[4] この点，宮山（2011）では，国民（患者），医療機関，国（保険者）がそれぞれの立場から，地域医療政策の担い手としての立場を明確化することの有用性について言及している。

3 終わりに

　本章では，診療報酬改定や医療供給体制の改革を伴う医療・社会保障改革に資する「価値改善モデル」のフレームワークを説明してきた。この価値改善モデルは，「医療の質」の測定を伴う，効果的かつ効率的な医療提供体制の構築を実現するための医療資源投入量に基づく評価を行うモデルである。それゆえ，組織の「内部プロセス」の改善を主体にした政策を提案して，医療・社会保障改革に貢献する位置づけとなる。医療資源投入量に基づく評価を行うモデルに限定されるのは，病院原価計算が提示するデータに基づいているからである。

　本章の「価値改善モデル」との関連で提示した病院原価計算の利用目的には，給与費を対象にしたタスク・シフティングを念頭に置いたコスト分析と，設備費等・給与費を対象にした未利用キャパシティの見える化，そして医療材料費・設備費・給与費など全コストを対象にした診療科別・診療行為別の収益性分析の3つをあげた。そして，病院原価計算が病院経営に与える影響をまとめ，業務プロセスの最適化と戦略的意思決定，それに診療報酬改定の基礎データの提供を紹介した。業務プロセスの最適化には，専門スタッフの雇用することで従来の業務プロセスの効率化を図ることと，既存スタッフの生産性を向上させて業務効率化を実現することを説明した。病院原価計算による戦略的意思決定は，高額医療機器の共同利用や，医薬品や診療材料の共同購入が該当する。診療報酬改定の基礎データの提供は，業務プロセスの最適化や戦略的意思決定，それにアウトカム指標やクリニカルパスに関するデータを集約して，医療資源投入量に基づく評価を診療報酬改定に反映させることを意味している。また，病院原価計算と「価値改善モデル」をつなぐマネジメント手法として，本章では病院BSC，マグネット・ホスピタル，臨床スタッフの協力の3つを紹介した。

　そして，上記の利用目的で用いられる病院原価計算は，「価値改善モデル」のうち，臨床スタッフの確保および適正配置，地域包括ケアを実現する医療機関の役割分担と連携，在庫の適正保有・管理，そして診療報酬適正化に関連することを説明した。

まず，臨床スタッフの確保および適正配置は，タスク・シフティングやオンライン診療など，医師や看護師の業務負担を軽減することで可能になるため，そのコスト面でのデータを提供する点で病院原価計算が貢献する。それゆえ，臨床スタッフの確保および適正配置は，給与費を対象にしたものとなる。

　次に，地域包括ケアを実現する医療機関の役割分担と連携は，地域医療構想の実現に向けた「新公立病院改革ガイドライン」や，地域医療連携推進法人などの制度と関連するため，病院原価計算は，高額医療設備の未利用キャパシティの測定や，診療科別・診療行為別の収益性分析により戦略的意思決定に資するデータを提供する点で貢献する。ゆえに，地域包括ケアを実現する医療機関の役割分担と連携は，設備費・フロア関連コストを対象にしたものとなる。

　加えて，在庫の適正保有・管理は，院内物流管理システム（SPD）との関連で説明した。すなわち，病院原価計算を実施した結果，高額の医薬品もしくは診療材料がコスト全体に与える影響に経営者が注目した場合には，SPDなどの導入検討を行う可能性が生じることになる。

　最後に，診療報酬改定の基礎データの提供による診療報酬適正化を「価値改善モデル」に位置づけた。病院原価計算を用いた医療資源投入量に基づく評価により，医師をはじめとする臨床スタッフの技術評価はもとより，高額な医療設備や医薬品・診療材料に関連した診療報酬が適正に評価されなければ，アメリカと異なり，日本は価格決定主体が病院にないため，病院原価計算に基づく議論が根底から否定されてしまう。それゆえ日本においては，病院原価計算をベースにした「診療報酬適正化」は，アメリカ以上に重要な要素となりうる。

　なお，病院原価計算を用いた医療資源投入量に基づく評価を軸にした「価値改善モデル」は，「医療の質」を損なわないためにもアウトカム指標を併用する必要がある。そして，業務フローの標準化にはクリニカルパスが積極的に用いられるべきであり，また，地域包括ケアのネットワーク構築においては，地域連携パスも有用であるといえよう。

終章

「価値」概念および時間主導型原価計算が病院経営に与える影響

1 本書の論点

　本書では，米国の保険者機能の強化を背景とした病院原価計算の発展を，計算原理の精緻化の側面と計算合理性の側面から整理することで，医療の質とコストのバランスを考慮する価値重視の病院経営を支援する時間主導型の病院原価計算の有用性を明らかにしてきた。以下では，本書の要約と結論を提示し，その結論から浮かび上がる今後の展望・研究課題を述べることにしたい。

　まず，第Ⅰ部では，アメリカの医療保険制度を中心とした病院経営環境を概説した上で，保険者機能が強化されるなかで病院原価計算の計算原理が精緻化されてきたプロセスを，先行研究を紹介しながら辿ってきた。

　第1章では，1983年を境にして保険者機能の強化が進められ，アメリカの病院経営が品質管理重視から，原価管理重視に変遷した経緯について考察した。1983年までのアメリカ病院経営では，医師や病院といった医療提供者の裁量権が守られており，品質管理重視の病院経営を行ってきた。これは，医療に関する情報が保険会社に流出しなかったこと，また，診療報酬に関しては出来高払い方式を民間および公的医療保険が採用していたからである。

　しかし，公的医療保険のメディケアが，増え続ける医療費を抑えるためにDRG/PPS（診断群分類別包括支払い制度）を導入してから，病院は徐々に原価管理を迫られるようになった。特に1980年代後半から急速に普及した民間医療保険のマネジドケアの影響は大きく，当該医療保険に加入する患者を病院で診察する際には，患者別に採算管理を行わなければ赤字経営に陥る可能性が生じていた。原価管理を意識し始めた病院では，従来の経営スタイルを変え，病院原価計算に関心を示すようになっている。

　第2章では，保険者機能の強化が進められるなかで，多くの病院でコスト意識が高まるにつれ，病院原価計算がどのように利用されてきたのかを整理した。具体的には，1983年のDRG/PPS導入以降の病院経営環境の変化を説明した上で，診療科別原価計算の配賦計算方法が単一基準・階梯式配賦法から複数基準・相互配賦法へと洗練化されてきたこと，そして診療行為別（疾病別）原価

計算を実施するには，どの患者にどれだけ時間を費やしたかという時間情報のほか，患者1人ひとりの特性を反映させるために，重症度などの重み付け係数の設定が必要になることを明らかにした。

第3章では，診療行為別原価計算のうち，RCC法（診療報酬基準原価率法）とABC（活動基準原価計算）を取り上げた。1990年代以降，米国では経営環境変化と情報処理技術の進歩により，病院を対象にしたABCの論文が多く発表されるようになり，RCC法の利用度は相対的に低くなっているものの，現在もRCC法の採用割合は一定数存在している。これは，簡便性を優先するのであればRCC法が適合し（計算合理性の追求），情報の詳細性や戦略的意思決定への有用性を優先するのであればABCが適合するといった（計算原理の精緻化），病院原価計算に対する優先度が反映された結果といえる。

第4章では，診療行為別原価計算のうち，RVU法（相対価値尺度法）を体系的に取り扱った。RVU法は，病院の独自見積に基づくRVU法と，RBRVS（資源準拠相対価値尺度）に基づくRVU法に区分することができること，そしてRBRVSのRVUを用いたRVU法を行うことは，病院原価計算にかかる設定コストを大幅に削減できることを確認した。ただし，RVU法は資源消費の同質性などの課題を抱えていることから，RBRVSのRVUの信頼性を担保させるために政府の果たすべき役割の重要性を確認した。

第II部では，保険者機能が再考されるなかで提唱された「価値」概念に基づいた経営（価値重視の病院経営）の内実を明らかにした上で，病院原価計算の視点から考察を加えた。とりわけ，価値重視の病院経営とTDABC（時間主導型ABC）やRVU法などの時間主導型の病院原価計算の関連で考察を加えた。

第5章では，ポーター＆テイスバーグとヘルツリンガーの分析を手がかりに，「価値重視の病院経営（VBM）」が登場する背景と特徴をまとめ，病院「価値」を議論している先行研究として，Ross and Fenster (1995)，Michelman et al. (1999)，Young et al. (2001)，Benson et al. (2003)，そしてPorter and Teisberg (2004) を紹介した。先行研究から明らかにされたことは，原価管理と品質原価の他に，もう1つの項目を加えて病院経営を議論していることである。つまり，もう1つの項目とは，ロス＆フェンスターのTQM・CQI（総合

的品質管理・継続的品質改善）を用いた価値改善モデルの提唱，マイケルマンらの水平情報システムの導入，ヤンらの価値ベースのパートナーシップ概念の考案，ベンソンらの価値の三者関係の重視，そしてポーター＆テイスバーグのポジティブ・サム競争の実現である。本書では，2010年のヘルスケア改革法（ACA）以前の病院「価値」の先行研究を整理して，価値重視の病院経営を「原価と品質を巡る（保険者，医師，患者間の）利害の対立関係を解消（緩和）させるためのメカニズム」と定義した。

第6章では，従来までの病院経営と価値重視の病院経営について病院原価計算の関係から考察を加えた。価値重視の病院経営は2つに区分することができ，まず，個々の病院（ネットワーク）を対象とする価値重視の病院経営は，品質改善とコスト削減の両面から圧力を受けていることから，医療の提供側と管理側の「共通情報基盤」としてコスト情報が有用になることを説明した。一方で，医療システム全体を対象とする価値重視の病院経営は，ポーターが問題視してきたような医療システムの競争原理のあり方そのものを改革することに主眼が置かれている。

そして，オバマ政権下のヘルスケア改革法（ACA）の一端を担う「価値ベースの支払い方式（value-based payment）」を導入している事例をいくつか紹介することで，その内実を明らかにしようとした。しかしながら，当該事例では，病院「価値」を巡るマネジメントに関する取り組みは確認できたものの，そこで用いられる病院原価計算については簡単なコメントにとどまっているケースが大半であった。そこで，価値重視の病院経営に貢献する病院原価計算として，TDABCやRVU法といった時間主導型の病院原価計算を用いることの有用性を明らかにした。すなわち，価値重視の病院経営において必要なものは，「正確な」原価情報ではなく，「経営判断を誤らせない」原価情報となる（計算合理性の追求）。本書では，当該原価情報を提示する病院原価計算を導入することを「価値重視志向」と捉えた。

第7章では，Kaplan and Porter（2011）以降に発表された病院TDABC研究論文を対象に文献レビューを行い，病院TDABCの導入状況をクリニカルパスやキャパシティとの関連で集計した。本章でクリニカルパスに着目した理由は，TDABCのプロセスマップとの関連性に由来する。つまり，TDABCを病

「価値」概念および時間主導型原価計算が病院経営に与える影響

院に導入する場合，患者が入院してから退院するまでのプロセスマップを疾病別に描く必要がある。そこで既存のクリニカルパスを用いれば，個々の活動にかかる時間を推計するだけで TDABC を実施することができる。

　第 8 章では，第 7 章の病院 TDABC の文献レビュー結果から考察を加えている。具体的には，病院 TDABC の導入時におけるクリニカルパスおよび医師の協力が果たす役割，キャプランなどハーバード大学ビジネススクール（HBS）の支援状況，対象原価，タスク・シフティング（業務移管）への活用や，未利用キャパシティの測定，診療報酬制度やアウトカム指標との関連性について，事例論文の計算プロセスを紹介しながら説明した。

　まず，病院 TDABC とクリニカルパスの関係については，医学知識をもたない財務コントローラー（経営企画室課長など）ではパス改訂などの手続きを迅速に行うことはできないため，TDABC の導入段階で医師の協力を取り付けることが重要となる。そして，医師の協力の必要性が指摘されている背景には，キャプランやポーターなどの HBS のサポートも少なからず影響していることが確認できた。現在，HBS では途上国に対する TDABC の試験導入を進行させており，ルワンダやハイチの病院グループを対象にした事例論文が発表されている。また，内視鏡の再利用プロセスやオンライン診療を対象にした事例論文が増えていることも確認した。

　続いて，キャパシティ費用率の対象原価の特徴をまとめ，給与費を対象にした事例論文が増加していることが判明した。給与費を対象原価にした場合には，医療材料費がキャパシティ費用率以外の配賦基準が適用される原価になっていることが多い。これは医療材料費が診療行為に直課できるため，あえてキャパシティ費用率を用いた時間の配賦基準を設定する必要がないためだと思われる。

　また，病院 TDABC の利用目的の 1 つに，タスク・シフティング（業務移管）を念頭に置いたプロセス改善があげられており，これは給与費を対象にした TDABC を導入することで，その効果をコスト面で「見える化」できるようになる。第 8 章では，研修医・医療補助者，患者搬送専門者，遺伝診断士，専門栄養看護師を紹介した。こうした医師以外の専任スタッフが業務を代替する場合，診療報酬が減額されることがあるため，TDABC を用いて収益性を確認することが重要である。一方，TDABC が抱える計算構造上の問題点として，「配

賦計算対象とならない時間」が未利用キャパシティにカウントされてしまうことがあげられている。そのため，多くの事例論文でキャパシティ費用率の分母のトータル時間に「調整」を加えていた。

最後に，病院TDABCと診療報酬制度やアウトカム指標の関連性について整理した。診療報酬が医療資源投入量を適切に評価していればよいが，そうでない場合は経営方針を誤る恐れがある。そこで，TDABCを用いて医療資源投入量を適切に評価し，その情報を診療報酬制度に反映させる必要がある。加えて，病院TDABCの事例論文の研究課題には，合併症の測定の必要性があげられていることが多く，それゆえアウトカム指標の測定も軽視できない。つまり，「価値重視の病院経営」を推進する場合には，コスト情報だけでなくアウトカム指標の測定も併用した総合的な評価方式を採用する必要がある。

第9章では，アメリカ病院原価計算の観点から病院経営を考察する意義を日本に示唆するために，医療・社会保障改革との関連性を示した「価値改善モデル」を提案した。まず，日本の医療・社会保障改革に資する「価値改善モデル」は，「医療の質」の測定を伴う，効果的かつ効率的な医療提供体制の構築を実現するための，医療資源投入量に基づく評価を行うモデルであった。言い換えれば，「価値改善モデル」は，病院原価計算を用いた組織の「内部プロセス」の改善を主体にした政策を提案して，医療・社会保障改革に貢献する位置づけとなる。具体的には，アメリカでの病院原価計算の活用方法を費目別に整理して，病院経営に与える影響をまとめ，医療資源投入量に基づく評価を軸に置いた「価値改善モデル」のフレームワークを構築した。

2 本書の課題と展望

上記のような結論に到達したとはいえ，未だ数多くの課題を残したままであることは否めない。より厳密な理論構築を目指す上でも，今後は以下に示す検討課題に取り組む必要がある。

「価値」概念および時間主導型原価計算が病院経営に与える影響

（1）病院TDABCおよびRVU法の実際データを用いた検証の必要性

　本書の目的は，アメリカの保険者機能が強化されるなかで導入が進められた，病院原価計算としての「時間主導型原価計算」の意味を，計算原理の精緻化と計算合理性の側面から考察を加え，時間主導型原価計算と価値重視の病院経営の体系化を試みるものであった。しかしながら当該病院経営と，それに貢献する病院原価計算の関係について実際データを用いた検証を行っていない。実際の病院で検証を行い，体系化を裏づけるデータを提示することは，今後取り組むべき課題と捉えている。

　とりわけキャプランやポーターなどHBSがTDABC導入プロジェクトを世界中で同時進行させているように，今後は日本においてもTDABCやRVU法などの時間主導型の病院原価計算の検証を行う必要がある。この点，標準化された工程表であるクリニカルパスをプロセスマップ作成時に積極的に活用することや，協力してもらえる医師やトップマネジメントの存在は軽視することはできない。

（2）「価値重視の償還システム」に貢献する病院原価計算の展望

　ポーター＆キャプランは，医療システムが採用すべき戦略の1つとして，疾病別のケア・サイクルを対象とした医療保険制度の必要性を指摘している。これは，医療提供の価値連鎖（CDVC）に基づいた「価値重視償還（value-based reimbursement）」の実現を想定したものである。すなわち，彼らは医療資源投入量を適切に評価する病院原価計算が提示するコスト情報に基づいて医療・社会保障改革を行うことにより，医療システムを巡る競争原理を正しい方向に訂正することを念頭に置いて議論を行っている。こうしたポーター＆キャプランの主張に基づく研究は，今後も継続的にフォローしておく必要がある。

　実際，オバマ政権下でのヘルスケア改革法（ACA）のもと考案された「価値ベースの支払い方式」が導入されてから，病院「価値」を定義して経営改革を実践する医療システムや病院ネットワークは増加傾向にある。ただし，当該事例論文では，病院原価計算の具体的な計算方法が示されていないことが多く，医療・社会保障改革との関連での病院原価計算の議論は未だ発展途上にあると

いえる。それゆえ，キャプランを中心としたHBSが取り組んでいる病院TDABCの事例研究を今後も注視していきながら，導入部門や対象原価，クリニカルパスや医師との関係性など，導入・運用上の留意事項を整理し続けていく必要がある。

加えて，医師の技術料算定の基礎となるRVUを用いるRVU法も，いったんRVUが設定された後に，新たな治療方法もしくは治療薬が開発された場合，適宜RVUの値を修正する必要がある。この点，タスク・シフティングを進める際には，医療補助者（PA）やナース・プラクティショナー（NP）に支払われるRBRVSの診療報酬が減額されることから，メディケアにおけるRVUの改訂動向も，継続的にフォローしていかなければならない事項である[1]。

---

1) RVUの改訂作業は，有識者で構成されるRVS改訂委員会（RVS Update Committee）が担当している（Reiboldt and Chamblee 2010, 67-83）。

参考文献

[欧文]

AHA (1968) *Cost Finding and Rate Setting for Hospitals* (Chicago: American Hospital Association).

Akhavan, S., L. Ward and K. J. Bozic (2016) Time-driven activity-based costing more accurately reflects costs in arthroplasty surgery, *Clinical Orthopaedics and Related Research*, 474 (1): 8-15.

Albright, H. W. and T. W. Feeley (2011) A cancer center puts the new approach to work, *Harvard Business Review*, 89 (9): 61-62.

Anderson, G. H., P. J. Jenkins, D. A. McDonald, R. Van Der Meer, et al. (2017) Cost comparison of orthopaedic fracture pathways using discrete event simulation in a Glasgow hospital, *BMJ open*, 7 (9): 1-12.

Andreasen, S. E., H. B. Holm, M. Jørgensen, K. Gromov, et al. (2016) Time driven activity based cost of fast-track total hip and knee arthroplasty, *The Journal of Arthroplasty*, 32 (6): 1747-1755.

Anzai, Y., M. E. Heilbrun, D. Haas, L. Boi, et al. (2017) Dissecting Costs of CT Study: Application of TDABC (Time-driven Activity-based Costing) in a Tertiary Academic Center, *Academic Radiology*, 24 (2): 200-208.

Azar, N., V. Leblond, M. Ouzegdouh and P. Button (2017) A transition from using multi-step procedures to a fully integrated system for performing extracorporeal photopheresis: A comparison of costs and efficiencies, *Journal of Clinical Apheresis*, 32 (6): 474-478.

Baker, J. J. (1996) *Provider Characteristics and Managed Care/Competition Environmental Factors Associated with Hospital Use of Costing Systems* (PhD diss., Fielding Institute, Santa Barbara, CA).

Baker, J. J. (1998) How Activity-Based Costing Works in Health Care, in: Baker, J. J. ed., *Activity-Based Costing and Activity-Based Management for Health Care*, Aspen Publication.

Baker, J. J. and G. F. Boyd (1998) ABC in the Operating Room at Valley View Hospital: A Case Study, in: Baker, J. J. ed., *Activity-Based Costing and Activity-Based Management for Health Care*, Aspen Publication.

Baker, J. J., V. R. Barr and K. S. Vroman (1998) A Planning Model for the National Benevolent Association's Skilled Nursing Facility Costed Clinical Pathways: A Case Study, in: Baker, J. J. ed. *Activity-Based Costing and Activity-Based Management for Health Care*, Aspen Publication.

Balakrishnan, K., B. Goico and E. M. Arjmand (2015) Applying Cost Accounting to Operating Room Staffing in Otolaryngology Time-Driven Activity-Based Costing and Outpatient Adenotonsillectomy, *Otolaryngology Head and Neck*

Surgery, 152 (4): 684-690.

Bauer-Nilsen, K., C. Hill, D. M. Trifiletti, B. Libby, et al. (2018) Evaluation of delivery costs for external beam radiation therapy and brachytherapy for locally advanced cervical cancer using time-driven activity-based costing, *International Journal of Radiation Oncology,* 100 (1): 88-94.

Benson, K. J., R. W. Maldonado and L. D. Gamm (2003) The Role of Value in Provider-Patient-Payer Relationships, *Hospital Topics,* 81 (3): 21-27.

Bergman, R. (1994) Getting the goods on guidelines, Practice parameters are proliferating, but the question remains: do they really work? *Hospitals & health networks,* 68 (20): 70-72.

Berlin, M. F. and T. H. Smith (2004) Evaluation of activity-based costing versus resource-based relative value costing, *The Journal of Medical Practice Management,* 19 (4): 219-227.

Berlin, M. F., B. P. Faber and L. M. Berlin (1997) RVU costing in a medical group practice, *Healthcare Financial Management,* 51 (10): 78-81.

Berlin, M. F., B. P. Faber, L. M. Berlin and M. R. Budzynski (1997) RVU costing applications, *Healthcare Financial Management,* 51 (11): 73-76.

Borgstrom, M. P., O. M. Deshpande and T. J. Balcezak (2017) Pursuit of Value Drives Strategy to Improve Operations and Outcomes, *Frontiers of Health Services Management,* 34 (2): 3-13.

Bouquin, H. (2008) *Comptabilité de gestion, 5e éd,* Economica.

Campanale, C., L. Cinquini and A. Tenucci (2014) Time-driven activity-based costing to improve transparency and decision making in healthcare: A case study, *Qualitative Research in Accounting & Management,* 11 (2): 165-186.

Chan, Y. L. (1993) hospital cost accounting with activity-based costing, *Health Care Management Review,* 18 (1): 71-77.

Chen, A., S. Sabharwal, K. Akhtar, N. Makaram, et al. (2015) Time-driven activity based costing of total knee replacement surgery at a London teaching hospital, *The Knee,* 22 (6): 640-645.

Conrad, K. A., R. J. Wunar Jr and C. B. Nagle (1996) Cost accounting helps ensure group practice profitability, *Healthcare Financial Management,* 50 (11): 60-65.

Cooper, R. and R. S. Kaplan (1988) Measure costs right: make the right decisions, *Harvard Business Review,* 66 (5): 96-103.

Crott, R., G. Lawson, M. C. Nollevaux, A. Castiaux, et al. (2016) Comprehensive cost analysis of sentinel node biopsy in solid head and neck tumors using a time-driven activity-based costing approach, *European Archives of Oto-Rhino-Laryngology,* 273 (9): 2621-2628.

Dang, D. N. P. (2017) Using Business Modeling to Streamline Cost of Anesthesia in a Cardiopulmonary Laboratory, *Journal of Nursing & Interprofessional Leadership in Quality & Safety,* 1 (2): 1-10.

Davis Weintraub, L. A. and R. J. Dube (1988) Alternative Costing Methods in Health Care, in: Finkler, S. A. and D. M. Ward ed., *Cost Accounting for Health Care*

Organizations: Concepts and Applications 2nd Edition, Aspen Publication.

de La Villarmois, O. and Y. Levant (2007) Le TDABC: la simplification de l'évaluation des coûts par les recours aux équivalents-un essai de positionnement, *Finance Contrôle Stratégie*, 10 (1): 149-182.

DeMarco, V. G., B. S. Richards, L. Volkmar and L. C. Gorski (2016) The value journey improving cost structure through performance improvement: a New York hospital offers a case example of how to undertake performance improvement on a systemwide scale to prepare for value-based care, *Healthcare Financial Management*, 70 (6): 70-76.

Demeere, N., K. Stouthuysen and F. Roodhooft (2009) Time-driven activity-based costing in an outpatient clinic environment: Development, relevance and managerial impact, *Health Policy*, 92 (2-3): 296-304.

Devji, T. F., A. L. Madenci, E. Carpino, I. C. Leahy, et al. (2016) Safety and cost-effectiveness of port removal outside of the operating room among pediatric patients, *Journal of Pediatric Surgery*, 51 (11): 1891-1895.

Donabedian, A. (1980) *Explorations in quality assessment and monitoring, Volume 1 The definition of quality and approaches to its assessment*, Health Administration Press (東尚弘訳『医療の質の定義と評価方法』NPO 法人健康医療評価機構, 2007 年).

Donbavand, J. J. (1986) Cost Accounting Ratios, *Hospital Cost Accounting Advisor*, 1 (10): 6-7.

Donovan, C. J., M. Hopkins, B. M. Kimmel, S. Koberna, et al. (2014) How Cleveland Clinic used TDABC to improve value, *Healthcare Financial Management*, 68 (6): 84-89.

Dowless, R. M. (1997) Using activity-based costing to guide strategic decision making, *Healthcare Financial Management*, 51 (6): 86-89.

Doyle, G., S. O'Donnell, E. Quigley, K. Cullen, et al. (2017) Patient level cost of diabetes self-management education programmes: an international evaluation, *BMJ open*, 7 (5): 1-9.

Dutta, S. W., K. Bauer-Nilsen, J. C. Sanders, D. M. Trifiletti, et al. (2018) Time-driven activity-based cost comparison of prostate cancer brachytherapy and intensity-modulated radiation therapy, *Brachytherapy*, 17 (3): 556-563.

El Alaoui, S., E. Hedman-Lagerlöf, B. Ljótsson and N. Lindefors (2017) Does internet-based cognitive behaviour therapy reduce healthcare costs and resource use in treatment of social anxiety disorder? A cost-minimisation analysis conducted alongside a randomised controlled trial, *BMJ open*, 7 (9): 1-9.

Eldenburg, L., N. Soderstrom, V. Willis and A. Wu (2010) Behavioral changes following the collaborative development of an accounting information system, *Accounting, Organizations and Society*, 35 (2): 222-237.

Erhun, F., B. Mistry, T. Platchek, A. Milstein, et al. (2015) Time-driven activity-based costing of multivessel coronary artery bypass grafting across national boundaries to identify improvement opportunities: study protocol, *BMJ open*, 5 (8): 1-7.

Fievez, J., J. P. Kieffer and R. Zaya (1999) *La méthode UVA*, Dunod.
Fifer, J. J. (2015) Value-Based Payment: Supporting an Intertwined Clinical-Business Model, *Frontiers of Health Services Management*, 32 (2): 39-47.
Finkler, S. A. (1987) A Microcosting Approach, in: Finkler, S. A. and D. M. Ward ed., *Cost Accounting for Health Care Organizations: Concepts and Applications 2nd Edition*, Aspen Publication.
Finkler, S. A. (1990) Costing Out Nursing Services, in: Finkler, S. A. and D. M. Ward ed., *Cost Accounting for Health Care Organizations: Concepts and Applications 2nd Edition*, Aspen Publication.
Finkler, S. A. and D. M. Ward ed. (1999) *Cost Accounting for Health Care Organizations: Concepts and Applications 2nd Edition*, Aspen Publication.
Finkler, S. A., D. M. Ward and J. J. Baker (2007) *Essentials of cost accounting for health care organizations Third Edition*, Jones and Bartlett Publishers.
French, K. E., H. W. Albright, J. C. Frenzel, J. R. Incalcaterra, et al. (2013) Measuring the value of process improvement initiatives in a preoperative assessment center using time-driven activity-based costing, *Healthcare*, 1 (3): 136-142.
Fuchs, V. R. (1968) *The service economy*, National Bureau of Economic Research (江見康一訳『サービスの経済学』日本経済新聞社, 1974 年).
Garcia, J. A., B. Mistry, S. Hardy, M. S. Fracchia, et al. (2017) Time-driven activity-based costing to estimate cost of care at multidisciplinary aerodigestive centers, *The Laryngoscope*, 127 (9): 2152-2158.
Gervais, M. ed. (2010) *La Comptabilité de Gestion par les Méthodes d Équivalence*, Economica.
Gervais, M., O. de la Villarmois and Y. Levant (2012) *La méthode UVA*, Economica.
Glass, K. P. (2008) *RVUs Applications for Medical Practice Success, 2nd ed.*, Medical Group Management Association.
Glass, K. P. and J. R. Anderson (2002) Relative value units and cost analysis, Part 3 of 4, *The Journal of Medical Practice Management*, 18 (2): 66-70.
Gottlieb, J. A. (1989) *Healthcare Cost Accounting Practice and Applications*, Healthcare Financial Management Association.
Haas, D. A. and R. S. Kaplan (2017) Variation in the cost of care for primary total knee arthroplasties, *Arthroplasty Today*, 3 (1): 33-37.
Hamid, K. S., A. P. Matson, B. U. Nwachukwu, D. J. Scott, et al. (2016) Determining the Cost-Savings Threshold and Alignment Accuracy of Patient-Specific Instrumentation in Total Ankle Replacements, *Foot & Ankle International*, 38 (1): 49-57.
Hamid, K. S., B. U. Nwachukwu and S. J. Ellis (2014) Competing in Value-based Health Care Keys to Winning the Foot Race, *Foot & Ankle International*, 35 (5): 519-528.
Hankins, R. W. and J. J. Baker (2004) *Management accounting for health care organizations: tools and techniques for decision support*, Jones and Bartlett Publishers.

Helmers, R. A., J. A. Dilling, C. R. Chaffee, M. V. Larson, et al. (2017) Overall Cost Comparison of Gastrointestinal Endoscopic Procedures With Endoscopist-or Anesthesia-Supported Sedation by Activity-Based Costing Techniques, Mayo Clinic Proceedings: Innovations, *Quality & Outcomes*, 1 (3): 234-241.

Helmi, M. A. and M. N. Tanju (1991) Activity-based costing may reduce costs, aid planning, *Healthcare Financial Management*, 45 (11): 95-96.

Herkimer, A. G. (1989) *Understanding Hospital Financial Management*, Aspen Publishers.

Herzlinger, R. E. (1997) *Market-driven health care: who wins, who loses in the transformation of America's largest service industry*, Perseus Books (岡部陽二監訳『医療サービス市場の勝者: 米国の医療サービス変革に学ぶ』シュプリンガー・フェアラーク東京株式会社, 2000 年).

Herzlinger, R. E. (2006) Why Innovation in Health Care Is So Hard, *Harvard Business Review*, 84 (5): 58-66.

Hill, N. T. and E. L. Johns (1994) Adoption of costing systems by US hospitals, *Hospital & health services administration*, 39 (4): 521-538.

Holmes, R. L. and R. E. Schroeder (1996) ABC Estimation of Unit Costs for Emergency Department Service, in: Finkler, S. A. and D. M. Ward ed., *Cost Accounting for Health Care Organizations: Concepts and Applications 2nd Edition*, Aspen Publication.

Hope, T. and J. Hope (1996) *Transforming the Bottom Line: Managing Performance with the Real Numbers*, Harvard Business School Press.

Iacob, C. and C. Constantin (2014) From ABC to Time Driven Activity Based Costing for outpatient clinics, *Annals of University of Craiova-Economic Sciences Series*, 1 (42): 189-196.

Inverso, G., M. D. Lappi, S. J. Flath-Sporn, R. Heald, et al. (2015) Increasing value in plagiocephaly care: a time-driven activity-based costing pilot study, *Annals of Plastic Surgery*, 74 (6): 672-676.

Isaacson, D., T. Ahmad, I. Metzler, D. T. Tzou, et al. (2017) Defining the Costs of Reusable Flexible Ureteroscope Reprocessing Using Time-Driven Activity-Based Costing, *Journal of Endourology*, 31 (10): 1026-1031.

Kaplan, A. L., N. Agarwal, N. P.Setlur, H. J. Tan, et al. (2015) Measuring the cost of care in benign prostatic hyperplasia using time-driven activity-based costing (TDABC), *Healthcare*, 3 (1): 43-48.

Kaplan, K. C., I. Elizondo and S. Schaff (2013) Value-based physician compensation tackling the complexities: as the healthcare industry continues its historical shift from productivity-based to quality-based payment, new physician compensation models will be needed to keep pace with this trend, *Healthcare Financial Management*, 67 (12): 60-70.

Kaplan, R. S. (1994) Flexible budgeting in an activity-based costing framework, *Accounting Horizons*, 8 (2): 104-109.

Kaplan, R. S. (2014) Improving value with TDABC, *Healthcare Financial Management*,

68 (6): 76-84.
Kaplan, R. S. and S. R. Anderson (2004) Time-Driven Activity-Based Costing, *Harvard Business Review*, 82 (11): 131-138.
Kaplan, R. S. and S. R. Anderson (2007) *Time-Driven Activity-Based Costing: A Simple & More Powerful Path to Higher Profits*, Harvard Business School Press（前田貞芳・久保田敬一・海老原崇訳『戦略的収益費用マネジメント：新時間主導型ABCの有効利用』〈マグロウヒル・ビジネス・プロフェッショナル・シリーズ〉日本経済新聞社, 2011 年）.
Kaplan, R. S. and D. Haas (2017) Defining, measuring, and improving value in spine care, *Seminars in Spine Surgery*, 30 (2): 80-83.
Kaplan, R. S. and D. P. Norton (1996) *THE BALANCED SCORECARD: Translating Strategy into Action*, Harvard Business Review Press（吉川武男訳『バランス・スコアカード：戦略経営への変革（新訳版）』生産性出版, 2011 年）.
Kaplan, R. S. and M. E. Porter (2011) How to solve the cost crisis in health care, *Harvard Business Review*, 89 (9): 46-64.
Kaplan, R. S. and M. L. Witkowski (2014) Better accounting transforms health care delivery, *Accounting Horizons*, 28 (2): 365-383.
Kaplan, R. S., M. Witkowski, M. Abbott, A. B. Guzman, et al. (2014) Using time-driven activity-based costing to identify value improvement opportunities in healthcare, *Journal of Healthcare Management*, 59 (6): 399-413.
Keel, G., C. Savage, M. Rafiq and P. Mazzocato (2017) Time-driven activity-based costing in health care: A systematic review of the literature, *Health Policy*, 121 (7): 755-763.
Laviana, A. A., A. M. Ilg, D. Veruttipong, H. J. Tan, et al. (2016) Utilizing time-driven activity-based costing to understand the short-and long-term costs of treating localized, low-risk prostate cancer, *Cancer*, 122 (3): 447-455.
Lawson, R. A. (1994) Activity-based costing systems for hospital management, *CMA-the Management Accounting Magazine*, 68 (5): 31-35.
Lawson, R. A. (2005) The use of activity based costing in the healthcare industry: 1994 vs. 2004, *Research in Healthcare Financial Management*, 10 (1): 77-95.
Lievens, Y., W. van den Bogaert and K. Kesteloot (2003) Activity-Based Costing: A Practical Model for Cost Calculation in Radiotherapy, *Radiation Oncology Practice*, 57 (2): 522-535.
Low, B. (2000) *Resolving ethical dilemmas: a guide for clinicians 2nd ed.*, Lippincott Williams & Wilkins（北野喜良・中澤英之・小宮良輔監訳『医療の倫理ジレンマ 解決への手引き：患者の心を理解するために』西村書店, 2003 年）.
Mahlen, K. (1989) RVUs: Relative Value Units or Really Very Useful? in: Finkler, S. A. and D. M. Ward ed., *Cost Accounting for Health Care Organizations: Concepts and Applications 2nd Edition*, Aspen Publication.
Mantellini, P., G. Lippi, L. Sali, G. Grazzini, et al. (2017) Cost analysis of colorectal cancer screening with CT colonography in Italy, *The European Journal of Health Economics*, 19 (5): 735-746.
Martin, J. A., C. R. Mayhew, A. J. Morris, A. M. Bader, et al. (2018) Using Time-

Driven Activity-Based Costing as a Key Component of the Value Platform: A Pilot Analysis of Colonoscopy, Aortic Valve Replacement and Carpal Tunnel Release Procedures, *Journal of Clinical Medicine Research*, 10 (4): 314-320.

Mays, J. and G. Gordon (1996) Developing a cost accounting system for a physician group practice, *Healthcare Financial Management*, 50 (10): 73-77.

McBain, R. K., G. Jerome, F. Leandre, M. Browning, et al. (2018) Activity-based costing of health-care delivery, Haiti, *Bulletin of the World Health Organization*, 96 (1): 10-17.

McBain, R. K., G. Jerome, J. Warsh, M. Browning, et al. (2016) Rethinking the cost of healthcare in low-resource settings: the value of time-driven activity-based costing, *BMJ global health*, 1 (3): 1-7.

McLaughlin, N., M. A. Burke, N. P. Setlur, D. R. Niedzwiecki, et al. (2014) Time-driven activity-based costing: a driver for provider engagement in costing activities and redesign initiatives, *Neurosurgical Focus*, 37 (5): 1-9.

Meeting, D. T. and R. O. Harvey (1998) Strategic cost accounting helps create a competitive edge, *Healthcare Financial Management*, 52 (12): 42-51.

Metzger, L. M. (1992) Using Reciprocal Allocation of Service Department Costs for Decision Making, in: Finkler, S. A. and D. M. Ward ed., *Cost Accounting for the Health Care Organizations*, Aspen Publication.

Michelman, J. E., P. E. Rausch and T. L. Barton (1999) Value Measurement in Health Care: A New Perspective, *Healthcare Financial Management*, 53 (8): 48-53.

Miller, H. D. (2009) From volume to value: better ways to pay for health care, *Health Affairs*, 28 (5): 1418-1428.

Nackel, J. G., G. M. Kis and P. J. Fenaroli (1987) *Cost Management for Hospitals*, Aspen Publication.

Narayanan, V. G., L. Brem and R. Moore (2002) Cambridge Hospital Community Health Network: The Primary Care Unit, *Harvard Business School Case*, 100-054: 1-19.

Noain, A., V. Garcia-Cardenas, M. A. Gastelurrutia, A. Malet-Larrea, et al. (2017) Cost analysis for the implementation of a medication review with follow-up service in Spain, *International journal of Clinical Pharmacy*, 39 (4): 750-758.

O'Kane, M. E. (2006) Redefining value in health care a new imperative, *Healthcare Financial Management*, 60 (8): 64-68.

Oberlander, J. (2002) The US health care system: On a road to nowhere? *Canadian Medical Association Journal*, 167 (2): 163-168.

Öker, F. and H. Özyapici (2013) A new costing model in hospital management: time-driven activity-based costing system, *The Health Care Manager*, 32 (1): 23-36.

Oklu, R., D. Haas, R. S. Kaplan, K. N. Brinegar, et al. (2015) Time-driven activity-based costing in IR, *Journal of Vascular and Interventional Radiology*, 26 (12): 1827-1831.

Orloff, T. M., C. L. Little, C. Clune, D. Klingman and B. Preston (1990) Hospital cost accounting: Who's doing what and why, *Health Care Management Review*, 15 (4):

73-78.
Peng, J. S., J. Mino, R. Monteiro, G. Morris-Stiff, et al. (2017) Diagnostic Laparoscopy Prior to Neoadjuvant Therapy in Pancreatic Cancer Is High Yield: an Analysis of Outcomes and Costs, *Journal of Gastrointestinal Surgery*, 21 (9): 1420-1427.
Porter, M. E. (1985) *Competitive Advantage*, Free Press (土岐坤訳『競争優位の戦略: いかに高業績を持続させるか』ダイヤモンド社, 1985 年).
Porter, M. E. (2009) A Strategy for Health Care Reform—Toward a Value-Based System, *New England Journal of Medicine*, 361 (2): 109-112.
Porter, M. E. (2010) What is value in health care? *New England Journal of Medicine*, 363: 2477-2481.
Porter, M. E. and E. O. Teisberg (2004) Fixing Competition in U.S. Health Care, *Harvard Business Review Research Report*, 7081.
Porter, M. E. and E. O. Teisberg (2006) *Redefining Health Care: creating value-based competition on results*, Harvard Business School Press (山本雄士訳『医療戦略の本質: 価値を向上させる競争』日経 BP 社, 2009 年).
Porter, M. E. and R. S. Kaplan (2014) How should we pay for health care? *HBS Working Paper*, 15-041 (February 12): 1-25.
Reiboldt, M. and J. Chamblee (2010) *RVUs at Work Relative Value Units in the Medical Practice*, Greenbranch Publishing.
Reiboldt, M. and J. Chamblee (2014) *RVUs at Work Relative Value Units in the Medical Practice -second edition-*, Greenbranch Publishing.
Resnick, C. M., K. M. Daniels, S. J. Flath-Sporn, M. Doyle, et al. (2016) Physician Assistants Improve Efficiency and Decrease Costs in Outpatient Oral and Maxillofacial Surgery, *Journal of Oral and Maxillofacial Surgery*, 74 (11): 2128-2135.
Rezaee, Z. (1993) Examining the effect of PPS on cost accounting systems, *Healthcare Financial Management*, 47 (3): 58-60.
Ridderstråle, M. (2017) Comparison Between Individually and Group-Based Insulin Pump Initiation by Time-Driven Activity-Based Costing, *Journal of Diabetes Science and Technology*, 11 (4): 759-765.
Ross, A. and F. L. Fenster (1995) The Dilemma of Managing Value, *Frontiers of Health Service Management*, 12 (2): 3-32.
Ruhumuriza, J., J. Odhiambo, R. Riviello, Y. Lin, et al. (2018) Assessing the cost of laparotomy at a rural district hospital in Rwanda using time-driven activity-based costing, *BJS Open*, 2 (1): 25-33.
Sarwar, A., C. M. Hawkins, B. W. Bresnahan, R. C. Carlos, et al. (2017) Evaluating the Costs of IR in Health Care Delivery: Proceedings from a Society of Interventional Radiology Research Consensus Panel, *Journal of Vascular and Interventional Radiology*, 28 (11): 1475-1486.
Schreyer, K. E. and R. Martin (2017) The Economics of an Admissions Holding Unit, *Western Journal of Emergency Medicine*, 18 (4): 553-558.
Schutzer, M. E., D. W. Arthur and M. S. Anscher (2016) Time-driven activity-based costing: a comparative cost analysis of whole-breast radiotherapy versus

balloon-based brachytherapy in the management of early-stage breast cancer, *Journal of Oncology Practice*, 12 (5): 584-593.

Shackelford, J. L. (1999) Measuring Productivity Using RBRVS Cost Accounting, *Healthcare Financial Management*, 53 (1): 67-69.

Sides, R. W. and M. A. Roberts (2000) *Accounting Handbook for Medical Practices*, John Wiley & Sons.

Siguenza-Guzman, L., A. Van den Abbeele, J. Vandewalle, H. Verhaaren, et al. (2013) Recent evolutions in costing systems: A literature review of Time-Driven Activity-Based Costing, *Review of Business and Economic Literature*, 58 (1): 34-64.

Smith, S. L., S. Clark and M. Morrow ed. (2017) *Medicare RBRVS 2017 The Physicians Guide*, American Medical Association.

Smith, S. L., R. Fischoff and T. Klemp ed. (2009) *Medicare RBRVS 2009 The Physicians Guide*, American Medical Association.

Sowerby, L. J. and L. Rudmik (2018) The cost of being clean: A cost analysis of nasopharyngoscope reprocessing techniques, *The Laryngoscope*, 128 (1): 64-71.

Sullivan, S. (1996) Meeting the value test, *Healthcare Forum Journal*, 39 (2): 57-59.

Suemori, Y., S. Adachi and O. Maruta (2017) Using the Balanced Scorecard to Improve Management in Healthcare Facilities, *Journal of Medical Safety* (short communication), August: 75-79.

Suthummanon, S., V. K. Omachonu and M. Akcin (2005) Applying activity-based costing to the nuclear medicine unit, *Health Service Management Research*, 18 (3): 141-150.

Suver, J. D., B. R. Neumann and K. E. Boles (1995) *Management Accounting for Healthcare Organizations, 4th ed.*, Precept Press and Healthcare Financial Management Association.

Tan, R. Y., M. Met-Domestici, K. Zhou, A. B. Guzman, et al. (2016) Using quality improvement methods and time-driven activity-based costing to improve value-based cancer care delivery at a cancer genetics clinic, *Journal of oncology practice*, 12 (3): 320-331.

Teisberg, E. O., M. E. Porter and G. B. Brown (1994) Making competition in health care work, *Harvard Business Review*, 72 (4): 131-141.

Thaker, N. G., T. N. Ali, M. E. Porter, T. W. Feeley, et al. (2016) Communicating Value in Health Care Using Radar Charts: A Case Study of Prostate Cancer, *Journal of Oncology Practice*, 12 (9): 813-820.

Thaker, N. G., P. F. Orio and L. Potters (2016) Defining the value of magnetic resonance imaging in prostate brachytherapy using time-driven activity-based costing, *Brachytherapy*, 6 (4): 665-671.

Thaker, N. G., T. J. Pugh, U. Mahmood, S. Choi, et al. (2016) Defining the value framework for prostate brachytherapy using patient-centered outcome metrics and time-driven activity-based costing, *Brachytherapy*, 15 (3): 274-282.

Toso, M. (1989) Reader s Forum: The Value of a Cost Accounting System, *Hospital Cost Management*, 1 (4): 5-7.

Tseng, P., R. S. Kaplan, B. D. Richman, M. A. Shah, et al. (2018) Administrative costs associated with physician billing and insurance-related activities at an academic health care system, *Journal of the American Medical Association*, 319 (7): 691-697.

Udpa, S. (1996) Activity-based costing for hospitals, in: Finkler, S. A. and D. M. Ward ed., *Cost Accounting for the Health Care Organizations: Concepts and Applications 2nd Edition*, Aspen Publication.

Van Dyk, J., E. Zubizarreta and Y. Lievens (2017) Cost evaluation to optimise radiation therapy implementation in different income settings: A time-driven activity-based analysis, *Radiotherapy and Oncology*, 125 (2): 178-185.

Waago-Hansen, C. (2013) Integrated patient unit care in schizophrenia population vs a non-integrated patient unit care, *the Health*, 4 (3): 36-39.

Waago-Hansen, C. (2014) How time-driven activity-based costing (TDABC) enables better use of existing resources in order to improve return on investment (ROI) in modern healthcare and hence facilitates a sustainable healthcare system, *the Health*, 5 (1): 3-8.

West, T. D. (1998a) Implementing a Resource Consumption-based Income Statement for Health Care Organizations, in: Baker, J. J. ed., *Activity-Based Costing and Activity-Based Management for Health Care*, Aspen Publication.

West, T. D. (1998b) Comparing Change Readiness, Quality Improvement, and Cost Management among Veterans Administration, For-Profit, and Non-profit Hospitals, *Journal of Health Care Finance*, 25 (1): 46-58.

West, T. D., A. Balas and D. A. West (1996) Contrasting RCC, RVU and ABC for managed care decisions, *Healthcare Financial Management*, 50 (8): 54-61.

West, T. D. and D. A. West (1997) Applying ABC to healthcare, *Strategic Finance*, 78 (8): 22-33.

Young, D. W. (2003) *Management Accounting in Health Care Organizations*, Jossey-Bass.

Young, D. W., D. Barrett, J. W. Kenagy and D. C. Pinakiewicz (2001) Value-based partnering in healthcare: A framework for analysis/Practitioner application, *Journal of Healthcare Management*, 46 (2): 112-132.

Yu, Y. R., P. I. Abbas, C. M. Smith, K. E. Carberry, et al. (2016) Time-driven activity-based costing to identify opportunities for cost reduction in pediatric appendectomy, *Journal of Pediatric Surgery*, 51 (12): 1962-1966.

Yu, Y. R., P. I. Abbas, C. M. Smith, K. E. Carberry, et al. (2017) Time-driven activity-based costing: A dynamic value assessment model in pediatric appendicitis, *Journal of Pediatric Surgery*, 52 (6): 1045-1049.

Yun, B. J., A. M. Prabhakar, J. Warsh, R. Kaplan, et al. (2016) Time-driven activity-based costing in emergency medicine, *Annals of Emergency Medicine*, 67 (6): 765-772.

Zelman, W. N., N. D. Glick and C. C. Blackmore (2001) Animated-simulation modeling facilitates clinical-process costing, *Healthcare Financial Management*, 55 (9): 62-67.

[和文]

浅川哲郎（2006）「米国病院における ABC」『経済論究』124：1-17.
浅川哲郎（2008a）「「治療行為の価値」を向上させるマネジメント・システム」『商経論叢』49（3）：1-30.
浅川哲郎（2008b）『病院における品質管理と原価計算システム』博士論文（九州大学大学院経済学府）．
朝日監査法人・アーサーアンダーセン（2000）『原価計算による病院マネジメント：DRG・PPS 時代に向けた診療科別・疾患別原価計算』中央経済社．
あずさ監査法人・KPMG ヘルスケアジャパン（2011）『病院コストマネジメント：診療科別・疾患別原価計算の実務』中央経済社．
あずさ監査法人・KPMG ヘルスケアジャパン・KPMG ビジネスアシュアランス編（2004）『原価計算による病院マネジメント：DPC 時代に向けた診療科別・疾患別原価計算（第 3 版）』中央経済社．
足立俊輔（2007）『価値重視の病院経営と病院原価計算：アメリカ病院原価計算に関する研究』修士論文（九州大学大学院経済学府）．
足立俊輔（2009a）「米国病院原価計算に関する一考察：価値ベースのマネジメントシステムに向けて」『経済論究』133：1-17.
足立俊輔（2009b）「医療供給体制を支える「価値改善モデル」と病院原価計算」『経済論究』134：1-16.
足立俊輔（2009c）「価値ベースの病院経営モデルの有効性：日本の病院原価計算への教訓」『九州経済学会年報』47：5-11.
足立俊輔（2010a）「第 15 章　医療福祉と原価計算」西村明・小野博則・大下丈平編『ベーシック原価計算』中央経済社．
足立俊輔（2010b）「病院原価計算における原価の同質性の一考察：相対価値尺度法（RVU 法）の分析を中心に」『経済論究』138：1-19.
足立俊輔（2012）『米国における病院原価計算の発展と価値重視の病院経営』博士論文（九州大学大学院経済学府）．
足立俊輔・末盛泰彦（2015）「病院 BSC の形成プロセスへの影響要因」『九州経済学会年報』53：1-11.
天野拓（2013）『オバマの医療改革：国民皆保険制度への苦闘』勁草書房．
荒井耕（1998）「アメリカにおける病院原価計算の展開」『一橋論叢』120（5）：751-773.
荒井耕（1999）「アメリカにおける病院部門内各種サービス別原価計算の展開：計算法選択基準の相対的重要性の変化の視点から」『一橋論叢』121（5）：720-741.
荒井耕（2001）『病院原価管理論』博士論文（一橋大学大学院商学研究科）．
荒井耕（2002）「病院原価計算の洗練化の方向：RCC 法の問題性と ABC の可能性」『経営研究』53（2）：129-141.
荒井耕（2007）『医療原価計算：先駆的な英米医療界からの示唆』中央経済社．
荒井耕（2009）『病院原価計算：医療制度適応への経営改革』中央経済社．
荒井耕（2011）『医療サービス価値企画：診療プロトコル開発による費用対成果の追求』中央経済社．
荒井耕（2013）『病院管理会計：持続的経営による地域医療への貢献』中央経済社．

荒井耕・尻無濱芳崇（2015）「医療法人における予算の管理者業績評価での活用状況：予算管理実態との関係性」『原価計算研究』39（1）：145-155.
五十嵐邦彦（2003）『医療・介護施設のための原価計算入門』（医療・介護施設経営入門シリーズ），じほう．
池上直己（2002）『ベーシック医療問題（第2版）』日本経済新聞社．
石川義弘（2007）『市場原理とアメリカ医療』医学通信社．
伊関友伸（2017）「新公立病院改革ガイドラインと自治体病院経営のこれから」『公営企業』48（10）：5-19.
伊藤恒敏（2008）「シンポジウム講演録を刊行するにあたって」「医師が集まる「マグネット・ホスピタル」の提言」東北大学大学院医学系研究科地域医療システム学（宮城県）寄付講座編『〈東北大学地域医療シンポジウム講演録〉医師不足と地域医療の崩壊 Vol. 2　現場からの「提言」医療再生へのビジョン』日本医療企画．
伊原和人（2004）「米国の医療保険（ヘルスケア）システムの概要」「マネジドケア：強まる反発と新しい展開」伊原和人・荒木謙著『揺れ動く米国の医療：政策・マネジドケア・医薬品企業』じほう．
伊原和人・荒木謙（2004）『揺れ動く米国の医療：政策・マネジドケア・医薬品企業』じほう．
今中雄一（2003）「患者別・診断群分類別原価計算方法　標準マニュアル」今中雄一編『医療の原価計算　患者別・診断群分類別コスティング・マニュアルと理論・実例』社会保険研究所．
今中雄一（2006）「医療の質と原価の評価：根拠に基づく医療提供制度の設計・経営・政策に向けて」田中滋・二木立編『保健・医療提供制度』勁草書房．
宇沢弘文（2000）『社会的共通資本』岩波書店．
梅津亮子（2003）『看護サービスの原価測定と評価』公益情報サービス．
遠藤誠作（2017）「医療スタッフと病院経営」『公営企業』49（8）：76-83.
遠藤久夫（2001）「内科系医療技術の評価方法に関する研究：RBRVsの適用可能性について」『医療経済研究』9：53-81.
大崎美泉（2004）「病院原価計算の展開：疾患別原価計算によるコストマネジメントを目指して」『大分大学経済論集』56（4）：1-18.
大下丈平（2009）『現代フランス管理会計：会計，コントロール，ガバナンス』中央経済社．
大下丈平（2011）「時間主導型ABCは原価計算の発展か？：フランス管理会計論の視点から」『會計』180（6）：873-887.
庵谷治男（2015）「TDABC研究の体系化と方向性：国内研究および海外研究のレビューを中心に」『メルコ管理会計研究』8（1）：17-36.
岡本清（2000）『原価計算（六訂版）』国元書房．
小田切純子（2002）『サービス企業原価計算論』税務経理協会．
加藤智章（2003）「医療保険制度における保険者機能」山崎泰彦・尾形裕也編『医療制度改革と保険者機能』東洋経済新報社．
川渕孝一（1997）『DRG/PPSの全貌と問題点：日本版診断群別包括支払方式の開発は可能か』薬業時報社．
川渕孝一（2001）「DRGをいかに使うか」川渕孝一・有馬秀晃著『医療改革の工程表：DRG&ICDは急性期病院の常識』医学書院．

参考文献

川渕孝一（2004）「診療報酬改訂にみる医療改革の可能性：「国に先んじて行動すること」が成功の鍵」医療経営白書編集委員会『医療経営白書2004年版』日本医療企画.
監査法人トーマツ・ヘルスケアグループ編（2008）『原価計算が病院を変える：これからの病院経営のための理論と実践事例』清文社.
神野正博（2018）「日常生活圏域を起点とした地域ヘルスケア基盤の構築：けいじゅヘルスケアシステム」エム・シー・ヘルスケア株式会社編『地域ヘルスケア基盤の構築』日本医療企画.
木島淑孝（1992）『原価計算制度論』中央経済社.
木下照嶽・堀井照重・河野充央（2006）『病院管理会計：高齢社会の病院経営／医療サービス』（文化会計学会研究叢書）, 五絃舎.
衣笠陽子（2013）『医療管理会計：医療の質を高める管理会計の構築を目指して』（メルコ学術振興財団研究叢書）, 中央経済社.
木畑宏一（2017）「病院の生産性改善への示唆」『病院』76（11）：866-870.
郡司篤晃（1998）「第1章　医療の質とは何か」岩崎榮編『医を測る：医療サービスの品質管理とは何か』厚生科学研究所.
濃沼信夫（2015）「第2章　クリニカルパスの歴史」日本クリニカルパス学会学術委員会監修『クリニカルパス概論：基礎から学ぶ教科書として』サイエンティスト社.
河野圭子（2003）『病院の内側から見たアメリカの医療システム（第2版）』新興医学出版社.
河野圭子（2006）『病院の外側から見たアメリカの医療システム：病院・保険・サービスの成り立ちと現況─市場主義経済における病院の生き残りと戦略の参考として』新興医学出版社.
國部克彦（2017）『アカウンタビリティから経営倫理へ：経済を超えるために』有斐閣.
小林篤（2015）「米国ヘルスケア改革におけるイノベーションと健康保険者：ヘルスケア提供システムのイノベーションとしてのACOモデルへの期待」『損保ジャパン日本興亜総研レポート』66：21-46.
小林仁（1997）「第3章　K病院におけるABC」吉川武男編『日本型ABCマネジメント事例に学ぶ導入と実践』生産性出版.
近藤禎夫（1988）「第7章　総合原価計算（Ⅱ）」敷田禮二編『新しい原価計算論』中央経済社.
最新医療経営PHASE3（2018）「特集「新専門医制度」時代の医師の集め方・働かせ方」『最新医療経営PHASE3』409：16-17.
櫻井通晴（1995）『間接費の管理：ABC/ABMによる効率性重視の経営』中央経済社.
佐藤精一（1983）『原価計算論』同文舘.
産労総合研究所編（2002）『病院原価計算：経営計画と診療科別損益計算書のつくり方』経営書院.
島吉伸・栗栖千幸・真田正博（2017）「病院管理への診療科別損益計算の活用」『産業経理』77（1）：119-130.
新日本監査法人（2005）『収益力がグンと高まる病院の原価計算：コスト経営を実現する病院マネジメントの進め方』ぱる出版.
新日本監査法人（2007）『原価計算から始める病院経営入門：新時代に求められる病院のコスト経営の教科書』ぱる出版.
新日本監査法人医療福祉部編（2001）『病院原価計算ハンドブック』医学書院.

神馬駿逸（1974）「アメリカの病院原価計算」『甲南経営研究』15（4）：1-19.
神馬新七郎・神馬駿逸（1964）『病院会計』中央経済社.
副島秀久（2015）「第1章　クリニカルパスの歴史と意義」日本クリニカルパス学会学術委員会監修『クリニカルパス実践テキスト』医学書院.
高橋賢（2010）「TDABCの本質とその課題」『産業経理』70（2）：128-136.
高橋淑郎（2004）「バランスト・スコアカードによる戦略的病院経営」高橋淑郎編『医療経営のバランスト・スコアカード』生産性出版.
谷光透（2006）「病院原価計算に関する一考察：Activity Based Costingを中心として」『川崎医療福祉学会誌』15（2）：609-614.
東北大学大学院医学系研究科地域医療システム学（宮城県）寄付講座編（2008）『〈東北大学地域医療シンポジウム講演録〉医師不足と地域医療の崩壊 Vol. 2　現場からの「提言」医療再生へのビジョン』日本医療企画.
中田範夫（2000）「病院に対するABCシステムの適用」『山口経済雑誌』48（3）：477-507.
中友美（2018）『医師の労働時間は看護業務の「分業化」で削減する』幻冬舎.
中村彰吾・渡辺明良（2000）『実践病院原価計算』医学書院.
二木立（2015）『地域包括ケアと地域医療連携』勁草書房.
西田在賢（2001）『医療・福祉の経営学』薬事日報社.
西村明（2000）『会計の統制機能と管理会計』同文舘出版.
萩原正英・横山隆史・田村健二・加藤修之編（2011）『病院経営のための財務会計・管理会計：経営改革に役立つ基礎知識』じほう.
秦温信・飛永晃二・石川功・澤田健ほか編（2007）『ベンチマーク分析によるDPC対応原価計算と標準治療計画の評価』じほう.
挽文子（2015）「第1章　医療の質向上と管理会計」廣本敏郎・挽文子編『日本の管理会計研究』中央経済社.
平井孝治・佐藤浩人・福島公明（2007）「レセプト規準原価による診療科別損益計算」『社会システム研究』14：91-112.
広井良典（1999）「第1章　米国の医療制度の現状とマネジドケア」「第3章　米国マネジドケアの内容」広井良典編『医療改革とマネジドケア』東洋経済新報社.
P4P研究会（2007）「P4Pが変える日本の診療報酬体系」P4P研究会編『P4Pのすべて：医療の質に基づく支払方式とは』医療タイムス社.
松尾貴巳（2004）「第6章　アクションリサーチの実例」谷武幸編『成功する管理会計システム：その導入と進化』中央経済社.
松田晋哉（2004）「DPC開発の経緯と各国の比較, 今後の診断群分類の展望」『病院』63（8）：638-642.
松田晋哉（2011）『基礎から読み解くDPC：正しい理解と実践のために（第3版）』医学書院.
松本大介（2017）「新公立病院改革ガイドラインにおける公立病院等の再編：ネットワーク化と病院事業債（特別分）について」『公営企業』49（8）：84-94.
松山幸弘（2010）『医療改革と経済成長』日本医療企画.
松山幸弘・河野圭子（2005）『医療改革と統合ヘルスケアネットワーク』東洋経済新報社.
丸田起大・足立俊輔（2015a）「我が国における病院BSC実務の多様性：ケースレビューによる類型化の試み」『経済学研究』81（4）：251-270.
丸田起大・足立俊輔（2015b）「我が国における病院BSC実務の多様性と形成要因：ケースレ

ビューにもとづく探索的研究」『産業経理』75（1）：33-42.
水野真実（2018）「DPC データを用いた患者別原価計算の開発と検証」『九州経済学会年報』56：195-204.
皆川尚史（1989）「メディケアとメディケイド」社会保障研究所編『アメリカの医療保障』東京大学出版社.
宮山徳司（2011）「地域の医療政策を誰が担うか：行政システムと政党の関与を含めて」『社会保険旬報』2458：10-15.
山浦裕幸（1999）「医療機関における原価計算の展開：ABC/ABM 適用の観点から」『千葉経済論叢』20：103-118.
山崎泰彦（2003）「第 1 章　保険者機能と医療制度改革」山崎泰彦・尾形裕也編『医療制度改革と保険者機能』東洋経済新報社.
山下正喜（2008）『医療原価計算』創成社.
山元昌之（1967）『病院経理の理論と実際（第 3 版）』医学書院.
吉田あつし（2009）『日本の医療のなにが問題か』NTT 出版株式会社.
吉田康久（2003）「医療クリニカルパス原価管理の考察：ABM アプローチにおいて」『公会計研究』4（2）：16-26.
吉田康久（2004）「クリニカルパスによる原価管理技法の研究」『産業経営研究所報』36：119-127.
李啓充（2000）『アメリカ医療の光と影：医療過誤防止からマネジドケアまで』医学書院.
渡辺明良（2012）「多様化する原価計算手法」『病院』71（2）：156-159.
渡辺明良編（2014）『実践病院原価計算（第 2 版）』医学書院.

インターネット資料

[報告書関係]
総務省（2007）『公立病院改革ガイドライン』
http://www.soumu.go.jp/main_sosiki/c-zaisei/hospital/pdf/191225_guideline.pdf
総務省（2015）『新公立病院改革ガイドライン』
www.soumu.go.jp/main_content/000382135.pdf
HFMA（2015a）*An HFMA Value Project*：*Report Strategies for Reconfiguring Cost Structure*
www.hfma.org/WorkArea/DownloadAsset.aspx?id=31591
HFMA（2015b）*The Healthcare Value Sourcebook*
www.hfma.org/valuesourcebook/

[ホームページ関係]
厚生労働省 HP『医師の働き方改革に関する検討会』
https://www.mhlw.go.jp/stf/shingi/other-isei_469190.html
CMS "Accountable Care Organizations（ACOs）"
https://www.cms.gov/Medicare/Medicare-Fee-for-Service-Payment/ACO/

index.html
CMS "Shared Savings Program"
https://www.cms.gov/Medicare/Medicare-Fee-for-Service-Payment/sharedsavingsprogram/about.html
European Pathway Association "care pathways"
http://e-p-a.org/care-pathways/
U.S. Census Bureau
"Health Insurance Coverage Status and Type of Coverage by Selected Characteristics"
https://www.census.gov/data/tables/time-series/demo/income-poverty/cps-hi/hi-01.html

索 引

英数字

1RVU 当たり原価 ……………………… 101, 106

ABC ……… 4, 64, 75, 90, 114, 157, 193, 199, 224, 284
ABM ……………………………… 88, 144, 161, 217
ACA ……………………… 4, 24, 38, 173, 216, 260
ACO ………………………………… 38, 216, 228
AHA ………………………………………… 24, 49
APPs ……………………………………………… 258

BSC ……………………………………………… 288
BT ………………………………………… 268, 287
bundled payment ………………………… 216, 228
bundling …………………………………………… 40

CDVC …………………………………………… 4, 164
CF …………………………………………………… 97
CMS ……………………………………………… 22, 39
CNM ……………………………………………… 260
CNS ……………………………………………… 260
CPR ………………………………………………… 96
CPT コード ………………………………… 95, 97
CQI …………………………………………… 88, 143, 159

DPC ……………………………………… 2, 56, 94, 278
DRG ………………………………………………… 26
DRG/PPS ……………………… 3, 25, 27, 56, 131, 140

FFS ……………………………………………… 22, 39, 65

GPCIs ……………………………………………… 97

HFMA …………………………………………… 69, 177
HMO …………………………………………… 3, 28, 31, 129

IHN ……………………………………………… 280
IPU ……………………………………………… 168

JCAH ……………………………………………… 33
JCAHO …………………………………………… 25, 32

Micro Costing …………………………………… 60
MSSP ……………………………………………… 39
MSW ……………………………………………… 292

NP ………………………………………………… 112, 258

OT ………………………………………………… 292

P4P ………………………………………………… 40, 180
PA ………………………………………………… 250, 258
POS ………………………………………………… 28
PPO ………………………………………………… 28
PRO ………………………………………………… 28
PT ………………………………………………… 292

QI（品質改善）活動 ……………………………… 285

RBRVS …………………………………… 95, 154, 258
RCC ………………………………………………… 66
RCCAC ……………………………………………… 65
RCC 法 ……………………… 5, 65, 90, 94, 113, 156, 283
RVU ………………………………………………… 95
RVU 計 …………………………………………… 100
RVU 法 ……………………… 5, 90, 157, 215, 224, 284

SPD ………………………………………………… 292
SS ………………………………………………… 181, 228

TDABC …………………………………… 4, 120, 157, 194
TDABC 指導者 …………………………………… 227
TEFRA 法 ………………………………………… 27
TQM ………………………………………… 33, 143, 159

UVA 法 ……………………………………………… 7, 120

value ……………………………………………… 141, 147

321

VBM	4, 128, 150, 157, 216
worth	147

あ

アウトカム指標	33, 133, 225, 270, 287
アウトカム重視の組織	138, 157
アメリカ外科学会	32
アメリカ病院協会（AHA）	24, 49
イェール・ニューヘブン医療システム	185
医師診療報酬支払い方式検討委員会	96
医師の協力	211, 223
医師の裁量権の尊重	23
医師の働き方改革	279
医師の働き方改革に関する検討会	290
医師別の生産性	98, 117
遺伝診断士	254
医薬品費（drug / medicine）	45, 245
医療・社会保障改革	278
医療過誤 RVU	97
医療機関機能評価認定組織（JCAHO）	25, 32
医療経済・政策の視点	279
医療財務管理協会（HFMA）	69, 177
医療材料費	46, 245
医療消耗器具備品費（consumable）	245
医療ソーシャルワーカー（MSW）	291
医療提供体制の変革	38
医療提供の価値連鎖（CDVC）	4, 164
医療の質	35
医療の料理本	198
医療フォーカスト・ファクトリー	286
医療補助者（PA）	250, 258
院内物流管理システム（SPD）	292
エクスチェンジ	38
オバマケア →ヘルスケア改革法（ACA）	
オバマ政権	173
重み付け係数	60

か

階梯式配賦法	48, 49, 117
価格体系	74
過剰診療	132
価値（value）	5, 38, 141, 147, 185, 272
価値改善モデル	142, 281
価値重視志向	158
価値重視の病院経営（VBM）	4, 128, 141, 150, 157, 216, 281
価値の三者関係	149
価値プロジェクト・レポート	177
価値ベースの医療システム	146
価値ベースの医療提供	229
価値ベースの支払い制度	173
価値ベースの支払い方式	183, 254
価値ベースの戦略	185
価値ベースの統合ケア	175
価値ベースのパートナーシップ	144
価値ベースの報酬支払い方式	176
価値連鎖	165
価値連鎖の連続関係	166, 172
活動基準管理（ABM）	88, 144, 161, 217
活動基準原価計算（ABC）	4, 64, 75, 90, 114, 144, 157, 193, 199, 224, 284
活動ドライバー	75, 171
活動分析	79, 88
活動元帳	163
合併症	267, 270
亀田メディカルセンター	284
カリフォルニア大学病院	225, 226, 234, 242, 269
カリフォルニア大学ロサンゼルス校附属医療機関	227
看護患者分類システム	105
換算係数（CF）	97
換算係数（Équivalence）	7
患者アウトカム	160
患者との信頼関係	293
患者の視点	136, 137, 228, 288
患者の利益	37
患者搬送専門者	242, 252

患者別原価計算	60
患者別所要時間法	60
患者満足度	242, 258
感度分析	217, 237
簡便性の論理	73
企業価値（株主価値）	5
技術改革の必要性	134
規範論文	206
規模の経済	273
キャパシティ	16
キャパシティ主導型ABC	195
キャパシティ費用率	170, 194
キャパシティ利用差異	86
キャパシティ利用割合	161, 240
給与費	45
競争優位	165, 172
共通原価	196
共通情報基盤	158
業務RVU	97
業務プロセスの最適化	285
グラスゴー王立診療所	285
クリーブランド・クリニック	224, 271
クリニカルパス	16, 160, 197, 209, 210, 229, 247, 293
クリントン政権	142
ケア・サイクル	168
ケア・サイクル払い	174
ケア・サイクル別の包括支払い方式（bundled payment）	216, 218, 228
経営管理志向	156
計算原理の精緻化	4
計算合理性	4, 120, 156
継続的品質改善（CQI）	88, 143, 159
契約患者数	117
ケース・マネジメント	79, 199
ケース・マネジャー	199
原価管理重視の組織	138
原価管理重視の病院経営	8
原価構造の再設計	178

原価の同質性	7
健康	35, 128
研修医	249
現状組織	138
貢献利益	112
構成要素別RVU	107, 123
後発薬	292
公立病院改革ガイドライン（旧ガイドライン）	2, 278
顧客	137
顧客志向改革の必要性	134
コスト・ドライバー（原価作用因）	5, 75, 171
コスト・ドライバー分析	88
コスト・ベースの医療システム	146
個別原価計算	54
コメディカル・スタッフ	45

さ

最終便益	145
最低契約価格	117
差異分析	113
作業療法士（OT）	292
シェアド・セービング（SS）	181, 228
時間主導型ABC（TDABC）	4, 120, 157, 194
時間主導型原価計算	12
時間情報	59
時間方程式	195
資源準拠相対価値尺度（RBRVS）	95, 154, 258
資源消費型損益計算書	161
資源消費の同質性	114
資源ドライバー	75
実際的生産能力	86, 266
実施可能性	84
疾病分類（CPT）コード	95, 97
疾病別原価計算	57
社会的共通資本	287
社会福祉法人K病院	6
従業員の生産性	149

項目	ページ
重症度	82
修正項	108
術後アウトカム	240
純粋の相互配賦法	51
償還	22
償還最大化志向	156
償還最大化戦略	25, 68
上級医療提供者（APPs）	258
小線源療法（BT）	268, 287
ジョンソン政権	23
事例論文	206
真価（worth）	148
シンガポール国立がんセンター	253
新公立病院改革ガイドライン（新ガイドライン）	278, 291
シンシナティ小児病院	264
新専門医制度	278
診断群分類（DPC）	2, 56, 94, 278
診断群分類別包括支払い制度（DRG/PPS）	3, 25, 27, 56, 131, 140
人頭払い型保険契約制度	117
診療 RVU	97
診療科別・診療行為別の収益性分析	283
診療科別原価計算	45, 54
診療科別損益計算	284
診療関連業務	167
診療行為	128
診療行為回数	284
診療行為別原価計算	54
診療サービスの適切性	143
診療材料費（supply）	45, 245
診療プロトコル	28, 136, 161, 168
診療報酬基準原価率（RCC）	66
診療報酬基準原価率法（RCC 法）	5, 65, 90, 94, 113, 156, 283
診療ユニット	166
新臨床研修制度	278
水平情報システム	144, 163
スペクトラム・ヘルス	180
税制均衡財政責任法（TEFRA 法）	27

項目	ページ
製造 ABC	79
政府規制	135
責任医療組織（ACO）	38, 216, 228
設備費	212
設備費等	283
ゼロ・サム競争	130, 150
専門栄養看護師	258
戦略の意思決定	286
総 RVU	107, 123
総合原価按分法	122
総合原価計算	54
総合的品質管理（TQM）	33, 143, 159
相互配賦法	49, 53
相互扶助志向	158
相対価値尺度（RVU）	95
相対価値尺度法（RVU 法）	5, 90, 157, 224, 284
組織変化マトリックス表	138
損益分岐点	53, 217, 238
損益分岐点分析	284

た

項目	ページ
代替資源のコスト分析	283
高の原中央病院	6
タスク・シフティング	214, 249, 290
多段階配賦法	53
単一基準・階梯式配賦法	52, 156
段取時間	81
段取割合	81
地域医療連携推進法人	279, 280, 291
地域別診療費係数（GPCIs）	97
地域連携パス	293
治癒	38
中央診療部門	45, 48, 103
中間便益	145
超過キャパシティ	264
直接原価計算	117
直接材料費法	60
直接配賦法	49
治療	38

索 引

データ主導型組織 ……………………… 143
テキサス子供病院 ……………………… 258
テキサス大学 MD アンダーソンがんセンター ………………… 197, 227, 241, 271
出来高払い制度（FFS）…………… 22, 39, 65
デューク医療センター ………………… 136
デューク大学病院 ……………………… 260
電子カルテ ………………… 229, 261, 284

等価係数 ………………………………… 122
当期製造費用按分法 …………………… 122
等級別原価計算 ………………………… 102
統合患者ユニット（IPU）……………… 168
統合ヘルスケア・ネットワーク（IHN）… 280
同質性 …………………………………… 108
同質セクション法 ………………………… 7
同僚審査機関（PRO）…………………… 28
ドナベディアン ………………………… 35

な

ナース・プラクティショナー（NP）… 112, 258
内部相互補助目的 ………………………… 73
ナラヤナ病院 …………………………… 232
南海病院 ………………………………… 284

認定看護助産師（CNM）……………… 260

は

バージニア大学病院 …………… 243, 249, 267
バージニア・メイソン医療センター …… 142
パートナーズ・イン・ヘルス …… 208, 231
ハーバード・ビジネス・スクール（HBS）の支援 ……………………………… 215
ハーバード・ピルグリム・ヘルス・ケア社 ……………………………………… 31
バーモント大学医療センター ………… 245
バナー医療ネットワーク ……………… 181
パフォーマンスに応じた支払い方式（P4P）……………………………… 40, 180
バンドリング（bundling）……………… 40

ビジネスモデル改革の必要性 ………… 134

非付加価値コスト ……………………… 163
病院 ABC ……………………… 76, 79, 160
病院 ABM ……………………………… 161
病院 BSC ……………………………… 288
病院 TDABC プロジェクト …………… 229
病院会計準則 …………………………… 46
病院間の競争レベル …………………… 132
病院機能評価認定組織（JCAH）……… 33
病院原価計算の種類 …………………… 44
標準的等価係数 ………………………… 94
ヒル・バートン法 ……………………… 33
品質改善（QI）活動 …………… 227, 285
品質改善に対するインセンティブ …… 176
品質管理重視の組織 …………………… 138
品質管理重視の病院経営 …………… 8, 140

フィードバック・ループ ……………… 168
付加価値単位法（UVA 法）………… 7, 120
複数基準・相互配賦法 ……… 52, 156, 159
付帯的業務 ……………………………… 167
ブタロー病院 …………………………… 231
負担力主義 ……………………………… 73
プチ・サルペトリエール病院 ………… 272
部門横断的チーム ……………………… 200
部門間融和志向 ………………………… 158
部門別原価計算 …………………… 45, 52
フランス管理会計 ………………………… 7
フリーアクセス ………………………… 23
ブルークロス …………………………… 23
ブルーシールド ………………………… 23
フロア関連コスト ……………………… 212
プロセスマップ ………………… 168, 222
ブロンクス・レバノン病院 …………… 183

ヘルス・アライズ ……………………… 134
ヘルス・ストップ ……………………… 134
ヘルスケア改革法（ACA）
 ………………… 4, 24, 38, 173, 216, 260
変動予算 ………………………………… 86

包括ケア払い …………………………… 174
包括予算調整法 ………………………… 97

325

報償インセンティブ	40
ボーナスの受給資格ライン	98
保険者	37
保険者機能	128
保険者機能の強化	2, 37
保健福祉省	22
ポジティブ・サム競争	150, 189
補助管理部門	48
ボストン子供病院	241, 250, 271

ま

マウサ・ヤシャム病院	261
マグネット・ホスピタル	289
マサチューセッツ感覚器病院	261
マネジドケア	3, 28, 129
マネジドケア・バックラッシュ	129
マネジドケア型医療保険	29, 39

未利用キャパシティ	
	86, 170, 172, 214, 254, 261, 283

無保険者	24, 131

メディケア（高齢者医療保険）	
	2, 22, 95, 260
メディケア・シェアド・セービング・プログラム（MSSP）	39
メディケア・メディケイド・サービスセンター（CMS）	22, 39
メディケア原価報告書	49

メディケイド	23, 31
モン・ゴダンヌ大学病院	243

や

ユタ大学病院	242
予算実績差異分析	71

ら

ラッシュ大学病院	229
利害関係者の信頼関係	149
理学療法士（PT）	292
臨床スタッフの協力	289
臨床専門看護師（CNS）	260
臨床統括TDABCアドバイザー	227
臨床プロセスの再設計	185
臨床倫理	36
倫理	289
倫理ジレンマ	34
レーダーチャート	271
レセプト規準原価	284
レセプト電算処理コード1件当たり費用	284
連続配賦法	51
連邦均衡予算法	260
連立方程式法	51

足立　俊輔（あだち・しゅんすけ）
下関市立大学経済学部准教授

【経歴】
1981年12月　大分県大分市に生まれる
2005年 3月　九州大学経済学部卒業
2011年 3月　九州大学大学院経済学府博士後期課程単位取得退学
2011年 4月　下関市立大学経済学部専任講師
2013年 3月　博士（経済学）九州大学
2014年 4月　下関市立大学経済学部准教授，現在に至る

【主要業績】
「医療福祉と原価計算」西村明・小野博則・大下丈平編著『ベーシック原価計算』中央経済社，2010年.
「事業部制会計」西村明・大下丈平編著『新版 ベーシック管理会計』中央経済社，2014年.
「病院BSCにおける医療安全の位置づけ」『医療と安全』第7号，2017年.（共著）
Using the Balanced Scorecard to Improve Management in Healthcare Facilities, *Journal of Medical Safety*, August 2017. (Co-Author)

2019年9月30日　初版発行　　　　　略称：アメリカ病院原価

アメリカ病院原価計算
―価値重視の病院経営に資する時間主導型コスティング・システム―

著　者　Ⓒ　足　立　俊　輔
発行者　　　中　島　治　久

発行所　同 文 舘 出 版 株 式 会 社
東京都千代田区神田神保町1-41　〒101-0051
営業 (03) 3294-1801　　編集 (03) 3294-1803
振替 00100-8-42935　　https://www.dobunkan.co.jp

Printed in Japan 2019　　　DTP：マーリンクレイン
　　　　　　　　　　　　　印刷・製本：萩原印刷

ISBN978-4-495-21002-1

JCOPY 〈出版者著作権管理機構 委託出版物〉
本書の無断複製は著作権法上での例外を除き禁じられています。複製される場合は，そのつど事前に，出版者著作権管理機構（電話 03-5244-5088, FAX 03-5244-5089, e-mail: info@jcopy.or.jp）の許諾を得てください。